"生命·实践"教育学论著系列
"基本理论研究"丛书

丛书主编：叶　澜
丛书副主编：李政涛　卜玉华

研究主体

体制化时代教育学者的学术立场与生命实践

孙元涛　著

华东师范大学出版社

"生命·实践"教育学论著系列
"基本理论研究"丛书

本书为教育部人文社会科学重点基地——华东师范大学基础教育改革与发展研究所"十二五"重大项目:"基础教育改革与'生命·实践'教育学派创建研究"(11JJD880034)的研究成果之一

总　序

在"生命·实践"教育学的创建走过十年历程之后,我们策划了三套系列论著,以总结十年来的收获,并明晰今后继续前行的方向。本系列是"生命·实践"教育学理论探索方面成果的集结,由华东师范大学出版社支持出版。在此,本人作为主编,谨对各位作者和出版社的通力合作深表感谢!

从12本构成本系列论著的书名中,不难读出"生命·实践"教育学理论探索的触角和追求:一是指向时代、社会的发展与教育学发展的关系以及怎样从教育学的角度看中国社会的发展问题,后者是一个新的视角,具有相当难度;二是教育学发展与中国文化传统的关系,我们将此视作本学派建设的命脉所系;三是本学派对教育学研究的性质定位、人性假设、审美追求、发展内动力与路径的探究;四是从新视角对西方哲学的历史和当代国外教育学研究进行考察,以拓展研究的空间视野;五是万思归之于"人",关于"教育学人"自身发展问题的思考。本人承担的"论纲"则是作为学派建设倡议人奉上的,有关"生命·实践"教育学核心内涵与学术品性整体纲要式的回答。

本系列论著的酝酿策划历时两年。每个题目都是作者自报或自认后,经过列叙题纲与反复讨论,再依据丛书题目风格一致性的美学思考整体调整而定。每本著作都是由个人独立承担完成的,尽管有些交换意见,但最终由作者自行抉择,文责自负。很难说,在上述几方面,我们的研究已做得足够深入充分,但大家都在原有的基础上作了巨大的努力:至少对于个人来说,这是一次思想的梳理与提升;在学派发展的路上共同铺出了一段路程,为今后的延伸提供了可能;对当代中国教育学建设而言,我们尽了作为教育学者的责任,也为超越和自我超越提供了可资批判的资源。

由于作者众多,各有繁忙的日常事务,加之基础、才思、写作风格、主题的诸多不同,给出版工作带来不少麻烦。感谢本系列论著责任编辑彭呈军的耐心等待和尽心付出！同样感谢副主编李政涛、卜玉华教授在本套论著形成过程中的尽责与付出！

谨以本系列论著的完成,祝愿当代中国教育学的建设有更新、更好的明天！

叶　澜

2014.5.21

目　录

第一章　导论

第一节　背景与问题

上世纪末期,西方著名学者丹尼尔·贝尔(Daniel Bell)在用冲突理论解释暗藏于"技术—经济"领域的资本主义矛盾时说:"目前所有工业化社会都将这一部门建筑在有效经营基础之上,即为了获得效益,尽量把工作分解成按成本核算的最小单位。这种围绕专业和科层组织建立的轴心结构本身是一个官僚主义合作体系。其中的个人也必然被当作'物',而不是人来对待(用社会学术语说,此处人的行为受到'角色要求'的调节),成为最大限度谋求利润的工具。一句话,个人已消失在他的功能之中。"①效率至上几乎是一种组织通病。当这种对人的功能的需要和索取超过了对人之内在价值、尊严和兴趣的尊重,体制与人之间的矛盾便逐步显现。正因如此,在一个"体制化时代"中,探究体制与人、从而与学术研究的复杂关系便成为一个重要的课题。

一、体制化时代的"学术体制"问题

将我们所处的时代称之为"体制化时代",可以视为对这个时代制度文化和精神气质的"写实"。近一个世纪前,现代社会学的奠基人,德国著名学者马克斯·韦伯(Max Weber)在题为《学术作为一种志业》的演讲中,对"我们的历史处境"和"我们这个时代的宿命"作出了这样的诊断:"我们的时代,是一个理性化、理知化,尤其是将世界之迷魅加以祛除的时代;我们这个时代的宿命,便是一切终极而最崇高的价值,已自社会生活隐没,

---

① [美]丹尼尔·贝尔著,赵一凡等译. 资本主义文化矛盾[M]. 北京:三联书店,1989:26.

或者遁入神秘生活的一个超越世界，或者流于个人之间直接关系上的一种博爱。"①时隔60多年之后，被誉为"当代西方最重要的伦理学家之一"的美国学者麦金泰尔(Alasdair MacIntyre)在其代表作《追寻美德》中宣称："当代世界观主要是韦伯式的世界观。"②

在很多人看来，韦伯所说的世界的"祛魅"和"理性化"进程对于中国而言应当是一个"他者"的问题。因为中国传统文化的核心原本就是非宗教性的，是天然"缺魅"的。但事实上，非宗教性并不简单等同于"缺魅"。如果我们承认古代中国人的精神文化中并不缺乏超越性的话，那么，就必须承认，一种超越于西方所谓的"理性"之上的隐秘力量其实在中国的传统文化中并不天然地缺失。只不过，正如有学者明确指出的，与西方不同，中国传统文化中的这种超越性力量是内在地镶嵌在世俗性之中的。③ 晚清之后，随着中国传统文化中"天道"、"天命"、"天理"等理念的剥落，原本镶嵌于世俗力量中的内在的超越性逐渐被剥离出去。从"天理"到"公理"，经"公意"再到"民意"的转化历程，即隐含着如此这般的"另一种祛魅"。这固然是因为特殊历史时期、特殊遭遇之下的中华民族在文化上不得不经历这样一种转型，但也从另一方面揭示了文化碰撞中所可能制造出的一种独特的"殊途同归"的文化社会景象。

韦伯所判定的理性化之所以迄今依然有绵延性影响，甚至于较之韦伯时代焕发出更强大的力量，主要在于：理性化不仅以其特有的力量塑造着人们的思想，也深刻地影响着思想创生的方式，更逐渐演变成为生活世界的组织和支配法则，从而在根本上决定了人的生存方式。以此为基础建构起来的日趋精致严整的现代社会分化造成了职业化的合理发展。被固着在每一个特定职业上的人都难以避免被纳入科层式体制架构的命运。于是，这种由人建构出的、理性化的"体制"在走向"完备"的过程中，渐渐地远离了人，演化成为一种异己的力量。"就体制组织而言，其存在形态首先带有无人格性的特点，体制化的存在往往表现为超然于人的结构，在各种以效率为目标的管理机构中，工具意义上的理性常常构成了其组织原则；后者有别于关注人的存在意义的价值理性。"④相对于价值理性的虚灵性和难以统合性，工具理性不仅"实在"，而且简易，更易于推行。于是，随着它的不断扩张，价值理性的"领地"逐渐遭到蚕食。德国当代著名哲学家哈贝马斯(Jürgen Habermas)尖锐地指出："现代社会的病态就在于，

① [德]马克斯·韦伯著，钱永祥等译.韦伯作品集I:学术与政治[M].桂林:广西师范大学出版社,2004:190.
② [美]阿拉斯戴尔·麦金泰尔著，宋继杰译.追寻美德[M].南京:译林出版社,2003:137.
③ 许纪霖主编.世俗时代与超越精神[M].南京:江苏人民出版社,2008:36.
④ 杨国荣.善何以必要[J].哲学门,2000(1).

工具理性的体制化运作,大举侵占了生活世界的领域,人与人之间的相互理解与沟通,被各自分离的意见的机械组合的量化计算所代替。"①在这里,"体制"作为现代人在社会中存在的重要组织形态,成了人们不得不去深刻关注的"大问题"。个人若简单地认同体制的逻辑,放弃独立地、深度思考的权力和机会,其结果不仅是个人的尊严遭到伤害,更重要的是,人类命运可能遭到重创。因为,"体制化"孕伏着巨大的破坏力。

1961 年,被誉为"20 世纪最富原创力的哲学家之一"的汉娜·阿伦特(Hannah Arendt)向《纽约客》杂志主动请缨,去耶路撒冷旁听前纳粹分子艾希曼②(Adolt Eichmann)的审判。随后,《纽约客》发表了汉娜·阿伦特讨论艾希曼审判的 5 篇系列文章的第一篇——《艾希曼在耶路撒冷:一篇关于平庸的恶的报告》。在文章中,阿伦特提出了一个非常大胆的观点,即像艾希曼这种组织实施大屠杀的纳粹军官,既不是恶魔,也不是虐待狂,而只是一个平庸的人。在他身上,体现出的是一种平庸的恶(the Banality of Evil)。这种恶并非心生,而是现代社会的产物。现代社会的科层化统治秩序和管理体制将人变成复杂管理机器上的一个个齿轮,人被非人化了。人们对权威采取了服从的态度,用权威的判断代替自己的判断,平庸到了丧失了独立思考的能力,无法意识到自己行为的本质和意义。正是因为艾希曼之流的平庸与肤浅,他们简单地认同体制,轻易放弃自行思考、判断乃至积极对抗的权利,使得对犹太人的屠杀变为现实。借助于先进的现代技术,在纳粹德国统治下,杀人变成了一个工业流水线,被分解成若干个互相分离的单元。在这个流水线上"工作"的人们只是各司其职,做好本职工作,不去过问下一个环节将要发生什么,他们所要完成的像是一个庞大的技术工程。难怪艾希曼为自己辩护时反复强调"自己是齿轮系统中的一只,只是起了传动的作用罢了"。作为一名公民,他相信自己所做的都是当时国家法律所允许的;作为一名军人,他只是在服从和执行上级的命令。甚至于,为了"不违背自己的良心",他拒绝了以金钱换取犹太人性命的交易,忠实地执行着杀人的使命。③

---

① [德]哈贝马斯著,李黎、郭官义译.作为意识形态的技术与科学[M].上海:学林出版社,1999:27.
② 艾希曼是纳粹独裁统治的代表人物之一,曾在犹太人大屠杀中扮演重要角色。在纳粹德国行将崩溃前,他是执行丧心病狂的"彻底解决方案"的负责人,在被屠杀的 600 万犹太人中,据说大约有 200 万犹太人的死跟他有极其紧密的关系。纳粹德国覆灭后,艾希曼逃脱,但最终被以色列特工发现并引渡回以色列接受审判。在审判中,艾希曼曾经为自己辩护,称自己并非屠杀行为的策划者,自己疯狂的屠杀行为只是在恪守职责,因此他本人不应对屠杀罪行承担责任。
③ 关于"平庸之恶"及其相关论证,参阅[美]汉娜·阿伦特著,孙传钊译.耶路撒冷的艾希曼:伦理的现代困境[M].长春:吉林人民出版社,2003.

在阿伦特看来,"平庸的恶"的实质是放弃了自己的思考,不思考人,不思考社会。它体现出的是一种体制之恶,即把个人完全同化于体制之中,服从体制的安排,默认体制本身隐含的不道德甚至反道德行为;或者成为不道德体制的真实的、毫不质疑的实践者;或者虽然良心不安,但依然可以凭借体制来给自己他者化的冷漠行为提供非关道德问题的辩护,从而解除个人道德上的过错和良心上的不安。这就是现代体制化社会中个人平庸之恶的基本表现。体制作恶并不需要特殊的作恶者,普通人一旦被放置到不良的体制环境中,就有可能丧失独立的思想和判断,也就会自然而然地成为作恶机器的一个运作部件。能够把任何普通人都变成作恶工具,让不离奇之人作出离奇之恶,这是制度、体制之恶真正的可怕之处。①

"平庸的恶"的提出曾一度激起轩然大波,阿伦特也因此备受质疑,甚至被怀疑有为艾希曼消减罪孽的嫌疑。但事实上,作为犹太人,尤其是作为被纳粹迫害而颠沛流离的受害者的阿伦特,在情感上对于艾希曼之流的痛恨并不比那些批判她的论敌少。然而,作为思想者的阿伦特,却借助思想的力量,从痛苦和仇恨中超拔出来,对问题的实质进行了更为深刻的透析。在笔者看来,"平庸的恶"以及相关思想的提出,事实上是将隐藏在个人行为背后的体制的力量连根拔出,曝展于人们面前。但是,阿伦特并未据此而抹杀个人自由意志在其行为选择中的决定性作用。毋宁说,"平庸的恶"的提出逼使人们不要让自己的思考停留于事物的表层,而是要不断地提聚、引导自己的思想,逼使其通向问题的深处。正是沿着这样的逻辑线索,阿伦特晚年走向了对人之"心智生活"(the life of the mind,也译为"心灵之生命"②或"精神生活"③)的探究。在阿伦特看来,在一个体制化日趋严密、对人的影响力也日渐深入的时代,人维系自我尊严并坚守道德良知的最后底线,即在于人的心智生活。具体地说,在于人的心智从芜杂事务中抽离出来,从事理性沉思的能力,以及在此基础上返回到具体实践场景中的明智判断力。

从这个意义上来思考,生活于体制深处的人,在其具体行为背后,固然可能隐藏着"不得不为"的苦衷,但体制并不能成为一切问题行为的"挡箭牌"。人终究是有自主决断意识,有自由行动能力的人。正如英国当代著名社会学家吉登斯(Anthony

---

① 徐贲著. 人以什么理由来记忆[M]. 长春:吉林出版集团有限责任公司,2008:336.
② 蔡英文著. 政治实践与公共空间:阿伦特政治思想[M]. 北京:新星出版社,2006:178.
③ [美]汉娜·阿伦特著,姜志辉译. 精神生活·思维[M]. 南京:江苏教育出版社,2006. [美]汉娜·阿伦特著,姜志辉译. 精神生活·意志[M]. 南京:江苏教育出版社,2006.

Giddens)所指出的:"行动的一个必然特征,就是在任何时间点上,行动者都可能以另一种方式行动;也就是说,行动者或者积极地试图干预世界上发生的事件过程,或者消极地进行自制。"①因此,合理地评估体制对人的行动的影响力,重构体制与人的关系,并在此基础上高扬体制中个体的理性自觉、文化自觉和生命自觉,这是体制化时代面临的一个重大课题。在这个宏观的、具有充分包容力的大课题中,作为整个世界理知化过程一部分的当代体制化、理性化学术②,以及每一个具体的学术研究主体,也面临着重新为自己定位的问题。如何在领受体制带给自己的安全感、资源优势等诸多便利的同时,深刻地反思体制的固有弊病,并据此思考、尝试重构体制化背景下学者的研究立场和生存方式,这是身处学术体制中的学者面临的一个生存论课题。

二、学术"体制化困境"的教育学思考

"现代学术是一种体制化学术,现代学术研究是一种体制化的研究,学术体制化是现代学术发展之基本趋向。"③体制是学术研究社会性特征的一种综合反映。它在为学术研究提供制度性保障、促进学术在交流传播中发展壮大的同时,也存在着限制学术自由、阻抑学术创新的可能。近年来,越来越多的学科、学者开始关注学术生活中的所谓"体制化"困境,提出学术的体制化一方面造成了学术视野的褊狭,导致了对知识的人为肢解,对学术向更高水平的跃升产生了不良影响;另一方面则造成了学术风气的浮躁,导致平庸学术的泛滥,甚至引发形形色色的学术失范现象,并据此提出了所谓"公共知识分子"的回归、"开放社会科学"、"后学科"、"跨学科"、"回归生活世界"等学术话语。这些学术话语是体制中的学者为走出"体制化困境"而提出的理论设计。同为学术体制中的成员,这些学术话语也一度成为教育学者思考自身处境的思想资源。但是,如果我们能够真正地返回自身,回到对中国教育学自身真实处境的思考,就会发现教育学者应和"体制化困境"的讨论时,往往忽略了对自身学科特殊性的内向式省察,从而暴露出两种致命的理论缺陷:其一,与其他许多学科所声称的"困境"不同,中国的教育学研究面临着更为复杂的问题。当很多学科因为学科边界的束缚而呼吁跨越边界时,中国教育学却同时面临着无"界"可"跨"的处境。因为直到目前为止,我们依然感受到,中国教育学作为一个学科,其边界还不清晰,它还没有摆脱对域外知识和

---

① Anthony Giddens. *Central Problem in Social Theory*[M]. Berkeley: University of California Press, 1979:56.
② 刘小枫著. 现代性社会理论绪论[M].上海:上海三联书店,1998:224.
③ 左玉河著. 中国近代学术体制之创建[M].成都:四川人民出版社,2008:699.

其他学科知识的依附性。困扰中国教育学的核心问题不是森严的学科边界所造成的思想桎梏，倒反而是学科边界意识淡漠所导致的"无立场"陈述。正如我国学者所指出的："教育学在林立的学科群中几乎成为不设防的领地，教育学忙于到处伸手，'占领'其他学科的材料，恰恰忘记了自卫，到头来反被其他学科所占领。"①在这样一种学科发展处境中，所谓被"学科边界"所困扰，对教育学而言，其实并不是一个真实的属己性问题。甚至于，充满吊诡意味的是，教育学者所谓"跨越学科边界"的理论叙述，未尝不是一个他者的"故事"。因此，当其他学科的众多学者呼吁跨越体制的藩篱，实现学术突围时，中国教育学可能还面临着如何更好地"入围"这样的问题。由于缺乏专业性培育的根基，贸然地突围，最终很可能造成以理论的姿态去表达常识的意见，从而使教育学陷入更深的困境。其二，中国教育学的诸多"学科发展问题"固然能够在体制化的框架内找到根源，但让体制去承担所有问题是不公平的，更是不负责任的。②体制与人之间存在着一种"互构"关系。人处于体制中，接受着体制的规约和塑造，但人并不是体制不折不扣的应声虫。一味指责体制的弊端，放逐了对体制中"人"之具体作为的深入反省，这无疑是将复杂关系简单化的一种做法，甚至还有逃避学术责任之嫌。毕竟，体制并非自生的，而是由人自觉建构起来的。即便是后期进入体制框架，被动承受体制压力的学者，也有选择以自己的实际作为改变"小生态"，甚至谋求在一定范围内影响体制走向的权利和能力。在中国的人文社会科学"家族"中，教育学并不是起步最晚的学科。③在数次对学术影响巨大的政治浮沉和社会动荡中，受到冲击的不仅仅是教育学，而且教育学也并非被冲击、受伤害最大的学科④。但是，直到今天，教育学者或进入教育学专业的学习者⑤所表达出的学科认同危机却几乎是最为强烈的。作为学科当事人，我并不认为教育学者的这种学科认同危机是其反思意识较之其他学科为强

---

① 陈桂生著. 教育学辨："元教育学"的探索[M]. 福州：福建教育出版社，1998：84.

② 正如有人所指出的，将一切问题归咎于制度、体制，这是一种"制度迷恋症"。这种现象的存在，一方面表明人们沉陷于一种弥散性的惰性、惯习之中；另一方面则隐含着某种盲目的乐观，以为只要那个既具体又抽象的"体制"、"制度"发生变化之后，一切问题都会得到化解。中国人已患上了制度迷恋症. 黑色的叶子. [社会话题]中国人已患上了制度迷恋症[EB/OL]. 网易论坛，http://bbs.news.163.com/bbs/society/126812670.html，2009-03-31/2009-12-30.

③ 中国社会学的奠基人之一孙本文在《当代中国社会学》中提出，直到1916年，北京大学才首次开设社会学课程，由章太炎的学生、自日本留学归来的康宝忠主讲，这是中国人讲授社会学之始。参阅阎明著. 一门学科与一个时代：社会学在中国[M]. 北京：清华大学出版社，2004：8.

④ 例如，曾被判定为"伪科学"的心理学和社会学曾一度遭停，其学术命运比之教育学显然更为凶险。

⑤ 笔者认为，学习者对教育学的认识和态度，很大程度上受到了这门学科的从业者——教育学者的心态、姿态以及现实作为的影响。

的一种外在表征。我更倾向于相信,这种不断累加的学科认同危机其实是学者内在不自信的一种理论表达。这在一定程度上反映出中国教育学的学科建设尚未达到可与相邻学科比肩而立的水平。

为此我们有必要重考学术体制与教育学者之间的生存论关系,借以更为合理地表达出体制化时代教育学者应当承担的学术使命。而且,就目前学术发展的整体生态而言,解除体制化,恢复到前体制状态,这显然既不可取,更非教育学者或学者群体所能自主决定。因此,要探究学术、体制与学者之间复杂的相互关系,必须首先实现一种立场的转换:即,不是简单地、应和式地批判体制对学术发展的限制作用,而是更多地思考自我如何在体制内外更好地承担起一个教育学者应当承担的使命。这并不意味着学者只能简单地认同现有的体制,而是意在强调,在认可体制对学术、学者的深刻影响的前提下,更应致力于对体制中人之思考和行动可能性的探讨。"人所做的任何一件事都是由人、由人的生活、由人的精神本质衍生出来的一种现象;而人生的意义无论如何应该是人所依赖的东西,充当他存在的唯一的、不变的、绝对坚实的基础。人与人类的一切事业——无论那些他自己认为是伟大的事业还是那个在他看来是唯一的、最伟大的自己的事业——如果他本人是微不足道的,如果他的生活本质上没有意义,如果他没有一个优于自己、非他人所创造的理性基础为其基础,那么一切都是微不足道、徒劳无益的。"①正是在这种学术立场的鞭策之下,我们才能够以"当事人"而不是"旁观者"的姿态,勇敢地担当起自己的学术使命,营造健康的学术空间,为中国教育学发展作出我们尽力可为的贡献。

第二节 释题

一、主体与研究主体

(一)主体

在《现代汉语词典》中,"主体"有两个不同的含义:一是指事物的主要部分,如"主体工程已竣工";二是在与客体相对的意义上,指"实践活动和认识活动的承担者",相应地,客体即主体实践活动和认识活动的对象。在本研究中,我们是在与客体相对的意义上来使用"主体"这一概念的。今天,无论是在学术研究,还是日常生活中,原本作

---

① [俄]弗兰克著,王永译. 社会的精神基础[M]. 北京:三联书店,2003:208.

为一个复杂的哲学概念的"主体",似乎已经成为一个非常普及的、不存在任何理解障碍的词汇。① 但事实上，当人们将其等同于"人"来使用时，其实在一定意义上造成了"主体"概念泛化的可能。主体必然指称人，但人却并不等同于主体。这不仅是因为二者在指涉范围上存在差异，更是因为当我们使用"主体"这一概念时是暗含着我们对特定个体或群体的意向性要求或规定的。"主体"概念，以及相关的"主体性"概念，经历了一个复杂的演变过程。理解这个过程中所经历的概念内涵、外延的损益与变迁，有助于我们在今天这样一个特定的时空背景下更好地理解其内涵，定位其功能与价值。

　　无论中国还是西方，当人们开始惊异地打量这个世界，当人们提出"认识你自己"的哲学任务时，"主体"式的思维方式便已经开始萌生。只不过，很多时候，人类自身未必能够清晰地意识到这一点；更多时候，即便人类能够朦胧或清晰地意识到这一点，他们也未必能够用"主体"这一概念以及相应的复杂理论来表达自己的思考、疑惑和生存处境。一般认为，在哲学史上，近现代意义上的"主体"概念肇始于笛卡尔。笛卡尔"我思故我在"的宣称被看作是西方哲学进入近代的标志，也有人将其视为近代认识论真正崛起的标志。自此，对人之感性经验的评估，以及对思想之有效性的判断，都被逼迫着向"我思"这一绝对的自明性回归。这一转变最直接的影响是充分肯定、提升了主体理性的权威，并且借助主体的"我思"确证了"它的自我存在"，提出了一种通过回归"自我"来寻找世界和客观真理之最终依据的哲学思维方式。间接的影响则是：由于对"我思"的高度信奉和依赖，笛卡尔哲学确立了精神性认识主体的首要性，把"主体"的存在看成是最为确实的东西，是认识其他一切存在的逻辑前提和始基。但是，笛卡尔确立的"我"是"一个精神性的我、一个灵魂、一个思想的东西，而不是物质的我、感性存在的我"。② 在笛卡尔看来，"我可以设想我没有身体，可以设想没有我所在的世界，也没有我所在的地点，但是我不能就此设想我不存在，相反的，正是从我想到怀疑其他事物的真实性这一点，可以非常明白、非常确定地推出：我是存在的"③。为了进一步论证

① 事实上，在现代汉语中，"主体"是一个"外来词"。它的文字组合、由组合而产生的意义，以及意义的传播和被广泛接受过程本身，均是在一个特定历史时期从外部世界传入的。以信息传播的视角来看，"主体"传入时的信源理应是欧陆哲学，而信媒，则是日本。日本学者实藤惠秀氏在其所著的《中国人日本留学史》中曾列专章讨论日译新语入华的问题，在他综合各家观点编制而成的"中国人承认来自日语的现代汉语词汇表"中，"主体"便是数百个借日本传入的所谓"外来词"之一。参阅郑匡民著. 西学的中介：清末民初的中日文化交流[M]. 成都：四川人民出版社，2008：222—224.
② 冯俊著. 开启理性之门：笛卡尔哲学研究[M]. 北京：中国人民大学出版社，2005：44.
③ 北京大学哲学系，外国哲学教研室编译. 6—18 世纪西欧各国哲学[M]. 北京：商务印书馆，1975：148.

"思"的优先性和优越性,笛卡尔甚至宣称:"灵魂可以在没有身体的情况下思维,除非灵魂被捆绑在身体上,因身体器官的粗俗而不能正常运转。"①不难看出,近代以来西方哲学的所谓认识论转向,其核心正是以笛卡尔的"我思"为标志的理性主体的确立。而这个所谓的"主体",由于抽空了一切实在性,因而成为不受任何物理因素限制的一种"虚灵"。从学术谱系来讲,笛卡尔对"精神性认识主体"的强调,与西方古代,尤其是始自古希腊的身心二分、重灵魂轻身体的文化传统有着一定的传承关系。但是,笛卡尔的普遍怀疑主义,以及对具有绝对自明性的"我思"的设定与坚持,不仅从认识论上进一步论证了"身"与"心"的分裂,而且在相当大的程度上为后世哲学对相关问题的讨论设定了议题。如同胡塞尔所言:"笛卡尔的不作任何预先假设的激进主义及其追溯一切真正的科学认识的最终有效性的源泉和由此出发绝对地奠定它们的基础的目的,要求转向研究主体,要求回溯到那个在其内在性中进行认识的自我中去。不论人们如何不赞成笛卡尔的认识论的程序,人们已经不再能够逃脱这种要求的必然性了。"②笛卡尔之后,康德批判地继承了近代西方哲学的主体概念,并致力于对它进行深刻的理论改造,从而促成了"先验主体"理念及理论框架的诞生。与笛卡尔相似,康德认为,主体就是逻辑主体,是先验的"我思",而非具有实体性的、尊重"感性经验"的存在者。在这里,"主体"依然是一个认识论的范畴,它所面对的、处理的问题依然只是意识与自我意识的问题。只不过,康德进一步地将人的实践也统一到主体理性的框架内。理性不仅是作为给自然立法的理论理性,同时也成为为人的道德选择和德性实践立法的实践理性。从而,这一带有先验性的"主体"概念以及建基于此的理性,得到了更大范围的伸张。但是,由于"主体"理性只能限于对处于"此岸"的自然与实践立法,而无法深刻触及处于"彼岸"的物自体,主体与客体、理性与物自体之间依然存在着深刻的断裂。在这个断裂带上,黑格尔以其独特的辩证法工具做了弥合的尝试。在黑格尔这里,由于事物在经历一系列彼此对抗的发展过程中仍旧保持其同一性,因此,从一定意义上说,一切事物都可以看作主体。但是,人是唯一能够自觉地实现自己的存在物,或者说,人是唯一具有自我实现力量,有在一切生成过程中成为自我决定之主体力量的存在物。充满辩证意味的是,在黑格尔看来,人这个主体不是绝对的;相对于他最为看重的所谓"绝对精神"而言,人又似乎变成了客体。因为人不过是绝对精神实现自己的桥

---

① [美]汉娜·阿伦特著,姜志辉译.精神生活·思维[M].南京:江苏教育出版社,2006:92.
② [德]胡塞尔著,张庆熊译.欧洲科学的危机和超验现象学[M].上海:上海译文出版社,1997:107.

梁、手段或工具。于是我们看到，在人身上，主体表现出了两重性：一方面，人作为一种在复杂变化中保持其同一性的存在物，是主体；而另一方面，由于绝对精神是根本，人只不过是绝对精神的一种向外的实现，或者作为绝对精神实现自我的一种工具或体现，人似乎又成为绝对精神的客体。正是这种主体与客体之间对置可能性的存在，使得主体与客体的分立与对峙在一定程度上被消解。正是在这个意义上，马克思在《1844年经济学—哲学手稿》中把黑格尔的主体概念解读为"主体—客体"①。然而，相较于今天我们所认识的具有客观实在性的历史进程，黑格尔更相信绝对精神的第一性。在他那里，"历史只不过是精神的剧本，而不是精神的舞台"，"不是精神融入历史，而是历史归结为精神"。② 马克思赞赏黑格尔在主体和客体之间断裂带上所做的理论弥合，但是他不能接受黑格尔把本体论意义上的主体理解为带有神秘色彩的绝对精神。在其著名的《关于费尔巴哈的提纲》中，马克思宣称："从前的一切唯物主义（包括费尔巴哈的唯物主义）主要缺点是：对对象、现实、感性，只是从客体的或者直观的形式去理解，而不是把它们当作感性的人的活动，当作实践去理解，不是从主体方面去理解。"③在《〈黑格尔法哲学批判〉导言》中马克思则强调："人并不是抽象地栖息在世界以外的东西。人就是人的世界，就是国家，社会。"④不难看出，马克思在批判地继承思想史上关于主体的思想资源时，以自己对"感性活动"和"实践"的高度关注和认可解开了笼罩在本体论维度上的主体概念的神秘面纱，把体现社会性和历史性的真正的、现实的主体及其主体性展现在人们面前。如果说始自笛卡尔之"我思故我在"的主体概念更多地表现为一个认识论范畴的话，那么到马克思这里，则同时具有了认识论意义和实践论意义。按照我国当代学者俞吾金的观点，主体的认识论维度解决的是人与自然的关系问题，其本体论维度关涉的则主要是人与人的关系问题，而实践则是贯通认识论维度和本体论维度的桥梁。⑤ 至此，主体完成了其概念的转型：从一个认识论范畴转变成一个实践论范畴；从作为一个内隐的、虚灵的、体现精神优先性的"自我"、"我思"转换成一个以承认人的现实存在性为基础，在实践中来构建、体现和发展自我本质

① [德]马克思著,刘丕坤译.1844年经济学—哲学手稿[M].北京:人民出版社,1979:119.
② 张汝伦.主体的颠覆:从黑格尔到马克思[J].学术月刊,2001(4).
③ [德]马克思,[德]恩格斯著,中共中央马克思恩格斯列宁斯大林著作编译局译编.马克思恩格斯选集(第1卷)[M].北京:人民出版社,1995:54.
④ [德]马克思,[德]恩格斯著,中共中央马克思恩格斯列宁斯大林著作编译局译编.马克思恩格斯全集(第1卷)[M].北京:人民出版社,1956:452.
⑤ 俞吾金.马克思主体性概念的两个维度[J].复旦学报(社会科学版),2007(2).

力量的现实的人。我国当代著名哲学家高清海在论及主体问题时指出:"'主体'这一概念最根本的含义,首先就是指人对自己生命的支配活动说的,人有一个自我的生命本质,从支配自己的本能生命活动,进而才能支配人的活动对象、人的生存环境、外部世界存在。自为存在的生命体,就意味着人是自我创造、自我规定的生命存在,这也就是作为主体的自由性。"①强调主体对自我生命本质的拥有、支配和开发,并不意味着我们对主体的理解局限在其自身。主体概念之所以能够成立,首先是源于其先天的"关系性"。这种关系性,在概念上表现为主体和客体的相互依存,即没有客体就无所谓主体,反之亦然;而在现实生活中,关系性则表现为主体对外部世界的能动关系,即主体是认识与实践活动的发出者、执行者,同时也是创造关系之价值性的行动者,以及确定、审议和评价该价值性的仲裁者。

（二）研究主体

依照《现代汉语词典》,所谓研究,即钻研,探求事物的性质、规律等。研究主体,顾名思义,则是"研究"这一独特的、兼具认识和实践双重性的行为的承担者、执行者。从认识论的角度讲,研究是一种求知、致知的活动;就实践论的角度而言,研究则是一种在探究性的学术实践中"生产"知识、理论或其他形态的产品,同时在行动中实现主体(研究者)自我变革与发展的过程。

在教育学的领域内探讨研究主体的问题面临的首要挑战是教育研究主体的复合性特征②,这决定了我们首先必须明确界定我们是在什么意义上使用研究主体这一概念。教育是一个开放的实践领域,教育问题涉及面广且与很多人利益相关,因此教育历来是一个广受关注的领域。从事教育研究不是某些人的专有权利,不同的个人和群体,基于不同的目的,以不同的方式,均可以直接从事或介入教育研究。例如,教师基于改进、优化教育教学实践的需要,有必要也有可能从事一定形式的教育研究。康德在其传世的教育学著作《论教育学》中曾指出:"能够对人提出的最大、最难的问题就是教育","人们可以把两种发明看作是对人类来说最困难的东西,这就是统治艺术和教育艺术"。③很难设想,这样一种"最大、最难的艺术"可以不经过认真的研究就草率从事。单纯以课堂教学为例,"知道一种知识"与"知道怎样将知识教给学生",这是两个虽相关,但却截然不同的事情。"教"如果不建立在研究学生、研究教材、研究"学情"与

---

① 高清海."人"的双重生命观:种生命与类生命[J].江海学刊,2001(1).
② 叶澜著.教育研究方法论初探[M].上海:上海教育出版社,1999:334.
③ [德]伊曼努尔·康德著,赵鹏,何兆武译.论教育学[M].上海:上海人民出版社,2005:7.

教材之间的复杂关系的基础上，就很难真正达到所谓的"专业化"水平。从这个角度讲，教师无疑是一类教育研究主体。尤其是近年来随着"教学即研究"、"教师作为研究者"等理念的普及和扩展，越来越多的教师开始接受自己的这样一种角色。[①] 除教师之外，其他学科领域中的学者，或出于实践需要，或受到兴趣驱使，也有可能对教育问题进行一定的研究。而一些媒体记者、普通民众，尤其是学生家长，出于特殊的需要或者是基于利益相关者立场的考虑，也时常以研究的姿态来审视教育。因此，在确定教育研究主体时，不能否定事实上符合教育研究特性的诸多研究活动的存在，因而也就必须承认教育研究主体的复合性特征。但是在本书中，由于主题的限制，我们不可能涉及所有相关的教育研究主体及其研究活动；本书集中关注的是作为教育学者的教育研究主体。

按照《现代汉语词典》，学者指做学问的人，于是教育学者便可顺理成章地理解为治教育学学问的人。在本书中，我们将教育学者理解为以教育学研究为职业的人。自中国学术实现现代转型，完成其体制化过程之后，学者便成为一个特定的职业群体。而学科的分化以及相应的学科边界的确立，也同时对专事该学科的学者的身份、角色、责任、使命等作出了有形或无形的规范。这可以看作是职业化的教育学者诞生和存在的社会基础。德国学者、知识社会学的奠基人卡尔·曼海姆（Karl Mannheim）通过对知识分子生活史的考察，对知识分子做了三种类型的划分：第一种是职业（vocational）知识分子，他们往往将自己的一生固着在某一特定的职业上。第二种是闲暇（leisure-time）知识分子，他们赖以谋生的职业与其闲暇时的追求没有关系，尽管这种追求可能会有补偿的特征。第三种可以称之为短暂阶段（passing phase）的知识分子，即在职业尚未定向阶段，常常会经历对超出其职业利益的问题的关注，而在经过这段狂飙突进的时期后，这些倾向常常会淡化，从而安定某一职业之中。[②] 在曼海姆的分类框架中，我们所谓的教育学者无疑可归入职业知识分子行列。他们的学术活动，他们对于教育问题的研究、思考与科研产出，既非一种闲暇时的消遣，更不是偶尔心血来潮时的短暂关注或激情宣泄，而是他们的职业化生存方式。

---

① 值得关注的是，很多教师虽然能够理解"教师即研究者"的理念，有的也表示能够接受，但理解这样一种理念，接受这样一种观点，与真正认同一种信念并付诸实践是不能划等号的。事实上，笔者在与教师的交流中发现，很多教师其实是"被洗脑式地"接受了这样一种观念。对于这里的所谓"研究"是什么意思，教师如何做研究，以及教师的研究与教育学者的研究有什么不同等问题，他们并不真正明了。因此，对于相当一部分教师而言，"教师即研究者"带给他们的并不总是启发与激励，有的可能是原来被迫做课题研究、被迫写教研论文的负担被理论合理化以后更大的困惑。

② ［德］卡尔·曼海姆著，徐彬译.卡尔·曼海姆精粹［M］.南京：南京大学出版社，2002：225—226.

需要进一步指出的是,正如著名的科学哲学家库恩所言,在科学社会化程度越来越高的时代,科学研究已经越来越成为一项集体性的活动。"科学尽管是由个人进行的,科学知识本质上却是集团产物,如不考虑创造这种知识的集团特殊性,那就既无法理解科学知识的特殊效能,也无法理解它的发展方式。"①正是在这个意义上,当我们从学科发展"当事人"的视角来思考学科发展的问题时,我们所指称的教育研究主体或教育学者均是一个相对模糊的团体概念,或者借用库恩的术语来说,即教育学科领域中的"科学共同体"。

二、学术立场

所谓学术,按照《现代汉语词典》,即是有系统的、专门的学问;而立场则是认识和处理问题时所处的地位和所抱的态度。当我们触及对教育学者学术立场的讨论时必须首先面对一个前提性问题:教育学者的学术研究需要一种学术立场吗? 进言之,作为研究主体,教育学者究竟应该承认学术立场存在的合理性,还是应当基于对立场的排斥从而尽可能地回避、戒除教育学者的立场偏好? 要更好地回答这一问题,笔者拟从两个前后相继的问题入手来展开讨论。在这里,我们形象地将这两个问题概括为学术立场的"有无问题"和"该不该问题"。

(一) 学术立场的"有无"问题

学术立场的"有无"之争涉及的是关于研究过程中的价值涉入问题,即研究主体在研究过程中能否将自我的立场问题排斥在研究过程之外,真正做到"价值无涉"。这既是科学哲学中的一个重要课题,也几乎是每一门人文社会科学在建立和发展过程中都必然面临的问题。按照实证主义哲学及其范式,由于研究被视为一个价值无涉的过程,"立场"是被排斥在外的。依照实证主义的假设,科学研究所面对的是一个客观的现实/事实,研究的目的即是按照这一事实的本来面目"如其所是"地描述和呈现出这个事实。基于主体与客体互不干涉的理论认识,实证主义认识论认为,科学研究的最佳状态是对事实的镜式反映。为了确保这种反映的真实性和纯真度,研究主体需要做的,一是擦亮"镜面",二是"价值无涉",防止价值因素介入研究过程造成"污染"。在实证主义认识论看来,经验事实是正确知识的唯一来源,从事实到理论的过程是一个客

---

① [美]约翰·库恩著,纪树立,范岱年,罗慧生等译. 必要的张力——科学的传统与变革论文选[M]. 福州:福建人民出版社,1981:12.

观的经验过程。鉴于研究主体能够客观地观察和反映现实,他也应能客观地描述和呈现事实。描述客观事实、客观地描述事实,这成为实证主义认识论的重要追求。①

在科学史上,实证主义认识论的崛起与自然科学的飞速发展呈现出一种互动生成的关系形态。"牛顿模式"与笛卡尔的二元论可以看作实证主义认识论的起端,这一起端在自然科学的探索中起到了精神纲领的作用;而自然科学研究的突飞猛进,以及建立在这个基础之上的技术进步,则反过来一再地强化了实证主义认识论的有效性,并且使其理论框架变得越来越精致。恰恰是在这样的过程中,实证主义认识论开始悄悄地跨越了自然科学的边界,向其他研究领域和知识领域渗透。从一个方面讲,这是实证主义认识论的主动扩张过程;而从另一个方面来看,则可以看作是后起的社会科学对于自然科学示范效应的一种自觉模仿。到后来,实证主义认识论一度成为科学研究和知识的圭臬。以至于在许多现代社会科学的奠基者看来,"要想在一个牢固的基础上组织社会秩序,社会科学就必须越精确(或越'具有实证性')越好"。② 正是在这一思想的影响下,牛顿物理学成为社会科学效仿的对象。

但实证主义认识论适用范围的不断扩张,在不断地确证其有效性的同时,也开始遭遇越来越多的质疑。许多先觉醒起来的人文社会科学学者率先洞见了实证主义认识论的诸多虚妄,尤其是意识到实证主义认识论在运用于人文社会科学研究时方枘圆凿的处境。为了给人文社会科学研究探寻出一条实证主义认识论之外的更为合理的研究路径,人们开始致力于系统地清算实证主义认识论的弊病。③ 在这个基础上,人文社会科学的学者从多个维度,尤其是从研究对象的特殊性出发,致力于论证人文社会科学区别于自然科学的独特性。其中值得关注的论证思路可以综述为三点:④

首先,人文社会科学的研究对象具有更强的自为性与异质性。无论是由人类实践

---

① 唐莹著. 元教育学:西方教育学认识论剪影[M]. 北京:人民教育出版社,2002:419.

② [美]华勒斯坦等著,刘锋译. 开放社会科学[M]. 北京:三联书店,1997:3—10.

③ 自 19 世纪至今,人文社会科学领域对于实证主义认识论的批判几乎从未终止。笔者在之前的研究中曾从三方面概括论述实证主义认识论所面临的困境:一是实证主义认识论对于人文社会科学研究的适切性问题;二是实证主义认识论在自然科学研究中所面临的挑战;三是实证主义认识论自身所存在的悖论性难题。在笔者看来,这三个方面表现为一种环环相扣的结构,虽不全面但基本能够概括出实证主义认识论所面临的理论难题。参阅孙元涛著. 教育学者介入实践:探究与论证[M]. 重庆:重庆大学出版社,2009:36—46.

④ 关于人文社会科学研究与自然科学研究之间差异的辨析与论证已经非常丰富。本书立意虽与此有关,但核心并不在于此,因此笔者仅择其要,从对象独特性及研究主体与对象关系的独特性入手,来阐释人文社会科学研究中的立场卷入问题。参阅欧阳康主编. 人文社会科学哲学[M]. 武汉:武汉大学出版社,2001:128—130. 需要指出的是,在这三点上,笔者虽参阅了欧阳康的著作,但在很多方面作了不同于该著作的论证。

活动建构形成的历史事实、制度、传统,还是目前尚处于生成、流变过程中的诸多事件,都不仅蕴含或者体现着人的意志、情感、信念、信仰等难以计量的要素,还存在着系统、要素之间的复杂关系。

其次,人文社会科学研究中事实与价值的关联性。在现代社会科学初创时期,作为奠基人的孔德(Auguste Comte)重新捡起了"社会物理学"这一概念。在他看来,实证科学的诞生是人类知识发展的最后阶段,也是最高阶段。它意味着人类心灵由此得以从神学和形而上学的遮蔽中解放出来,关注客观实在,而不再纠缠于各种心灵的错觉和臆造。为此,他提出了一个实证的"关于社会的自然科学"的纲领,主张以研究自然事实那样的方式对"社会现象"进行"客观地"研究。而法国社会学家,现代社会学的奠基人之一迪尔凯姆(Emile Durkheim)则极力倡导将"社会事实"作为社会学的研究对象,并且希望社会学者以客观冷静的眼光来审视周围的社会现象,力图借实证主义的方式来提升社会学的学科形象。但是,孔德关于"人类整个认识演变的重大规律"(即人类思辨发展先后经历神学阶段、形而上学阶段和实证阶段)①的论断远不是如他自己所倡导的那样,是经由实证主义的研究方式得出的结论;相反,这一所谓规律的提出多少带有主观臆断的成分,尽管这其中蕴含着孔德对科学发展史的卓越观察。而且,如果美国当代著名社会学家波普诺的论断成立②,则可能从根本上挑战孔德关于"客观地"研究"社会现象"的宣称。无独有偶,"标榜把教育作为'社会事实'进行客观研究的迪尔凯姆,在所著《道德教育论》中,仿佛多少有点忘记自己的实证科学取向,自觉或不自觉地涉及价值问题"。③ 这种立场与研究实践上的分歧,在笔者看来,并非研究水平上的问题,而是反映着由"社会现象"或"社会事实"的独特性所决定的人文社会科学的特殊性。即"在其现实性上,任何人文社会事实都渗透着社会价值,总是体现着创造者的意义追求和价值凝结。属人世界在直观上体现为一个'物'的感性世界,但其深层内涵却是一个处处渗透和体现着人的特性、人的活动和人的意义的世界"。④

最后,人文社会科学研究中研究主体与研究客体的内在相关性。人,本身处在世界之中,但是,作为研究主体的人又常常通过思维、意识的加工,将"自我"与"世界"虚

---

① [法]奥古斯特·孔德著,黄建华译.论实证精神[M].北京:商务印书馆,1996:1.
② 波普诺认为,"孔德并没有以纯科学的兴趣去分析社会;他更想建立一个'精英的精英'——由他自己领导——去管理新的社会秩序"。参阅[美]戴维·波普诺著,李强等译.社会学[M].北京:中国人民大学出版社,1999:13.
③ 陈桂生著.教育学辨:"元教育学"的探索[M].福州:福建教育出版社,1998:148.
④ 欧阳康主编.人文社会科学哲学[M].武汉:武汉大学出版社,2001:130.

拟地分离开来。这种思维、意识层面上的分离，不仅内在地蕴含着主体的价值取向，而且也难以避免地隐含了主体的过往历史和惯习。具体而言，"外在"于"我"的事物，在什么样的背景下，以怎样的方式，走近"我"，成为"我"的研究客体，这不仅体现着主体的价值、需要、旨趣等特征，也在一定程度上隐含着主体的认识局限和缺陷。从这个意义上说，我们虽然不能不承认有各种"社会事实"的存在，但我们又必须同时认识到，当这种所谓的"事实""走向"我们，被我们知觉，或主动地建构为研究客体时，它事实上已经至少经过了双重的"价值介入"。一方面，"社会事实"的形成过程是"价值涉入"的，任何的"社会事实"只要它是"社会"的，就不可能是完全客观的。如同汤因比所言："事实就像是经过打磨的燧石或烧制的砖。人的活动对事实的形成起着一定的作用，如果没有人的活动，事实也就不会有人们看到的样子。"①而人的活动对"事实"的加工、参与，不可能是"价值无涉"的。这可以看做是第一个层次上的"价值涉入"。另一方面，研究主体选择什么样的"社会事实"作为自己的研究对象，以什么样的立场、方式介入对所谓"社会事实"的研究，这其中不仅涉及到研究主体的研究兴趣、价值取向的问题，而且也常常是由研究主体的理论框架所决定的。"那些想根据事实创造理论的人从来就没有搞明白，只有先有理论，才能建构起事实。"②这可以看作是第二个层次上的"价值涉入"。这个意义上的价值涉入，涉及的是研究主体和研究客体之间的关系问题。正是在这里，对研究主体之学术立场问题的反思才成为一个具有真实指谓和现实意义的课题。

（二）学术立场的"该与不该"问题

如果说学术立场的"有无"问题，涉及的是研究过程中研究主体价值立场存在与否的问题，那么"该与不该"的问题，涉及的则是研究主体在从事学术研究时的价值选择问题。在这个问题域内，马克斯·韦伯（Max Weber）的"价值无涉"理论可谓影响深远。综合而言，韦伯对价值无涉的相关论述可以概括为三个方面：(1)客观性原则。客观性是科学的标志，文化科学虽然有着不同于自然科学的独特性，但这并不意味着文化科学研究可以无视客观性而任意阐释。一切的文化事件虽然包含了体现着主观性的原因因素，但同时也在一定程度上包含了客观的理由。例如，从同一种立场出发，某一事件具有某种意义，而另一事件则显示不出什么意义，或者显示为别的意义，这使我

---

① [英]阿诺德·汤因比著，刘北成，郭小凌译. 历史研究[M]. 上海：上海世纪出版集团，2005：425.
② 同上.

们在认可价值、立场问题的同时，进一步地意识到事件本身对价值、意义的限制。这可以看作是最基础的客观性因素。（2）"价值无涉"固然可视作人文社会科学中的一种研究规范，但韦伯对这一价值规范的倡导，很大程度上在于反对教师利用讲坛不负责任地宣扬自己的价值观。韦伯所关切的是，"人们在大学授课时，是否应当宣明他们所赞成的某种伦理的，或建立在文明理想以及其他世界观基础上的实际的价值判断"。韦伯尽管提出了这一问题，但又同时深刻地认识到，"这个问题无法从科学上予以讨论。因为它本身完全取决于实际的价值判断，因而无法得到最终的解决。"①在韦伯看来，我们需要设置一种伦理规范，使得讲坛上的教师是以大学教育者，而不是讲坛先知的身份来传播知识与学问。在这个意义上，韦伯所谓的价值无涉，呼唤的是一种他所谓的"理性的诚实"。韦伯并不像很多后世学者所认为的那样，否定学术研究或者讲授中的价值因素的存在。他关心的是，讲坛是传播专业学问之处，不能"'以科学的名义'就世界观问题作出权威性的讲坛裁决"。在可能涉及价值问题的讲述时，教师应当"毫不犹豫地向听众，首先向自己本人宣明，哪些陈述是纯粹从逻辑推演而来的或纯粹经验事实的说明，哪些陈述是实际的价值判断……做到这一点在我看来当然直接就是理智诚实的绝对要求。"②（3）韦伯基于对经验科学之特征的判断，认为如同社会学、经济学这样的学科之所以可能走向价值无涉，是因为人的行动并非高度非理性的，而是理性的现实的行动。它为我们提供各种手段，而这些手段有助于我们达到自己的目的。即在目的—手段合理性行动中包含有价值无涉的因素。

马克斯·韦伯的"价值无涉"学说为人文社会科学的方法论建设提供了非常好的理论基础。但是，它也常常遭到来自各方的批评和反驳。其中，最常见的反驳是，完全的"价值无涉"是不可想象的，也是无法实现的。无论是作为人文社会科学研究对象的所谓"社会事实"本身，还是研究主体与研究客体的关系，均无法全面割除价值的因素。因此，有学者直接指出，"价值无涉"不可能做到，是乌托邦，故而"价值无涉"作为一种方法论没有意义，而且有害于学术研究。③ 这样的反驳其实忽略了韦伯对于人文社会科学研究中的"价值关联"同样有着非常清晰的认识。他早就认识到，"科学家绝不是头脑空白地接近现实。现实总是要经过某一个概念透镜而被过滤。我们总是从某个特定的立场来了解这个世界。某个立场总会涉及一系列有关这个世界本质的假

---

① ［德］马克斯·韦伯著，韩水法，莫茜译. 社会科学方法论［M］. 北京：中央编译出版社，2002：136.

② 同上，2002：139.

③ 郭星华. 也谈价值中立［J］. 江苏社会科学，2000（6）.

设……它们引导我们对问题的选择,它们界定了我们看见什么,怎样看待这个世界,以及'事实'或'事件'在社会知识中的重要性和角色。"不仅如此,韦伯甚至洞见了"立场"对科学理论发展的重要影响。"当立场发生转变时,它的经验和概念的机制就都转变了,包括认为什么样的问题是重要的,什么是重要的概念、因果模式等。"①也恰恰是在这一认识的基础上,韦伯才提出"价值无涉"的规范性要求。因为承认立场、价值的广泛存在是一回事,讨论"应当与否"是另一回事;"无法"全然规避与是否"应该"规避,这是截然不同的两个问题。依照法国学者弗洛因德(Julien Freund)对韦伯的解读,韦伯的"价值关联"和"价值无涉"体现的是两种不同的原则。这两种原则中,"价值关联"属于学术研究的构成原则(constitutive principle),而"价值无涉"则属于规范学者、教师行为的规范原则(regulative principle)。② 从"价值关联"与"价值无涉"的相互关系来看,韦伯的学术关切是在承认学术研究中价值、意义、立场等因素普遍存在的同时,强调尽其可能地戒除价值因素的干扰,以维护科学研究之为"科学"、之为"研究"的客观性。更重要的是,韦伯希望借此告诫所有的大学教育者,不要利用自己的特殊身份和权力,不要在一个"听众——甚至连持相反意见的人——被迫保持缄默的场合"③,僭越成为领袖、先知或生命导师,利用师生之间的不平等关系,任意地向学生兜售、宣扬自己的世界观和价值偏好,而是应当始终以"理智的诚实"和"自我的清明",明辨学术研究和课堂讲授的使命与边界。

通观马克斯·韦伯的方法论思想不难看出,在学术立场的"有与无"问题上,他承认"有",即承认学术研究过程中立场与价值的普遍存在;而在学术立场的"该与不该"问题上,他坚持的是"不该",即研究主体应当清醒地意识到价值、意义、立场等主观性对学术研究可能的影响,从而将其置于严格的监控之下,确保不因一己的价值偏好而有违"理智的诚实",损及"科学的客观性"。

一个经过漫长发展,在相互的争鸣与辩论中基本可以达成的共识是:人文社会科

---

① [美]史蒂文·塞德曼著,刘北成等译. 有争议的知识——后现代时代的社会理论[M]. 北京:中国人民大学出版社,2002:46.
② "构成原则"与"规范原则"的划分源于康德。如果一个非经验型的概念,在经验的构成中有其直接的参与和作用,它便构成了一个"构成"性的概念;如果一个非经验性的概念,虽然在经验的构成中没有直接的参与和作用,但它作为一种指导性的原则,给经验的构成指出一个方向(如系统性),它便构成了一个"规范性"的原则。参阅[德]马克斯·韦伯著,钱永祥等译. 韦伯作品集Ⅰ:学术与政治[M]. 桂林:广西师范大学出版社,2004:98.
③ [德]马克斯·韦伯著,钱永祥等译. 韦伯作品集Ⅰ:学术与政治[M]. 桂林:广西师范大学出版社,2004:183.

学领域中的学者,对于研究对象,以及研究主体与对象之间关系中的价值关联,持异议者已经越来越少。换言之,学术立场的"有无之争"已经不再尖锐。而对于学术研究究竟是否应该持有立场,以及如何来对待研究主体的立场,这依然是一个聚讼不已的问题。如果我们将韦伯"价值无涉"思想所代表的立场称之为"旁观者"立场,那么与之相对的另一种立场,则可以称之为"行动者"①。

在方法论意义上,行动者立场的出现首先是基于对学术、学者角色、功能定位的另一种认识和立场选择。例如,美国社会学者塞德曼(Steven Seidman)深切地感受到学术研究与社会生活的隔离,因而主张一种坚持道德承诺的社会理论研究。他首先批判了旁观式的社会学研究,指出:"在致力于统一社会知识和证明社会知识的过程中,理论家们已经迷失在概念分析和文本分析的灌木丛中;我们创造了一个与社会隔绝的世界,一个只有社会学家才能够、才愿意光顾的世界。"在他看来,"屈服于对哲学基础和科学一致性的幻觉般的探求","追求建立一种研究社会的科学"的研究范式"走进了死胡同"。而走出"死胡同"的关键是重新意识到,"理论是一种社会实践,一种做些事情的努力"。② 由于意识到基于旁观者立场的社会学研究范式的弊病,塞德曼不惮于表达自己强烈的行动者立场。在其著作的前言中,他几乎是饱含深情地阐述了强烈的行动者立场:"200年来指引着社会学和现代社会理论的希望就是,知识能够使我们的生活有所不同,其主要价值蕴含在它所想像和帮助创造的各种生活中。"③无独有偶,近些年来在社会科学方法论领域中颇为受人关注的法国著名社会学家布迪厄(Pierre Bourdieu)在长期坚持以"参与式观察"的方式来从事社会人类学研究之后,逐渐表露出学术立场上的行动者取向。他明确宣示:"我从未接受将研究对象的理论构建与一组实践程序——没有这些实践程序,理论就算不上真正的知识——相分离的观念。"④

---

① 笔者曾经对旁观者立场与行动者立场作过较为系统的阐释。两种不同的立场在研究方式上可能有交叉,但其"立场"上的分歧是明显的。旁观者立场未必不行动,但其行动依然是为了"旁观"。它凸显的是一种"非介入"姿态。行动者立场并不、也无法全然拒绝旁观,但在立场的选择上,行动者立场却倾向于介入客体,即不仅不回避对研究客体的干扰,而且强调在主动的影响、介入和干预中来变革现实,创生理论。参阅孙元涛著. 教育学者介入实践:探究与论证[M]. 重庆:重庆大学出版社,2009:27. 这里,笔者并不想重复原有的论证思路——尽管在具体论证中,要想做到全然不同是不可能的——而是力图在原有认识的基础上,提出思考该问题的新维度。
② [美]史蒂文·塞德曼著,刘北成等译. 有争议的知识——后现代时代的社会理论[M]. 北京:中国人民大学出版社,2002:6—7.
③ 同上,2002:前言.
④ [法]皮埃尔·布迪厄,[美]华康德著,李猛、李康译. 实践与反思——反思社会学导引[M]. 北京:中央编译出版社,1998:36.

"作为一名社会科学家,不去介入、干预,恰如其分地认识到各自学科的局限,而是袖手旁观,这是对良心的背叛,是让人无法容忍的选择。"①

其次,行动者立场的崛起亦与知识观乃至认识论的变革有着内在的一致性。例如,美国哲学家杜威在洞悉了传统认识论缺陷的基础上,大胆地宣示了一次认识论中的"哥白尼式的革命"。② 杜威将传统的认识论视为"旁观者认识论"或称"知识的旁观者理论"(spectator theory);相应地,杜威所构想的新的知识观与认识论可称之为行动认识论。③ 杜威认为,我们与世界的关系不是彼此外在的,世界并非静候我们去认识和反映的世界,人也并非只能在旁观中来把握世界的意义。"除非把观念变成行动,以某种方式或多或少整理和改造我们所生活的这个世界,否则,从理智上讲来,观念是没有什么价值的。……追求观念并坚持观念是指导操作的手段,是实践艺术中的因素,这就是共同创造一个思想源流清澈而川流不息的世界。"④经由杜威的理论,我们对世界的认识便不再仅仅局限于基于"价值无涉"的旁观,而且还有可能实现"从外边旁观式的认知到前进不息的世界活剧中的积极参加者"的转变。这一转变不仅意味着角色的转变,同时也是主体立场、视野、研究方式乃至与世界"对话"方式的转变。

不难看出,与学术立场的"有无问题"相比,"该与不该"的问题不仅冲突性更强,而且也更为复杂。然而值得特别申明的是,尽管从表面上看,倡导"价值无涉"的旁观者立场与主张立场介入、行动参与的行动者立场构成了对立关系,但是在具体的学术实践中二者却可能兼存。换言之,不同的研究主体可以基于自身的研究兴趣、研究取向、对象特点,以及对学术研究之属性与性质的认识,自主地确立自己的学术立场,从而选择相应的研究方式。那种为了凸显自己研究立场的价值而刻意贬低其他学术立场合理性的思维方式和表达方式,至少是没有意识到开放的学术研究领域中多种研究范式、立场兼存的可能性和必要性。值得借鉴的是,塞德曼在推介行动者立场时,尽管批

---

① [法]皮埃尔·布迪厄,[美]华康德著,李猛、李康译.实践与反思:反思社会学导引[M].北京:中央编译出版社,1998:265.

② 关于杜威的"哲学革命"和认识论重建,笔者曾专文论述。在此,笔者仅考虑本书逻辑框架的完整性,撮其要概述,不再作系统展开式的论证。参阅孙元涛.杜威"哲学的革命"之再认识——写在杜威诞辰150周年之际[A].叶澜主编.命脉[M].桂林:广西师范大学出版社,2009:366—377.

③ 关于杜威构造的新理论,有学者称之为"参与的知识观",有学者称其为"实验性的认知理论",也有学者称其为"实验的认识论"。本文受哈贝马斯对杜威评价的启发,将其称之为行动认识论。参阅孙元涛著.教育学者介入实践:探究与论证[M].重庆:重庆大学出版社,2009:85.

④ [美]约翰·杜威著,傅统先译.确定性的寻求:关于知行关系的研究[M].上海:上海人民出版社,2004:137—138.

判了单一的旁观者立场带来的诸多问题,但却清醒地意识到,行动者立场并非包打天下,提出它是"为了世界更加美好的心愿所激励的",但"这不意味着要放弃经验分析,更不意味着放弃分析性视角"①,因而其崛起是"补位"而非"替代"。塞德曼的这一表态,也是笔者本书力图贯彻的基本学术立场。即我们在试图论证某一种学术立场之合理性的同时,并不意味着否弃与之对举乃至对立的其他学术立场的合理性。

三、生命实践

生物学意义上的生命是一个简洁的、便于以科学逻辑来限定的自然现象。它是"由高分子的核酸蛋白体和其他物质组成的生物体所具有的特有现象。……能利用外界的物质形成自己的身体和繁殖后代,按照遗传的特点生长、发育运动,在环境变化时常表现出适应环境的能力"②。但是在哲学、文化的意义上,生命却有着比上述定义宽泛、厚重得多的涵义。

在我国,对"生命问题"的思考,以及相应的"生命意识",很早就蕴含于传统哲学中。我国当代著名哲学家,新儒家的代表人物之一牟宗三曾说:"中国文化之开端,哲学观念之呈现,着眼点在生命,故中国文化所关心的是生命。"③我们可以把素朴的生命意识视为中国传统思想的核心特征之一。这里的生命意识,首先指的是自然生命。据考证,汉语"生命"一词包括"生"(造化)与"命"(授予、禀受)。就二者的关系而言,"生"被视为是普遍的,而"命"则是个体从这普遍性中分有的部分,因而从前者得到规定。④"生",在中国古代哲学思想中几乎是一个包孕万象、富有极大张力的概念。诚然,中国传统智慧尚未产生明确的主体意识,更不可能从现代自然科学的视角去解析生命活体区别于非活体的内在奥秘。但是,基于独特的对宇宙、自然、世界、人等存在及其相互关系的理解,中国传统智慧对于生命给出了颇为宏大深刻的阐释。在一定意义上我们甚至可以说,生命,在中国传统思想中具有本体论的意义。例如,孔子在《论语·阳货》中言道:"天何言哉?四时行焉,百物生焉。天何言哉!"在这里,我们能够依稀把握到,孔子心目中的天道并非一个孤立、封闭的实体性存在,而是在万物的生生化

① [美]史蒂文·塞德曼著,刘北成等译. 有争议的知识——后现代时代的社会理论[M]. 北京:中国人民大学出版社,2002:前言.
② 夏征农主编. 辞海[Z]. 上海:上海辞书出版社,1999:4900.
③ 牟宗三著. 中西哲学会通十四讲[M]. 台北:台湾学生书局,1996:18.
④ 吴学国. 关于中国哲学的生命性[J]. 哲学研究,2007(1).

育中实现自身的创造性生命历程。而《易经》中则蕴含着更多涉及生命问题的深刻思想。如"生生之谓易";"天地之大德曰生";"夫乾,其静也专,其动也直,是以大生焉;夫坤,其静也翕,其动也辟,是以广生焉"。万物化生之所以可能,在于乾坤、天地或阴阳这创生性活动之两极的交感与互动。由此可见,对万物化生,对普遍意义上之"生命力"的认识与肯定,构成了中国古代哲学重要的精神内核。英国著名生物化学家、科学史专家李约瑟(Joseph Terence Montgomery Needham)将中国古代哲学的这种特质称之为"有机的宇宙哲学"。他提出:"在希腊人和印度人发展机械原子论的时候,中国人则发展了有机的宇宙哲学。"[1]李约瑟所谓"有机的宇宙哲学",实际上阐释的即是中国哲学中的生命性特质。新儒家的另一代表人物方东美则以"普遍生命论"来概括中国古代哲学的特质。在他看来,"根据中国哲学,整个宇宙乃由一以贯之的生命之流所旁通统贯,……'自然'乃是一个生生不已的创进历程,而人则是这历程的参赞化育的共同创造者。"[2]需要指出的是,"普遍生命论"所谓的生命并非现代意义上作为"活体"的生命概念,毋宁说,这种生命常常被隐晦地理解为蕴含在自然、宇宙演化变迁中的内在力量。如同方东美所指出的,整个宇宙万物都蕴藏着一种内在的生命力,"生命大化流行,自然与人,万物一切,为一大生广生之创造力所弥漫贯注,赋予生命,而一以贯之"。[3]

"普遍生命论"看到了"生"的普遍性,看到了自然、宇宙生生不息的演化变迁,看到了人与自然、世界、宇宙之间的天然、广泛而深刻的联系。但是,由于"普遍生命论"将"生"或者"生命力"理解为一种无所不在的、甚至带有神秘色彩的力量,兼之受古代人主体意识尚未明晰化的限制,它所理解的生命只能被理解为一种"宇宙事件"。生命不仅不能说是属于"我"的,相反,"我"是受这一事件支配的;故生命是外在于或者说超越于自我的。正是从这个意义上,有学者指出,中国早期的传统思想"只强调宇宙的生命,却难以在其中找到对自我的生命性或生命的精神性的直接描述。这表明中国传统的生命意识是无反思的。"[4]

将"自我"与"生命"有机勾连且实现了生命的精神性和反思意识的整合,在西方,

---

① [英]李约瑟著,汪受琪译. 中国科学技术史(第三卷)[M]. 北京:科学出版社,1978:337.
② 黄克剑,钟小霖选编. 方东美集[M]. 北京:群言出版社,1993:357—359.
③ 方东美著. 中国哲学精神及其发展[M]. 台北:成均出版社,1983:98.
④ 吴学国. 关于中国哲学的生命性[J]. 哲学研究,2007(1)

可以追溯到肇始于笛卡尔的主体意识的觉醒和现代认识论的兴起[①]；在我国，有学者将其归功于受佛学思想影响，对传统儒学做出"创造性转化"的宋明儒学，尤其是王阳明哲学[②]。值得关注的是，二者虽然在文化传统、时代特征等方面有着极大的差异，但就突出主体自我、强调精神（或良知）优先性而言却有着惊人的一致。对生命的理解已从对无处不在的生命力的认识和肯定逐渐进入到对生命之精神性和精神之生命性的理解。这既体现着人类主体自我意识的觉醒，也在一定程度上反映了人类思维世界中区分、聚焦的意识，即从无处不在、无所不包的"生"聚焦到对人之生命独特性的认识。这里需要申明的是，对生命精神性的发现是一种生命内涵的扩展，而不是替代或转换，即生命的精神性并不是对生命自然性的舍弃与排斥。人之生命的自然性与精神性，构成了生命的复合二重性。

就生命的自然性而言，作为生命一般特征的遗传性和对环境变化的因应特征，构成了有生命的活体存在与非活体存在的本质差异。这意味着，生命不仅接受遗传的规定，遵循发育、生长、演变、衰亡的一般生命历程，更重要的是，有机体对环境变化的适应能力确保了机体存活、生长的"动力"。一般系统论的创始人贝塔朗菲（Ludwig Von Bertalanffy）在论及生命问题时，特别强调了生命的主动因应特征。他说："即使在外界条件不变和没有外界刺激的情况下，有机体也并不是被动的系统，而是本质上主动的系统……现代科学研究表明，我们必须把自主活动（例如表现为有节律的自动活动），而不是反射和反应活动，看作基本的生命现象。"[③]"最终决定有机体反应的，不是这么多的外界影响、刺激，而是内部境况。"[④]如果说生命体内在的、主动的转化生成机制构成了其"生命"的生物基础，体现着所有生命体的一般性特征，那么，精神性特征则从另一个维度上反映了人这一特殊生命体的独特属性。由精神性而衍生出的目的性、自觉性、预策性、反思性等，为人的生命发展创造了更广阔的空间，也展现了通过个体与群体自主、自觉的活动实现创造性生命发展的可能性。这里展现出的，正是人之生命实践的内在统一性。

---

① 参阅本章对"主体"概念史的梳理部分。

② 例如，吴学国就曾指出，在中国思想中，唯有阳明哲学才充分地体现了精神的生命性或生命的精神性。他的生生不息的良知概念，既是对儒家的生命意识的精神化，也是对佛教的精神本体的生命化。参阅吴学国. 关于中国哲学的生命性[J]. 哲学研究，2007(1).

③ ［奥］路德维希·冯·贝塔朗菲著，吴晓江译. 生命问题——现代生物学思想评价[M]. 北京：商务印书馆，1999：22.

④ 同上，1999：123.

实践,按照德国当代著名教育学者本纳的观点,有广义与狭义之分。狭义的实践"是依循道德的自由行动,它包括个人间的友谊和人们在城邦范围内共同的政治行为"。而"广义的实践则包含了人类活动的一切形式,并且其结果是,实践的概念本身阐释了实践与生产的区分,同时也把劳动者之间的关系看作是实践"①。事实上,实践含义的广狭之分一定程度上也反映了实践概念史的演变。② 依照德国当代著名哲学家伽达默尔(Hans - Georg Gadamer)的观点,亚里士多德是西方哲学史上对实践问题展开深入研究的第一人。"亚里士多德用一句简练的话,即'一切追寻知识、能力和选择的努力都趋向于善',开创了对人的实践的——即《伦理学》的研究。"③在亚里士多德那里,实践,是区别于理论(沉思)、技艺(技术)的一种独特的活动,或者毋宁说,是一种特殊的生活方式。如果说,理论(沉思)强调的是一种置身事外的"沉思"与"旁观",以此来"神入"属神的世界,分享神性;技艺(技术)追求的是活动以外的产品;那么,实践则主要指古希腊人参与城邦事务的政治伦理生活。其核心要义是"自身即是目的",或者说,是目的蕴含于实践自身的展开中。依照亚里士多德《尼各马可伦理学》的中文译者廖申白的阐释,在亚里士多德的伦理学中,实践"是对于可因我们(作为人)的努力而改变的事物的、基于某种善的目的所进行的活动。……是道德的或政治的。道德的实践与行为表达着逻各斯(理性),表达着人作为一个整体的性质(品质)"。④

随着现代科学技术的发展,理论与实践的概念和相互关系发生了根本性的转变。对"成果"与"产品"的倾心使得理论逐渐成为科学知识乃至方法,而实践则日益趋近亚里士多德所谓的技术。⑤ 被马克思称为"英国唯物主义和整个现代实验科学的真正始祖"的培根(Francis Bacon)在其《新工具》第一卷中申明:"在所有迹象当中,没有比从果实方面看到的迹象更确实或更显赫的了。因为果实和事功可说是哲学真理的保证

---

① [德]底特利希·本纳著,彭正梅,徐小青,张可创译. 普通教育学——教育思想和行动基本结构的系统的和问题史的引论[M]. 上海:华东师范大学出版社,2006:13—14.
② "实践"是西方哲学中另一个非常复杂的概念。有学者,如西方学者罗伯克威茨和中国学者张汝伦等,都曾对此作过系统详实的研究。相关著作如 Nicholas Lobkowicz. *Theory and Practice*:*History of a Concept from Aristotle to Marx*[M]. Notre Dame-London:University of Notre Dame Press, 1967. 张汝伦著. 历史与实践[M]. 上海:上海人民出版社,1995. 在这里,笔者不拟详细复述相关研究,只是对实践概念史中的几个具有代表性的核心转变做简要概述。
③ [德]伽达默尔著. 夏镇平译. 赞美理论——伽达默尔选集[M]. 上海:上海三联书店,1988:25.
④ [古希腊]亚里士多德著,廖申白译. 尼各马可伦理学[M]. 北京:商务印书馆,2003:3.
⑤ 关于理论概念演变以及相关的学术研究传统的变迁问题,笔者将在第二章做更详实的论述。

人和担保品。"①对"产品"和"成果"的重视,为科学与技术的协同发展提供了理论准备。以此为开端,理论与实践的概念逐渐发生了根本的转变,理论逐渐演变成科学知识及方法论,而实践则日益成为知识和方法的应用。②

马克思扩展了实践的内涵,将其理解为一个涵盖人类全部有目的的活动的统一的概念。与此同时,马克思又提升了实践在个体发展和人类社会历史演进过程中的价值,将实践由一个近代认识论概念提升到本体论的位置,使其不仅成为思考问题的出发点,也成为确证人之为人的独特性,标示人之独立、自由品性的内在根据。正是借由这样的概念与理论改造,马克思将人的生命成长与实践仅仅地扣结在一起。这一方面深化了人们对人的生命之本质与独特性的认识,另一方面也在更为深刻的意义上,揭示了人之生命成长的内在机制。

生命是宇宙演化过程中诞生的一种独特存在。但生命作为自然的一部分,依然是受到自然规律制约的。如同我国著名哲学家高清海所指出的,大自然在化生生命的过程中,是连同生命所需要的环境一起化生出来的;特定的生命离不开特定的环境,离开它所需要的环境生命就无法生存。这可以看作是生命的自然规约性。但是,生命体不仅受制于环境,同时也能够主动地适应环境。这种环境适应性,一方面有助于维系生命体的生存,另一方面则有助于它们在与环境的能量交换中实现增生、进化。而人与动物,更因为能够移动迁徙,而发展了主动选择环境的能力。但之人为人,在秉承了生命体几乎一切的一般性、基础性机能的前提下,还拥有人之独特的依自己需要而改变、创造环境,在人所特有的生产劳动中来制造产品的能力。对此,马克思有一段非常简练而精到的话:"可以根据意识、宗教或随便别的什么来区别人和动物。一当人们自己开始生产他们所必需的生活资料的时候(这一步是由他们的肉体组织所决定的),他们就开始把自己和动物区别开来。"③由此我们可以断言,在马克思这里,以生产劳动为核心的实践,构成了人区别于动物的根本。而且,实践对于人的价值不仅体现在它重构了人与自然的关系,即人通过实践不但能够在一定程度上超越单纯依靠自然赠予的生存状态,而且可以凭借有目的、有意识的实践活动,创造出自然界原本不存在的,能够满足自身需要的产品;更重要的恐怕还在于,它重构了人与自我生命的关系。换言

---

① [英]培根著. 新工具(第一卷)[EB/OL]. 主题阅读网,http://www.eywedu.org/xingongju/05.htm.

② 张汝伦著. 历史与实践[M]. 上海:上海人民出版社,1995:251—254.

③ [德]马克思,[德]恩格斯著,中共中央马克思恩格斯列宁斯大林著作编译局译编. 马克思恩格斯全集(第3卷)[M]. 北京:人民出版社,1960:24.

之,人的生命,至少从一个维度上来说,是实践的生命,是在实践中延续、丰富、发展,从而发现、创造意义与价值的生命。高清海借助对马克思实践思想的阐释,提出了人的生命两重性的思想。在他看来,正是借助于实践,"人自己创造自己的生活,也就在同时创造着自己的属人生命。人除了有与动物相同的生命以外,还有着与动物不同的生命。我们应当从两重性的观点去理解人的本性,也必须以同样的观点去理解人的生命,即把人看作是有着双重生命的存在:他既有被给予的自然生命,又有自我创生的自为生命。"①高清海将前者称之为"种生命",而将后者称之为"类生命"。与"种生命"所承载的自然性、自在性内涵不同,"类生命"更多突出的是人的生命的自为性,以及人作为独特生命存在的类特征。"由人创生的自为生命,仅仅属于人所特有。这种生命作为对种生命的超越,已突破个体局限,与他人、他物融合为一体关系,因而也就获得了永恒、无限的性质……'类'这一概念与'种'的根本区别之一,就在于它不是个体的抽象的统一性质,而是以个体的个性差别为内涵,属于多样性的,甚至异质统一体的概念。"②

毋庸置疑,人的生命,在其开端处,是一种自然的"赠予"。这一点从中国古代关于"生命"的理解中不难看出。无论是"生"所蕴含的"造化"、"化生"之义,还是"命"所蕴含的"授予"、"禀受"之义,均在一定程度上体现着,人的个体生命,最初更多是遵循自然的逻辑,"被赋予"的。但是,随着人的自我意识的萌生,自主、自为意识和能力的增强,人在自觉意识支配之下的各种形式的实践活动在生命发展的历程中价值逐渐提升,意义日益凸显。如果说贝塔朗菲的论断"最终决定有机体反应的,不是这么多的外界影响、刺激,而是内部境况"突出的是具有一般性的生命体在与外部世界"交流"中的主动性,那么人作为目前所知的唯一具有实践意识和能力的动物,其生命成长与发展的动力,则更多地寄托在人的自由自觉的实践活动中。如同马克思所说:"一个种的全部特性、种的类特性就在于生命活动的性质,而人的类特性恰恰就是自由的、自觉的活动。"③这种自由自觉的活动不仅决定了人之生命的物理特征,更重要的是决定了人之生命的方向、质量、深度与价值。换言之,个人无法决定自己的"生",但是却能够在很大程度上决定自己如何"活"。而生命,作为一个过程,恰恰是在个体独立的或者参与

① 高清海."人"的双重生命观:种生命与类生命[J].江海学刊,2001(1).

② 同上.

③ [德]马克思,[德]恩格斯著,中共中央马克思恩格斯列宁斯大林著作编译局译编.马克思恩格斯全集(第42卷)[M].北京:人民出版社,1979:96.

社会性实践的过程中展开的。美国著名心理学家弗罗姆(Erich Fromm)曾说:"个人的整个一生只不过是使他自己诞生的过程;事实上,当我们死亡的时候,我们只是在充分地出生。"①在这里,弗罗姆不仅揭示了生命的过程性、开放性和生成性,也通过一个使动语态,揭示了人作为自己生命之决定力量这一无可替代的角色。人的生命实践是无法由他人替代的,只有自己才能够在有意识的、自由自觉的实践中"使"自己充分地"出生"。

四、学术体制

学术体制,是学术研究中经常使用的概念,而且已经逐渐发展成为学术共同体中的一个"日常概念"。② 但是,对于这一概念,不同学术主体在理解上还是有着细微的差异。南帆认为,学术体制即是知识生产共同遵循的公约。③ 陈以爱将学术体制理解为"学术媒介",认为"大学、研究机构、图书馆、学术期刊这些现代学术发展所依赖的学术媒介,或可统称之为'现代学术体制'。在'现代学术体制'之中,每个学术媒介都具有促进学术发展的不同功能,成为整个体制中环环相扣的部分。"④左玉河则将学术体制定义为"制度化的规范",提出:"任何一个时代的学者在进行学术研究时,总是无法超越自己所处时代和环境限制,更无法超越特定的思维模式、思想框架、语言文字限制及相关制度化的规范。其中,制度化的规范,就是所谓学术体制。"⑤笔者认为,陈以爱所言及的"大学,研究机构,图书馆,学术期刊这些现代学术发展所依赖的学术媒介"是学术体制的构成要素,或者说是学术体制的一种表现方式,但它们本身还不足以构成学术体制。体制是由一系列的制度规范或公约所维系的,但单纯的公约或制度化规范,也不能构成体制。在《辞海》中,"体制"的义项有三:(1)国家机关、企业和事业单位

---

① 联合国教科文组织.学会生存[M].北京:教育科学出版社,1996:197.
② 或许是因为熟悉,很多学者在撰著时往往不加限定直接使用,因此,笔者在已经搜集到的相关研究中很难寻找到对学术体制作明确界说的文字;当然,或许有的学者还有另一重考虑:对一个能够在学术交流中通行且不致引起彼此误会的学术概念加以界定,可能反而会引发出诸多的争议。因为越是人们所熟知的事物或现象,其实越是难以作出清晰的、易达成共识的界定。学术研究中对"人"、"文化"、"教育"等概念的界定便是例子。
③ 南帆.学术体制:遵从与突破[J].文艺理论研究,2003(5).
④ 陈以爱著.中国现代学术研究机构的兴起——以北大研究所国学门为中心的探讨[M].南昌:江西教育出版社,2002:328.
⑤ 左玉河著.中国近代学术体制之创建[M].成都:四川人民出版社,2008:12.

机构设置和管理权限划分的制度。（2）体裁，格局。（3）艺术作品的体裁。① 很明显，本研究所用"体制"一词取的是其第一义项，从中不难解读出体制兼具组织机构与制度双重意义。在《汉英词典》中，"体制"被译为 system of organization 和 system。按照英国《韦伯斯特大词典》的解释，system 一是指"由一群相互作用或相互依赖的项目（items），根据一定规则所组成的一个统一的整体；二是指"一群人为了达到共同目的，而形成的一个体系"。可见，system 作为一个系统，是一个"统一体"，这个"统一体"有独特的目的，有自己的规则。在本研究中，笔者所指的学术体制，是围绕学术研究这一特殊社会实践而构建起来的，由组织机构及其内外制度规范构成的复合性系统。学术体制与学术制度不同，学术制度主要指的是一系列的规则体系，并不包含有组织的意蕴②，而学术体制之为"体"制，其内涵中已然包含了组织机构的意思。

第三节　论证

一、为什么是研究主体？

在今天，当我们使用"主体"这一概念，力图借此突出当事人、行动者在自身认识和实践活动中的自我支配性、能动性、反思性和创造性等属性和品质时，不得不面对的一个具有挑战性的问题是：当西方学者开始"唱衰"主体性，当"主体性凯旋"话语日益被"主体性黄昏"话语所遮蔽，当人们对"交互主体性"、"主体间性"、"主体际性"等学术话语的兴趣远远地超过了对"主体"、"主体性"的兴趣时，是否还有必要称颂人的主体性？是否还要以"主体"范畴来强调教育学者在研究这一独特的学术性实践中的致知与变革自我、变革环境的意识、能力与责任？ 这是一个无法回避且值得深思的问题。的确，早在 20 世纪后期，西方学者弗雷德·多尔迈（Fred R. Dallmayn）就在自己颇有影响的著作《主体性的黄昏》中宣称，二战以后，特别是 20 世纪六七十年代以后，西方哲学出现了明显的转向。这个转向导致主体性哲学走向式微，出现了所谓主体性步入黄昏，主体性或主体性问题逐渐被人淡忘的局面。③ 但是，哲学中主体性话语的式微，或者主体性作为一个问题"逐渐被人淡忘"，并不必然意味着主体在现实生活世界中已经淡

---

① 辞海编辑委员会编. 辞海（缩印本）[Z]. 上海：上海辞书出版社，1980：228.

② 朴雪涛著. 知识制度视野中的大学发展[M]. 北京：人民出版社，2007：31.

③ [美]弗莱德·R·多尔迈著，万俊人，朱国钧，吴海针译. 主体性的黄昏[M]. 上海：上海人民出版社，1992：1.

出。事实上,主体性话语的衰落,无论是源于人们对主体性过度张扬导致的环境问题等一系列危机的反思,还是因为互主体性(主体间性)话语的崛起遮蔽了人们对主体问题的思考,都无法回避一个根本的问题:主体的觉醒与行动是变革世界、变革自我、变革关系的根本和关键。具体而言,对主体性过度张扬而导致的危机的反思,本身就是一种主体意识的觉醒;如果没有基于主体意识充分发展、张扬之上的自我觉醒,就不可能触及对这一问题的反思,也就不可能走向变革的行动。而主体间性也好,交互主体性也好,其前提无疑都是个人主体性的充分而自由的实现;没有个人主体性的成熟与解放,冀望主体间性,或者类主体性的培育与生成,这是不可想象的。正如哲学家高清海指出的:"人的类本性是以无限丰富的个性为内容的普遍人性,它必须以个人的独立性为前提,只能是独立个人发展的结果。另一方面,那种超个体的自然共同体也只有在个人走向独立的基础上才能彻底瓦解。如果越过个人主体的发展阶段,从天然的族群联系直接过渡到类联系,可以想见,那样建立起来的类主体很可能就成为族群主体的变相复活。"①此可谓其一。其二,主体与客体的二元关系框架尽管在本质上只是一种思维设计,即人基于主体自我意识而设定的自我与认识、实践对象的一种关系态,但这种思维设计却是人认识世界、认识自我的前提。没有对自我与他者的区分,没有思维世界中主体与客体/对象的分化,人就不可能很好地确立自己在世界中的位置,也就不可能将自我从世界中"思维地"独立出来,以便更好地"打量"这个世界。汤因比对此曾有非常精要的阐释:"现实本身是一片浑沌的神秘经验整体。如果不把我们私下中关于现实的印象——或在人的头脑中所反映的现实关于自身的印象——变成或表现为主体和对象,我们就糊里糊涂,无法知道现实是怎么回事。只要我们连续地思考,就会锻造出一个环节清晰的链条,而区分主体和对象就是第一个环节。"②这一重论证意在说明,尽管有所谓"主体性黄昏"的判断,尽管倡导"主体性"在西方哲学中似乎已显过时,但无论是基于对中国社会发展现实性的判断,还是就主体、主体性话语自身的内在价值而言,从研究主体的视角介入对学术问题的研究不仅谈不上过时,而且还富有极强的针对性。这可以看作是研究"研究主体"的一般性价值。除此之外,以"研究主体"为视角介入对中国教育学研究相关问题的思考和判断还有基于中国教育学学科发展现实性的特殊考虑。

---

① 高清海. 主体呼唤的历史根据和时代内涵[J]. 中国社会科学,1994(4).
② [英]阿诺德·汤因比著,刘北成,郭小凌译. 历史研究[M]. 上海:上海世纪出版集团,2005:423.

首先，任何学科，包括教育学，作为一种基于知识分类的社会制度安排，固然必须遵循知识自身的逻辑，且很大程度上也不能不考虑诸多的社会利益关系，但学科发展的水平和状态很大程度上是由该学科的从业者，即研究主体的学术立场、研究水平、价值取向、学术实践等主体因素决定的。从"积极"方面说，现代所谓"科学教育学"的诞生固然是顺应社会需要的结果，但是这一漫长的酝酿、诞生过程却是与夸美纽斯、康德、尼迈尔、赫尔巴特、杜威等一系列具有标志性意义的名字联系在一起的。研究主体有意识的学术实践是促进"教育学"诞生的内在力量。从"消极"方面讲，如果教育研究主体缺乏明确的学科立场，对于教育学研究缺乏内在的学科认同，这不仅会影响到其自我学术实践的投入度、深度与高度，更重要的是，它将深刻影响到教育学研究的品质与品位。教育学的学科发展水平固然与诸多的客观因素有关，如学科自身的发展历史，学科的文化积累，学科发展的外部政治、经济、制度环境等等，但不容忽视的是，学科作为一种人为建构的产物，在很大程度上取决于研究主体的学术立场和学术实践。

其次，中国教育学在经历了一个多世纪曲折的发展历程之后，既取得了值得称道的成就，也同时面临着各种各样的质疑、挑战、危机甚至创伤。这些危机与挑战既有来自外部的，对教育学之学术性、实效性等的质疑，如认为教育学研究普遍学术水平不高，因而无法与其他人文社会科学比肩，或者认为教育学研究并未为教育实践贡献有用的知识或有效的建议，因而无法与各种应用类学科比肩等等；也有来自学科内部的辩护、反思与自我批判。这些形形色色、林林总总的评论，无论其基调是批判、辩护还是论证，在关注教育学的学科独特性、中国教育学学科发展的历史性、时代性和现实处境等问题的同时，却一定程度上忽略了思考问题的另一个维度，即当事人的维度。中国教育学的学科发展历史与现状是与作为研究主体的教育学者及其共同体的学术立场和学术实践密切相关的。因此，对学科发展问题的思考，除了历史的维度、文化的维度、社会的维度等等，还需要一种主体的反思维度。但是，主体维度的介入并不意味着笔者作为研究主体中的一员，仅仅以一种沉湎于自我反思的方式介入对教育学学科发展问题的思考和判断。毋宁说，主体维度的介入在于建构一种思考的关系框架：既不囿于外在的尺度，单纯从环境、学科属性等角度来思考教育学的学科问题，也不囿于自我的局限性，将学科发展问题仅仅还原为自我的学术立场和实践问题，而是在人与世界、研究主体与学科发展的关系中来思考中国教育学的学科建设问题。"孤芳自赏式的、沉湎于自我的思考，是缺乏推动力的。真正的思考是在和世界相遇时产生的。我们不仅在概念中思考;我们在世界之中思考。思考反映了人与世界的全部关系。"①

二、为什么是"学术立场"?

在当前的学术生境中,尤其是在中国教育学学科建设中,关注学术立场问题的一个最直接的原因是,学术立场有可能深刻影响研究主体的视界和境界,从而影响学术发展的水平和方向。当然,无论是当前作为学术发展宏观背景的整体社会文化生态,还是中国当前的学术文化自身,或者进一步具体到中国教育学的学术文化,均存在着诸多深层次的问题。与问题的集簇式爆发形成鲜明对比的是,无论是学术界自身,还是社会公共媒体,在致力于曝光事件的同时,很多人在评论和批判中透露出的,似乎只是满足于借助不正当手段享受既得利益者受到了应有的惩罚而发泄一种报复性的快感,却没有很好地引导自身、大众和公共政策走向对事件的深度理性反思。美国学者赖特·米尔斯(C. Wright Mills)提出了社会生活中人们所可能面临的两种不同性质的"问题":"环境中的个人困扰"和"社会结构中的公众论题"。在他看来,"个人困扰"只是一种私人事务:个人感觉到自己珍视的价值受到了威胁。个人困扰的产生有时候是源于对一种真实社会问题或个人问题的正确判断和正常反应,但有时也可能是源于自我的敏感性,如对正常的社会现象的一种过激反应。这种困扰可能与他自身有关,也可能与他所直接了解的有限的社会生活范围有关。与个人困扰不同,社会的"公众论题"涉及的事情则超越了个人的局部环境和内心世界。它们涉及到许多处于类似处境的组织,这些组织进入到作为整体的历史社会的各种制度中;它们涉及到不同的环境重合并相互渗透(以形成更宏观的社会和历史生活的结构)的方式。"公众论题"的出现凸显出的已不是一种个别化困境,而是一种结构性问题,一种带有时代特征的问题:公众感到他们所珍视的某种价值受到了威胁。它"往往包含了制度安排中的某个危机"。② 如果借用米尔斯的概念和分析架构,我们不难看出,当前我国学术界广泛存在的诸多问题无疑是一种带有时代特征的问题,这种问题的存在一定程度上的确包含了"制度安排中的危机"。正因如此,反思制度安排,追究体制弊病,成为反思学术文化困境的一种重要思路。例如,有学者在对大学学术道德失范问题进行系统反思时,将学术制度供给不足视为"失范"的直接根源,将社会制度的缺陷归结为"失范"的间接根

---

① [美]A·J·赫舍尔著,隗仁莲,安希孟译.人是谁[M].贵阳:贵州人民出版社,2009:56.
② [美]C·赖特·米尔斯著,陈强,张永强译.社会学的想象力[M].北京:三联书店,2001:6—7.

源,由此提出以制度创新来整治大学学术道德失范问题。① 这一研究不仅立论稳妥,而且相对准确地把握住了作为社会公众论题、具有广泛性的学术道德失范问题的社会根源。但是,即便我们全然接受这一研究结论,我们至少还需要面对两个根本性的问题:其一,制度创新无疑是一个复杂的系统工程。一方面,一个相对完备的制度一旦形成,就会表现出较强的惯性、惰性和相对稳定性等特征。这意味着,制度并不总是如人们所期待的那样易于创新,或时时处于频繁的创新中。另一方面,即便真的走向制度创新,也不可能一蹴而就,其过程可能是漫长而曲折的,甚至在很多时候还要面对变革的风险和代价。这意味着,将制度创新作为解决学术道德失范问题主要甚至唯一的路径,并不可靠。其二,制度作为一种人为建构的社会构成,自身并不具备变革和创新的可能性。人作为制度变革、发展与创新的主体,一定程度上决定着制度的走向。这几乎是一个众所周知的常识。问题的核心在于:一方面,在一个普遍科层化的社会框架中,制度的建构者与制度的承受者往往分属不同的利益群体。因此,呼吁制度创新的学术化表达在大多数情况下无法通达制度建构者;少数情况下即便通达,他们也未必真正意识到制度创新与变革的内在需要。这既是因为不同群体视野、眼光的差异,同时也可能是因为不同群体的价值关切与利益需求各不相同。另一方面,即便是就制度的承受者而言,由于不同的主体对制度的体认不同,面对各种制度规范、要求的姿态也有差异,并不是每一个人都能意识到,或者能认同制度变革和创新的需要。或许更可能的境况是,作为制度承受者的主体,在对制度的抗衡、适应、接纳、自主建构过程中,逐渐形成了与制度之间的某种"和谐"。在这种情况下,主体依然可能表达制度创新与变革的欲求,但实际上在其行动中则表现出了对制度规范的主动接纳和顺应。例如,英国著名学者弗兰克·富里迪(Frank Furedi)在批判当代的文化"弱智化"和"文化媚俗政治"现象时指出:"当前我们中的一些人已经积极地从内心中接受了文化媚俗政治,而其他人通过不情愿地服从机构的要求,也找到了一种轻松的生活。"② 对于富里迪来说,认识到文化政策对当代学术生活品质的腐蚀性影响是远远不够的,"把责任都归咎于政府和文化机构"也将是错误的。"令人担心的与其说是政治阶层的角色,不如说是艺术和教育界对庸人主义社会改造工程的顺从。变得弱智的压力并不全部来自学院和艺术界之外。媚俗文化长期以来被教育者和文化生产者从内心里接

---

① 江新华著. 学术何以失范——大学学术道德失范的制度分析[M]. 北京:社会科学文献出版社,2005.

② [英]弗兰克·富里迪著,戴从容译.知识分子都哪里去了:对抗21世纪的庸人主义[M].南京:江苏人民出版社,2005:146.

受了。"①在当前的学术体制下,学者自我意识到学术与体制之间的共谋关系,且致力于反思体制弊病的,并不在少数。一定意义上说,类似的反思与写作在特定阶段甚至成为一种"时尚"。但值得警惕的是,如果研究主体不能在学术生命实践中践行自己的学术信仰,甚至欠缺真诚的学术立场,则此类反思与写作可能吊诡地进一步论证和巩固了体制和制度的合理性与有效性。因此,在当前特殊的学术生境中,研究主体对自我学术立场的反思、清理是一个非常重要的课题。这是笔者聚焦学术立场问题的第一个动因。这个意义上的学术立场,我们可以称之为学术的"元立场",即对于学术研究本身的认识、态度与价值信念。在笔者看来,一个学术共同体的"元立场"将在很大程度上决定其学术思想、学术实践和学术创见的境界。

除了"元立场",学术立场还涉及到研究主体与研究对象的关系问题,即研究主体以什么样的立场来看待和对待研究对象。如果说学术"元立场"将在很大程度上决定学术共同体,从而影响学术自身的气象和境界的话,那么研究主体在面对研究对象时的具体立场则可能在很大程度上决定研究的景象和视界。例如,在社会人类学研究中有所谓"主位研究"和"客位研究"两种不同的研究方式,而其背后隐含的即是研究主体研究立场上的差异。"主位"和"客位"最先是由语言学家肯尼思·派克(Kenneth Pike)从语言学的角度提出来的。派克之后,美国人类学家马文·哈里斯(Marvin Htarris)对主位研究和客位研究进行了系统的阐述。他提出,观察人们的思想和行为可以从主位和客位两个不同的度来进行,"即从事件参加者本人的角度去观察和从旁观者的角度去观察"。② 具体而言,主位研究是指研究主体不凭自己的主观认识,尽可能地从当地人的视角去理解文化,通过听取当地提供信息的人所反映的当地人对事物的认识和观点进行整理和分析。客位研究是研究主体以文化外来观察者的角度来理解文化,以外在的科学研究的标准对其行为的原因和结果进行解释。主位研究由于强调当地人视角,因而在一定程度上有助于抑制研究主体自我喜好、价值观念等主体因素的过度涉入。但是,当地人在自身文化中可能会将许多有研究价值的现象、习俗、行为,或其他文化要素视为平常的,或理所当然的存在,因而单纯的,或者强烈的主位研究可能会错失有价值的研究课题,或者很难走向对研究对象的深度阐释。相较而言,客位研究有利于更好地捕捉、认识和阐释那些本地人在自身文化中可能视为当然的和平常的文

---

① [英]弗兰克·富里迪著,戴从容译. 知识分子都到哪里去了:对抗 21 世纪的庸人主义[M]. 南京:江苏人民出版社,2005:146.
② [美]马文·哈里斯著,李培茉,高地译. 文化人类学[M]. 北京:东方出版社,1988:16—17.

化存在,即以一种局外人特有的"陌生化眼光"来"打量"现实,并基于一种特定的理论框架来阐释现实。这种研究立场和方式有助于深度挖掘和创造性地阐释那些常常被当地人忽略的有价值的文化存在。但是,倘若不加注意,研究主体立场、视角与理论框架上的介入和相关的思维操作极易产生对现实的误读。而且,对于同样的文化存在,由于研究主体自身的文化差异,以及与此相关的学术立场、研究视角等方面的不同,可能会给出并不一致,甚至截然不同的解读。由此我们不仅再一次体会到立场问题的真实存在,更重要的是,它提醒研究主体,一方面需要反思和明确自己的学术立场,另一方面则需要在学术实践中善于选择和确立合理的学术立场。

除主位研究与客位研究所反映的立场差异外,在教育学研究中,笔者曾经基于研究主体与研究对象的关系区分出"旁观者"与行动者两种不同的立场。[①] 在前者看来,教育研究主体所能做和应当做的,只能是做好自己的本职工作——"供奉"出自己的理论。他无法也无需为他的理论在实践中的应用性负责,因为后者作为一种社会活动,超越于他的影响力之上。[②] 作为旁观者,教育学者可以远离实践,保持一种书斋化的思辨状态,也可以进入到教育实践的现场从事所谓的"场内观察"。但无论是在场还是离场,其共同的核心在于,研究主体的基本立场是"旁观"和"认识",他主张研究过程不介入、不改变实践[③],甚至尽可能地不干扰、不影响实践。而行动者立场,不仅不回避研究过程对实践的干扰和影响,甚至主张直接介入实践,通过对实践的参与性建构,获得对变革实践更好的认识。在这里,研究过程和实践过程,或实践变革过程,是融合在一起的。研究主体期望在对实践的介入中促进实践变革,同时也在对变革的介入中生成理论。

如同人的观察总是与人所站立的位置以及视角的切入密切相关一样,研究主体的"入思角度"将可能决定他"入思"的深度,以及所看到的景象。相应地,研究主体"视角"的主动变换和"入思角度"的变迁将有助于他"透视"到界限内外的差异性、丰富性,在对对象多视角、多维度、多层次的透视中提取更多的信息,建构更丰富、更多元、更全面的意义。依照视角主义(perspectivalism)的观点:主体的知识不可避免地是片面的,

---

① 孙元涛著. 教育学者介入实践:探究与论证[M]. 重庆:重庆大学出版社,2009:27.
② 高伟. 一个"劳而无功"的虚假性命题——评"教育理论与实践关系"之争[J]. 北京大学教育评论,2005(2).
③ 很多时候,其实"旁观者"的研究也怀抱变革实践的意向,只是这种变革意向与自己的研究过程是分离的。例如,研究主体在研究过程中坚持客观性,强调不影响、不介入、不干扰实践,从而真实地呈现实践的本相。但是,很多研究者是期望通过这种真实呈现能够通过影响决策者或实践者,从而达成变革实践的目的的。

它受到个体据以进行观察的视角的限制。尼采作为视角主义理论的奠基者,极力反对有所谓仅能凭"神目"(或上帝之眼,God's Eye)才能把握和洞悉的,现象之后的所谓本质或永恒真理。在尼采看来,无论我们确定的什么概念和实在,也无论我们谈论什么客观性,都离不开人的因素,都不是与人类的生活毫不相干的。"因为人在思考和分析时不得不从自己的视角出发,他不能超越自己的视角。我们无法看到这个角落的周围:想知道其他种类的智力和视角是什么样子,只是一种无望的好奇心罢了。"①尽管视角主义的后期发展,尤其是融合了后现代主义精神之后的视角主义越来越多地表现出了相对主义的特性②,但是视角主义突出了主体自身在认识中的决定性作用;它对研究主体之立场、视角的重视,以及对主体和外部世界之间关系的新理解,深刻地影响了后世学者。至少人们开始意识到,完全把主体的因素抽象掉,试图去寻找和把握一个纯粹客观的世界及其本源,这只能是一种幻想。如同我国当代哲学家张志扬所说:"人同外部世界的任何关系都不能把人自身能在的限度抽象掉,也不能把外部世界影响的方式'机缘'抽象掉,'相关性'总是存在的,只是相关性质态不同而已,而'悖论'则是相关性的根底。"③

三、为什么是"生命实践"?

关注研究主体的生命实践是基于一个基本的认识:学术研究理应是学者的一种关乎生命重量和厚度的实践。我国学者李醒民曾提出:"学术本身有生命,真正的学人视学术如生命,学术自由和学人心灵自由是学术有生命的前提条件。"④视学术如生命,在基础层面上意味着学者在超越糊口、谋生的意义上来看待和对待学术研究;在更深入的层面上,则意味着超越生活的意义,将学术研究视为、建构为自己的生命构成。马克斯·韦伯在其著名的演说《学术作为一种志业》中曾经警告后来者,"学术生涯乃是一场疯狂的冒险"。之所以说它是一场冒险,除了因为学术生涯中充满挑战,甚至很多时候还不得不把自己的学术造化交付给"运气"之外,很大程度上还因为真正的学术

① 朱彦明.尼采的道德视角主义[J].道德与文明,2011(6).
② 其实,尼采早在构建视角主义的原型思想的时候就已经表现出了相对主义的端的。例如,尼采曾明确提出:"有各种各样的眼睛。连斯芬克司都有眼睛。因此就有各式各样的'真理'。因此,也就没有什么真理。"[德]弗里德里希·尼采著,张念东,凌素心译.权力意志——重估一切价值的尝试[M].北京:商务印书馆,1998:540.
③ 张志扬著.偶在论[M].上海:上海三联书店,2000.
④ 李醒民.学术创新是学术的生命[N].光明日报,2005-11-1.

对学者的学术热情、情怀、使命感等等都有一种内在的要求。如同韦伯所指出的："没有这种圈外人嗤之以鼻的奇特的'陶醉感'，没有这份热情，没有这种'你来之前数千年悠悠岁月已逝，未来数千年在静默中等待'的壮志——全看你是否能够成功地做此臆测——你将永远没有从事学术工作的召唤；那么你应该去做别的事。因为凡是不能让人怀着热情（Leidenschaft）去从事的事，就人作为人来说，都是不值得的事。"①

　　在生命实践的意义上来理解学术研究，最直接的后果是使研究主体以一种更为深沉、厚重的心态、姿态来看待和对待自己的学术研究。可以想见，这种对学术研究的理解与将学术研究仅仅作为谋生和糊口手段的理解相比，其境界是有高下之分的。学术领域中日益凸显的诸多失范现象固然有复杂的原因；但在一定意义上，不能不说与学者心目中学术的"脱魅"有着密切的联系，即人们不再将学术视为一种神圣的志业，而只是在一种非常世俗的意义上来从事甚或经营学术。当学术研究不再满足于追求其内在利益，而是越来越多地被一些外在的、附加的利益所绑架时，轻则可能降低学术的品位，严重时则可能败坏学术的品质。此其一。

　　其二，以生命实践的心态和姿态来看待并从事学术研究，还将可能反哺学者的精神生命，从而进一步影响研究主体完整的生命实践。笔者认为，个体的生命实践是一个具有统合性的整体，但这并不意味着我们必须以整体，甚或浑沌的方式来认识它。事实上，无论是基于人类社会中普遍存在的劳动分工现象，还是基于个体生命实践中的不同维度，我们均可以对实践作出形式上的区分。不同的实践形式，既存在于不同的个体或者群体之间，同时也作为个体完整生命实践的构成部分存在于同一个个体身上。正因如此，学术研究作为学者生命实践中一个独立但不孤立的构成，其实践的展开过程将有可能影响个体生命实践的其他维度或其他方面。说到底，人，包括学者，不仅是实践的主体，同时也是自身生命实践的"产品"。具体到学术研究中，研究主体如何来定位自己的学术研究，以及相应地，如何来展开自己的学术研究，一方面直接影响学术的科研产出，另一方面则可能反作用于研究主体的生命实践。这一点，我国台湾学者石之瑜曾经做出过如下阐释："只有研究者本人最能明确感受到，自己的研究如何深深冲击了既有的理论世界，研究活动不断地让自己的主体意识内涵有所变化，增加

---

① ［德］马克斯·韦伯著，钱永祥等译.韦伯作品集Ⅰ：学术与政治［M］.桂林：广西师范大学出版社，2004：161—162.

了自己对各种潜在文化封闭趋势的警觉,以及面对文化封闭压力时在论述策略上的灵活性与能动性。"①

第四节　研究预期

一、思考学术、学科危机的另一种视角

我国当代著名学者王岳川在阐释现代新儒家代表人物牟宗三的生命学术时曾说:"学者的生命是与时代的问题相联系的。学者处于文化转型之中的现代困境在于:如何在获得激增的文献信息和掌握膨胀的专业知识的同时不被资料所淹没,不丧失关注人的意识和世纪难题,不丢弃心性和精神的完整性。"②作为学者,如果我们经常地对嵌入当前学术文化生境中的自我处境进行深入的反思,我们就不难体察王岳川所谈及的学者的"现代困境"。不惟如此,相对于"激增的文献信息"和"膨胀的专业知识"的挑战,许多学者面临的更大挑战在于,如何在体制的压力中抵御形形色色的诱惑,从而尽其可能地维系学术的自由、人格的独立和精神的尊严。

毋庸置疑,我们面临一个学术空前"繁荣"的时代。无论是从从事学术研究的队伍规模③来讲,还是从标志科研产出的文章、著作、报告的数量④来讲,抑或是从国家投入科学研究的资金⑤来讲,我们似乎都有理由为中国学术的跨越式发展而欣慰。但与此同时,一些深层次问题的集簇式涌现对我国学术体制的变革、学术事业的发展提出了严峻的挑战。首先,学术原创性的匮乏使得学术投入与产出之间形成了巨大的反差。⑥ 其次,形形色色的个体学术失范行为造成学术同行甚至社会公众对学术、学者公信力的怀疑,从而演变为一个社会,一个时代知识信任和思想力量的整体弱化。例如,据我国科学技术协会 2009 年 7 月发布的五年一次的"全国科技工作者状况调查"报告显示,近半数科技人员认为当前学术不端行为是普遍现象,过半数科技工作者表

---

① 石之瑜著. 社会科学知识新论[M]. 北京:北京大学出版社,2005:17.
② 王岳川. 牟宗三的生命与学术之思[J]. 中华文化论坛,1996(3).
③ 2012 年,我国研发人员总量达到 320 万,居世界首位。
④ 仅以 SCI 论文数为例,截至 2012 年 12 月 26 日,2012 年中国大陆学者发表的进入 SCI 数据库的论文数已达 164031 篇,在全球范围内排名第二。
⑤ 根据国家统计局 2013 年初公布数据,2012 年我国科研经费支出 10240 亿元,占国内生产总值的 1.97%。
⑥ 例如,仍然以 SCI 论文为例,尽管从 2010 年开始,我国 SCI 论文数量已经稳居第二,但是真正体现论文质量、价值和影响力的篇均引用率,却始终处于平均水平之下。

示确切知道自已周围的研究者有过至少一种学术不端行为。① 再次,学术的体制化困境日益显现:在重量不重质,或者基于扭曲质量观的学术评价制度的压力之下,在各种利益诱惑之下,诸多潜规则已不仅仅是"渗透"进学术体制,在某些学科、某些领域、某些部门,甚至可能已经主宰了学术研究。例如,有学者在反思教育研究中假问题泛滥的问题时就追究到了它的体制根源。"反思我们的整个学术环境,反思我们现在的这种过于注重数量、一味推崇数目化管理的学术环境有没有'逼良为娼'的嫌疑,是不是常常逼得一些研究者为了在这样的环境中'生存'而不得不'炮制'一个或一些研究课题。"② 当学术"攻关"日益演变为学术"公关",学术研究越来越背离学术的本质而演变为形形色色的权力寻租、权钱交易时,其结果将不仅仅是学术质量的下滑,更严重的是,这可能从根本上瓦解人们的学术信仰。

几乎毫无疑问的是,上述种种问题、危机的存在涉及众多复杂的因素,而其中,学术体制问题可能是近年来受人诟病最多的问题。如同笔者已经提到的,对于具有广泛性和普遍性的公众困扰,反思体制弊病的确是一种合理的思路,但这并不是唯一有希望改变现状的思路。倘若研究主体缺乏学术认同和学科认同,缺乏对自身作为学科从业者之责任、使命、价值的认识和担当,而仅仅将自己定位为依傍学术,或某一学科而谋生的人,那么即便学术体制在变革中走向合理化,问题可能依然存在。一个真实的,但却常常被忽略的问题是:即便在当前共同的学术体制之下,不同的学科,其发展状态及学科存在的问题或者危机也各不相同。这其中可能有多方面的原因。一是学科自身的特点决定了学科经过特定的历史发展过程、在一个特定时段的发展状态。二是该学科发展与学术体制的契合度。学术体制是历史的产物,且相关的规章制度、运作机制常常处于变易的过程中,或者还存在变易的可能性。因此,学术体制,尤其是反映体制特征的诸多规范、规则、条例、制度及其运行机制等等,是否较为充分地考虑了该学科的特点,或者说某一个学科是否能够主动适应学术体制的诸多要求,也在很大程度上决定着学科的发展状态。例如,在一些理工科见长的大学中,人文社会科学的学者常常反映自身的学科特性得不到应有的尊重;而在一些综合性大学或人文社会科学见长的大学中,类似的反映则相对较少。三是学者的学科认同度,以及与此相关的学术研究实践,也在很大程度上决定了学科的发展状态。

---

① 葛剑雄.学术腐败、学术失范与学风不正:探究与思考[J].民主与科学,2010(2).
② 吴康宁.教育研究应研究什么样的"问题"——兼谈"真"问题的判断标准[J].教育研究,2002(11).

具体到教育学而言,基于对学科发展状态的认识,教育学者对教育学的学科独特性,以及由此学科特性所决定的学科的"晚成熟"进行过系统研究①。但是,由教育研究主体的学科认同、学术立场和生命实践入手,探究教育学者对学科独特性的认识、对学术体制困境的体认与生存方式的选择,进而系统地反思教育学的学科建设,这一研究思路在笔者目力所及范围内尚未发现有前例。在一定意义上说,教育学的学术危机与学科危机固然部分体现着当前学术的体制化问题在教育学科中的反映,但最深刻的危机却是作为研究主体的教育学者的学术认同和学科认同危机。具体而言,倘若教育学者不能从内心深处产生一种对"我"作为教育学科的研究主体所应承担的学术使命、学科责任的担当,而只是将从事学术研究作为一种身外之事,那么包括体制在内的外在因素的改良并不能从根本上消解教育学的学术危机和学科危机。对此,一则当代寓言故事或许能非常好地揭示将教育学研究作为"我"的志业与"我"只是借此谋生之间究竟有着怎样的差别。

> 有一个老木匠准备退休,他告诉老板自己要离开建筑行业,回家与妻子儿女享受天伦之乐。老板舍不得他的好工人走,问他是否能帮忙再建一座房子,老木匠答应了。但是大家都看得出来,他的心已不在工作上了。他用的是软料,出的是粗活。房子建好的时候,老板把大门的钥匙递给他。"这是你的房子,"他说,"我送给你的礼物。"他震惊得目瞪口呆,羞愧得无地自容。如果他早知道是在给自己建房子,他怎么会这样呢?现在他得住在一幢粗制滥造的房子里了!

在笔者看来,以一种当事人的视角来探究研究主体的学术立场和生命实践与教育学学科建设之间的关系,是我们审视当前普遍的学术危机和教育学特殊的学科危机的另一种值得参照的视角。

二、对"学术"与"生命"另一种关系态的尝试性建构

美国哲学家赫舍尔(A. J. Heschel)在其名著《人是谁》中曾精妙地区分了"疑问"(question)与"问题"(problem)②的不同:"提出一个疑问是一种理智的活动;而面对一

---

① 叶澜著. 教育研究方法论初探[M]. 上海:上海教育出版社,1999.
② 书的中文版,原译为"问题"(question)与"难题"(problem)。为凸显二者的差异,笔者在此改译为"疑问"与"问题"。

个问题则是涉及整个人身的一种处境。一个疑问是渴求知识的产物;而一个问题则反映了困惑甚至苦恼的状态。一个疑问寻求的是答案,一个问题寻求的是解决方案……没有哪一个真正的问题是从纯粹的寻根究底中产生的。问题是处境的产物。它是在处境艰难、理智困窘的时刻产生的,是在经历到不安、矛盾、冲突时产生的。"①

对于当代的学者而言,学术与生命之间的关系已不仅仅是一个值得深究的疑问,还可能成为众多学者不得不面对的一个人生问题。一方面,在一个倡导且事实上已经充分地实现了"以学术为职业"的社会中,学者的学术研究似乎已经成为其生命历程的重要构成。只要他生存在这个学术体制中,他的生命就不可能与学术相割离。另一方面,在许多学者的学术实践中,学术与生命之间的关系在两种力量的同时作用之下已经变得越来越遥远。一是现代学术伦理对"价值中立",对学术与道德相分离的倡导,使得学术与学者自我生命体验日益疏远;二是现代学术体制的极端精致化,使得学术研究在其固有的价值之外被附加了越来越多的附属功能,当这些附加的功能日益超过其本身的价值并不断膨胀时,学术研究对于许多学者而言便成为单纯的"安身"之需,而失去了"立命"之意。在这种状况下,若学者乐得积极"顺应",则学术与生命的关系不仅不成为"问题",甚至也构不成"疑问",因而二者之间可能表现出极为自然的"和谐"态。但若对自我生存处境时刻保持警醒与问诘,一个难以回避的课题会自然地浮现出来:在学术研究中,究竟如何合理地安置自己的"生命"?或者反转过来,在鲜活而厚重的生命体验、生命历程中,自我学术实践被放置在怎样的位置?在学术与生命日渐疏远的背景下,作这样的追问应该不是一个假的疑问;对于每一个具体的学者而言,如果他在自己的学术研究与生命实践之间感受到"不安、矛盾、冲突",体验着"处境艰难、理智困窘",那么这一"疑问"便同时以"问题"的形式渗透进他的自我生存体验中。

如果说解决"疑问"人们更多地需要付诸理智的努力;那么"问题"在很多时候仅靠理智可能是无法解决的。在一定程度上,基于个体人生处境困惑而产生的"问题"不是一个认识论议题,而是一个实践论议题。我们当然可以像当代哲学家赵汀阳提出的那样,尝试以"如果不能改变世界就改变世界观"②来谋求内在心境的改变。这种"心灵

① [美]A·J·赫舍尔著,隗仁莲、安希孟译.人是谁[M].贵阳:贵州人民出版社,2009:1.
② 赵汀阳著.坏世界研究:作为第一哲学的政治哲学[M].北京:中国人民大学出版社,2009:导言.

鸡汤"式的安慰或者感悟对于缓解广泛存在于我们这个时代、我们这个社会中的一种普遍性内在焦虑或许有效。但是,要真正解决一个深度存在的普遍性"问题",没有行动的参与是不可想象的。具体到本书的议题,如果一个学者真正意识到、体验到了"学术"与"生命"关系中的内在焦虑,那么克服这种内在焦虑的途径就不是单纯地去认识它,而是要在此基础上通过自己学术立场和生命实践的改变来重构一种新的关系态,以寻求一种新的平衡。

如果怀抱解决"问题"的真诚意向却停留于缺乏实践变革的思考与言说,往好处讲,可能具有清思、唤醒、鼓动的价值。如果这种言说是真诚的,它至少可以作为对自我学术立场与生存境遇的系统反思。但是,如果缺乏实践变革的意向与勇气,这种言说稍有不慎就可能沦为无关紧要的"清谈",或者在对他人的"问题"指手画脚的同时遗忘了自身的"问题"所在。以笔者的一段学术经历为例。数年前,笔者曾深感"学院化"、"书斋化"教育研究的困境而撰文论述。虽然当时确实是基于"问题"的思考,态度也不可谓不真诚,但是事后反思则发现,无论是批判还是倡导,笔者都似乎是将自我置身事外,仿佛是以自我的清醒去向别人做出某种宣称。这意味着,我在以"书斋化"的方式批判所谓的教育研究"书斋化"倾向,这也同时意味着我其实就是自己所批判的学术研究倾向的忠实践行者。这种充满吊诡意味的研究与表达在当前的学术研究,包括教育学研究中,其实并不罕见。例如,近年来广受关注的教育研究"回归生活世界"的学术话语相当程度上是借用了其他学科中关于"生活世界"的讨论。由于这一话语的使用者或拥护者们并未真正将之结合进自己的学术研究和生命实践中,它已经逐渐演变为体制化学术的另一种面相,以一种颇为怪诞地方式进一步加固了书斋化学术与"现实生活世界"之间的藩篱。这一奇特的学术现象从一个侧面反映出,在当前特定的学术框架中,"做"比"说该如何做"更迫切,也更有力量。①

三、对教育学者生存方式与学术实践的深度追问

人以什么样的方式生存很大程度上取决于社会历史发展和当前文化的影响。但是,人又不是社会或环境的直接衍生物。人的自我意识和实践能力决定了人不仅具有选择生存方式的能力,而且在一定程度上,是人参与"生产"了自己的生存方式。人的

---

① 孙元涛. 从教育学者的生存困惑中走出[A]//叶澜,李政涛等著. "新基础教育"研究史[M]. 北京:教育科学出版社,2010:37—338.

生存的这种双重性,在马克思的经典著作中有着非常清晰的反映。在被恩格斯称为"包含着新世界观的天才萌芽的第一个文件"的《关于费尔巴哈的提纲》中,马克思曾深刻揭示了人的本质的现实性、社会性特征:"人的本质不是单个人所固有的抽象物,在其现实性上,它是一切社会关系的总和。"①在这里,马克思关于人的本质的阐释至少有双重意蕴:其一,马克思对人的本质的理解不是聚焦于个体的人,而是关注人的"类"特征。正如他自己在随后的解释中所说:"本质只能被理解为'类',理解为一种内在的、无声的、把许多个人自然地联系起来的普遍性。"②其二,马克思从社会关系的角度来理解人的本质,其首要目的在于批判费尔巴哈对人的本质的"抽象化"理解。在马克思看来,"费尔巴哈没有看到真实存在的、活动的人,而是停留在抽象的'人'上"。③ 但是,承认人的现实性与社会性并不意味着人就是自身所处的社会关系的消极产物。事实上,马克思曾经多次阐释,人不仅不是社会关系的消极产物,而且恰恰相反,是人,人的自我实践,参与了自我和社会的"生产"。例如,马克思曾非常明确地指出:"正像社会本身生产作为人的人一样,人也生产社会。"④"他们是什么样的,这同他们的生产是一致的——既和他们生产什么一致,又和他们怎样生产一致。"⑤"环境的改变和人的活动或自我改变的一致,只能被看作并合理地理解为变革的实践。"⑥

作以上引述意在申明,人,无论是消极承受还是积极适应,甚或主动参与,都不可能与特定的社会历史文化和时代精神完全绝缘。如同黑格尔所说:"没有人能够超出他的时代,正如没有人能超出他的皮肤。"⑦由此出发,身处当前这个特定社会环境和历史阶段的教育学者不能不受到时代精神的"感染"。但是,人作为实践的主体,其生命实践的自觉性理应体现在:不仅应当自觉地认识、积极地适应自身所处的时代,亦不能放弃对如何在特定社会文化和社会生境中安身立命的严肃思考。这可以视为我们

① [德]马克思,[德]恩格斯著,中共中央马克思恩格斯列宁斯大林著作编译局译编.马克思恩格斯选集(第1卷)[M].北京:人民出版社,1995:60.
② 同上.
③ [德]马克思,[德]恩格斯著,中共中央马克思恩格斯列宁斯大林著作编译局译编.马克思恩格斯全集(第3卷)[M].北京:人民出版社,1960:50.
④ [德]马克思,[德]恩格斯著,中共中央马克思恩格斯列宁斯大林著作编译局译编.马克思恩格斯全集(第42卷)[M].北京:人民出版社,1979:21.
⑤ [德]马克思,[德]恩格斯著,中共中央马克思恩格斯列宁斯大林著作编译局译编.马克思恩格斯选集(第1卷)[M].北京:人民出版社,1995:60.
⑥ 同上,1995:55.
⑦ [德]黑格尔.哲学讲演录(第一卷)[M].北京:三联书店,1957:56—57.

思考教育学者生存方式与学术实践的认识论基础。那么,对于学者,进而教育学者而言,如何来理性地认识我们这个时代的精神特质呢?

聚焦于本研究的论题,在承接马克斯·韦伯对时代精神所作阐释的基础上,关于人的生存的一般性问题便有可能具体化为,在一个理性化、体制化的时代和学术生境中,教育学者如何更好地确立自己的学术立场,如何更好地安身立命的问题。

社会的理性化和科层化的核心目标之一是对效率和功能的追求,其内在精神实质可以说是在追求社会"发展"的过程中,对"事"、"物"的关切超过了对人的内在价值的关怀。德国学者、韦伯问题研究专家沃尔夫冈·施路赫特(Wolfgang Schluchter)曾经断言:"只要专业人员仍是现代文化的根本特征,而人类在目标实现上和运用形式理性之方法手段无法分离,只要借着科层官僚之行政幕僚遂行支配的情形仍然存在,那么所谓治理众人,不论以何种形式出现,终归意味着由'事'来管理。"①在现代社会架构中,科层化具有广泛性、层级性和文化渗透性特征,因而对"事"、"物"的追求,对效率的强调不仅是一种组织化的要求,也往往通过一系列的制度规范和文化渗透,内化成为学者的内在需求。具体到学术研究中表现为:一方面,不同层级的组织,基于科层管理理念,对"绩效"的关切超过了对学术本身的关切。这种重绩效的科层管理理念和模式突出表现为,在学术评价中对著作的出版机构的关注超过了对著作本身的关注;对论文之发表刊物的关注超过了对论文本身的关注。因为一个学者在什么样的出版社出版了学术专著,在什么层次的刊物发表了文章,以及发表了多少文章,是可能被纳入学校绩效从而影响学校声誉的所谓"指标"。至于学术研究的过程怎样,成果自身的质量如何,以及学者在学术研究过程中的专业成长问题,由于评价难度大,与绩效指标相关度弱,因而越来越溢出基于科层理念的学术评价体系。另一方面,在科层压力的影响之下,学者个体也往往越来越关注学术的产出问题,而日益淡化了对学术之内在价值的关切。这种组织和个体两个层面上的双重异化是导致当前学术质量不理想,甚至出现泡沫学术、虚假学术的核心原因。

一个世纪前,著名学者王国维在《论近年之学术界》中告诫学人:"故欲学术之发达,必视学术为目的,而不视为手段而后可。汗德②《伦理学》格言曰:'当视人人为一目的,不可视为手段。'岂特人之对人当如是而已乎,对学术亦何独不然。"③视学术为

---

① [德]施路赫特著,顾忠华译.理性化与官僚化[M].桂林:广西师范大学出版社,2004:89.
② 即康德——引者注.
③ 王国维.论近年之学术界[A]//王国维学术经典[M].南昌:江西人民出版社,1997:98.

目的而非手段，表面看来仅仅是一个认识问题，或者说，是一种学术"观"，即如何看待学术的问题；但实质上，对每一个作为当事人的学者而言，这却是一个涉及自身生存方式与学术实践的生存论问题。于是，对于学者，进而教育学者而言，问题可能转化为：如何参与建构一种更合理的学术文化？或者，如何在学术文化尚不理想，学术的体制化困境依然存在的背景下，建构一种更合理的学术立场，展开更合理的学术实践，从而更趋近王国维所倡言的"视学术为目的"的学术理想？

　　一个理智健全的人，在接受或选择一种生存方式的同时，很多时候是忽略或者主动舍弃了许多其他可能的生存方式的。很多人在遭遇困境的时候往往习惯性地问：为什么会这样？事实上，我们或可将提问方式转换为：可不可以不这样？或者，怎样才能不这样？具体到本研究的论题上，学术生境不理想，教育学科的发展存在诸多问题，这是教育学者不得不承认的现实，但如何面对这些问题，如何思考这些问题，如何对待这些问题，却是一个涉及自我学术立场和生命实践的主体性问题。

第五节　研究综述

一、关于学术转型与学术的体制化历程

　　体制化与学术发展之间的关系问题已成为当前学术界讨论较多的议题。左玉河所著《中国近代学术体制之创建》①一书，从学术研究主体的转换、学术共同体的形成、学术研究中心的奠定、学术研究机构的创建、图书馆制度的建立、学术讨论平台的建构、学术成果评估体制的确立和学术资助体制的发轫八个方面，对中国近代学术体制创建的历程做了翔实的考证。在此基础上，对学术体制之于学术发展的制度保障功能做了较为深入的剖析，对体制化学术所衍生出的学术的功利化、平庸化、商业化趋向和浮躁的学术风气进行了剖析。麻天祥所著《中国近代学术史》②对近代以来中国的学术转型进行了梳理，对传统史学、哲学、文论的历史传承和现代转型过程做了较为细致的研究，并对社会学、经济学、人类学、优生论等新学科的建立过程进行了考述。刘梦溪的《中国现代学术要略》③一书，则对中国现代学术的发展历程做了粗线条的勾勒。其基本思路与麻天祥的《中国近代学术史》非常相近，对史学、哲学、新儒学、新佛学、甲

---

① 左玉河著.中国近代学术体制之创建[M].成都：四川出版集团四川人民出版社,2008.
② 麻天祥著.中国近代学术史[M].武汉：武汉大学出版社,2007.
③ 刘梦溪著.中国现代学术要略[M].北京：三联书店,2008.

骨学等传统学术的现代转型过程加以钩沉,在此基础上对中国现代学术的发端和发展过程做了简要论述。尚需说明的是,麻天祥的学术史研究虽以人文社会科学的学术发展历程为依凭,但无论是在中国传统学术的现代转型,还是新学科的创生中,均未提及教育学。刘梦溪的"要略",其要旨并不在学科建制上,因此其对知识类型的选择并不以建制意义上的"学科"为标准,故亦未谈及教育学。左玉河的著作虽着力点不在学科发展,但是作为学术研究中心奠定的一部分,作者花费较大的笔墨论述了现代大学体制以及相关学科的创建过程,其中多次"波及"教育学。陈以爱的《中国现代学术研究机构的兴起——以北大研究所国学门为中心的探讨》①一书将北大国学门的创办和研究取向置于现代学术机构在中国的兴起这一大的历史脉络中来考察,通过阐述国学在研究机构创建中的发展动向,揭示出现代学术体制框架中学术发展态势的改变。在作者看来,唯有从学术研究组织化、制度化这一角度切入考察,才能对20世纪20年代中国学术界的一些发展动向做合理的解释。陈洪捷所著《德国古典大学观及其对中国的影响》②一书设专章研究蔡元培改革北大对中国大学的影响,将蔡元培在北京大学确立的学术自主性原则视为现代新学术体系及体制的基本前提。作者认为,蔡元培在北京大学实施的改革是现代高等教育体制确立的重要标志,同时也意味着现代学术体制的建立。在作者看来,学术活动的体制性因素大致包括学术研究机构、学术规范、学术刊物、学术团体、学术人员的培养和学科体系等方面。作者从中选择了学术研究机构、学术刊物、学术团体和学科体系四个方面,对中国现代新的学术体制的形成做了分析论证。陈平原的《中国现代学术之建立——以章太炎、胡适之为中心》③一书,对"西潮东渐"与中国学术转型过程做了简要的勾勒。在此基础上,作者以章太炎作为晚清一代学术的代表,以胡适作为五四一代学术的代表,借助这两个学术史上的"中心人物"、"大学者"的学术活动、学术思想、学术关怀和学术成就这条主线索,对旧学与新学之间的起承转合、演进流变过程做了系统梳理。由于选择的切入点小,便于深入,因此在陈平原的研究中,章太炎、胡适之的学术研究如同两颗"钉子"楔入了中国现代学术建立的整体框架中。但是,也正是因为选择的切入点小,该研究对于中国现代学术转型的论述尚缺乏一种整体的观照。刘龙心的《学术与制度——学科体制与现代中国史学的

① 陈以爱著.中国现代学术研究机构的兴起——以北大研究所国学门为中心的探讨[M].南昌:江西教育出版社,2002.
② 陈洪捷.德国古典大学观及其对中国的影响(修订版)[M].北京:北京大学出版社,2006.
③ 陈平原著.中国现代学术之建立——以章太炎、胡适之为中心[M].北京:北京大学出版社,2010.

建立》①，虽以"现代中国史学的建立"为研究对象，但其选择的切入点却是学科体制；研究的具体着力点是参照汪荣祖所提供的标志中国史学"近代化"的"学院化、专业化和独立化"三大指标。围绕新学制的建立与历史教育的系统化、史学的学院化历程，以及学科规训对史学专业化的影响三大问题，作者展示了作为中国传统学术之核心构成的史学，在清末民初的社会变革和学术转型背景中，逐渐建构起西式的"学科体制"，实现自身现代转型的复杂历程；其研究视角和具体研究路径，对本研究有重要启发。肖朗的《中国近代大学学科体系的形成——从"四部之学"到"七科之学"的转型》一文，结合晚清"西学东渐"及教育改革的时代背景，着重探讨了从"四部之学"到"七科之学"转型的进程及特点，并分析了其对中国近代大学学科体系形成的意义及影响。作者提出，从"四部之学"到"七科之学"的转型，意味着从中国古代讲求博通、培养"通才"的"通人之学"，向近代分科治学、造就"专才"的"专门之学"的转型。传统学术的现代化和西方学术的中国化是中国传统学术向现代转型的关键之所在，也是中国近代大学学科体系形成的关键之所在。中国近代大学学科体系正是在这一转型过程中逐步形成的。② 在文章中，作者从分科立学在新式学堂教学中的实施以及在大学学科制度上的确立两个维度，阐释了中国近代大学学科体系的形成过程。左玉河的《从四部之学到七科之学——学术分科与近代中国知识系统之创建》一书，着重对西学移植背景下中国传统的"四部之学"逐步向现代"七科之学"转型的过程做了翔实考证，并在现代学术转型的大背景下，对中国传统学科的现代转型和主要的新兴学科的创建过程做了梳理。在作者看来，"学科的分科标准、分科设学、学务专门，是近代西方分科观念与分科原则之三项重要标志"。"中国学术分科在晚清的转变，是西方学术分科观念传入中国后，中国学人按照西方学术分科观念和分科原则，以学科为分科标准，以近代西方学科为参照系对中国传统学术进行分门别类的结果。因此，西方学术分科观念及分科原则的引入，是中国近代意义的学术分科出现的关键所在。"③中国传统学术逐步纳入新的西式学科体系，实现其所谓"现代学术转型"，构成了中国现代学术体制建立的重要一环。叶隽所著《主体的迁变——从德国传教士到留德学人群》④，通过德国传教士和德

---

① 刘龙心著.学术与制度：学科体制与现代中国史学的建立[M].北京：新星出版社,2007.
② 肖朗.中国近代大学学科体系的形成——从"四部之学"到"七科之学"的转型[J].高等教育研究,2001(6)
③ 左玉河著.从四部之学到七科之学——学术分科与近代中国知识系统之创建[M].上海：上海书店出版社,2004:114.
④ 叶隽著.主体的迁变：从德国传教士到留德学人群[M].上海：上海外语教育出版社,2008.

国留学生这样两个群体,展现了德国思想和文化、德国的现代学术体制对中国近代学术体制的影响,借助卫礼贤和蔡元培、杨丙辰的合作说明中国近代学科体制的建立是如何从传教士、讲学者、汉学家转换到中国本土学者手中,从而实现主体"迁变"的。同时,他以中研院和德语专业的建立与发展说明以蔡元培等为代表的中国学者在中国近代学科形成中所发挥的重要作用。[①] 陈亚玲的博士学位论文《论我国学术转型与现代大学制度的建立》[②]从学术的制度化、学术分科与知识的建制化、科学方法的认同和现代学术规制的形成、学术与制度的互动四个维度,对传统学术的现代困境、现代学术范型的建立过程及其制度化要求、现代学科制度对经史之学的分解、现代学术规制对经学思维的颠覆、学术性质的改变对学术理念的影响、学科的建制化与系的建立、学术的自主创新与研究所的建立、学术职业化与教师资格的检定等诸多问题进行了系统深入的考证。

二、关于体制与学术研究

邓正来的《反思与批判:体制中的体制外》[③]一书,就中国社会科学研究的体制化与学者的学术使命、学者的理想抱负等问题进行了讨论。该书是一部文集,所涉主题较为分散,但其中关于学者与体制之间的"共谋性"关系[④]的论述,关于学术体制对中国社会科学自主性可能造成的损伤以及学者理应保持的合理姿态等问题的阐发,为我们提供了很好的理论参照。徐友渔在《体制与学术》[⑤]一文中认为,现行中国的人文社会科学研究中体制对个人的研究、创造正发挥出越来越大的影响和制约作用。形形色色的"工程管理"、"量化管理"模式,使个体逐渐失去抵抗力、批判力,迅速体制化,以致于诸多原本极不合理的所谓"标准"、"指南"逐渐内化到生产者的思想和行动中,造成思想的整体溃败。徐文同时指出,由于体制对民族学术的损伤是微妙、深刻、长远的,没有直接的当事人提起指控。一则是因为处于受损伤终端的部分学生在该问题上处

---

① 张西平. 中国现代学术转型的德国背景[J]. 读书,2009(2)
② 陈亚玲. 论我国学术转型与现代大学制度的建立[D]. 华中科技大学,2007.
③ 邓正来著. 反思与批判:体制中的体制外[M]. 北京:法律出版社,2011.
④ 法国著名社会学家布迪厄对"共谋性"关系有非常深刻的论述。其《人:学术者》、《继承人》、《实践与反思:反思社会学导引》等著作均对该问题做过论述,尤其是在《继承人》、《人:学术者》中,更有以此为分析框架所做的精妙分析。
⑤ 徐友渔. 体制与学术[A]. 邓正来主编. 中国书评(第二辑)[M]. 桂林:广西师范大学出版社,2005:126—129.

于弱势,兼之其并非永远的受害者;二则是因为了解情况和可能有行动能力的人中间,许多人是体制的既得利益者,因此变革的要求并不强烈;三是还有一些优秀分子,虽然不屑于依附体制,但在体制外有广阔的空间,变革体制的欲望也不强烈。于是,尽管大多数当事人对学术发展的"体制化困境"有着切身感受,但是体制变革的前景并不乐观。英国学者托尼·比彻(Tony Becher)和保罗·特罗勒尔(Paul R. Trowler)所著《学术部落及其领地——知识探索与学科文化》①一书,对学科的本质、学科的组织结构、学科文化和学术文化、学科边界、学科知识的特点以及学者的学术生涯等问题均有非常深入的分析,且很多分析是建立在实证研究基础上的。尤其值得关注的是,作者对学科的社会化、学术网络对学者的学术选择、学术志向等方面的影响做了深入剖析。该著作中的许多研究结论,以及展开研究的具体方法和路径,对本研究均有重要启示。林岗在《体制化时代的学术研究》②一文中,较为深入地剖析了学术研究的"体制化困境":若学者一味迁就体制的压力而无超拔出来的勇气和信念,则学术将失去其尊严,走向平庸。这可以说是对真正意义的学问的腐蚀,致其极端处,则可能导致天地间精华的散耗和悲剧。但如果学者刻意抵制体制,完全依从其趣味、天分来从事学术的发现,而不愿意俯仰其间,那结局恐怕就是个人与体制的对立:个人"形"寄身于体制之内而"神"游于体制之外。这无论是对体制还是对学者的精神生命,都是一种冒险。南帆在《学术体制:遵从与突破》③一文中指出,学术体制最直接的益处是提高了知识生产的效率,改变了以往"懒散"、分散、自由化的学术思考和创作方式。但是,其负面效应却令人担忧:一方面,学术体制的僵硬、刻板与自由思想之间时常出现脱节,种种繁琐的规定与创造性的节奏无法和谐。二者之间出现矛盾的时候,学术体制可能成为一种压抑性的坚硬结构。另一方面,学术体制的某些硬性规定可能损害丰富的思想,挤占甚至剥夺个人自由创造的空间,从而导致学术的平庸化和功利化追求,最终葬送学术理应保有的那份超然。南帆认为,钟摆始终会在学术体制的遵从与突破之间晃动;二者之间的比例取决于知识分子专业生活与公共生活之间的张力。阎光才的《学术制度建构的合法性与合理的制度安排》一文,对西方学术制度的渊源做了简要梳理,并在此基础上对我国当代的学术制度安排进行了反思,认为当代学术制度弊端的根源在于学

① [英]托尼·比彻,[英]保罗·特罗勒尔著,唐跃勤、蒲茂华译. 学术部落及其领地:知识探索与学科文化[M]. 北京:北京大学出版社,2008.
② 林岗. 体制化时代的学术研究[J]. 粤海风,1998(5).
③ 南帆. 学术体制:遵从与突破[J]. 文艺理论研究,2003(5).

术资源的垄断性。由于对资源的垄断,以及资源分配上的"行政+市场法则",在某些领域,学术的行政化得到进一步加强,并通过学术机构的行政管理层来实现。为获得来自政府的丰厚资源并赢得市场(往往是虚假市场,如各种大学排行榜)的认可,学术机构的行政管理层对各种量化的指标更是情有独钟,乃至一系列旨在提高量的产出的竞争性制度安排得以形成。因为资源垄断者是政府相关部门和学术机构管理层,它所控制的资源越多,权力也就越大。与此同时,它又是资源统配制度的设计者和分配者,它的偏好与价值判断左右了学术人员的行为;行政权力对短期回报(政绩)的青睐,不仅导致正常的学术活动秩序难以为继,而且破坏了学术研究所应体现的自主探索精神。学术人员成为机械的指标追逐者和"学术产品"的制造者,有文字无思想、有产出而无创造性的学术成果虽颇成规模,但其带来的学术影响乃至社会影响却非常有限。更为严重的是,刚性的量化评价与资源分配制度挫伤了学者自我的学术旨趣和扎实的教学、研究作风,学术之精神的追求在相当程度上为浮薄的逐利倾向所替代。在阎光才看来,走出学术制度困境的关键在于寻求一种合理的制度安排,走向真正的学术民主。学术民主包括三个具体层面:一是学术事务决策层面上的参与民主,即真正体现学术人员在决策过程中平等参与的权力。二是体现整个学术界内部的民主,主要涉及资源在不同机构、学科以及研究者间的分配。三是通过建立不同价值取向群体间的共同协商机制保障学术民主。[1] 阎光才的《中国学术制度建构的历史与现实境遇》一文,对中国现代学术的体制化进程做了简要梳理,并在此基础上着重对学术背后的非学术力量对中国学术研究的影响做了深入剖析。文章特别指出,自20世纪90年代以来,虽然中国学者对参与国际学术界表现出极大的热情,因而其活动内容具有普遍主义的取向,但是在由非学术力量所主导的制度框架下,他们的活动目的却不得不带有工具性色彩。学术界所出现的种种现象,譬如追求论文发表数量、对短平快项目的偏好、对SCI以及其他类型核心期刊的青睐、对学术团体中权力和身份的追逐等,都与这一背景存在关联。其结果是:在内求与外应双重逻辑间的角力中,学术活动内在的自主自为逻辑因为缺乏适宜的生态,无法为真正意义上共同体内部基于"学术标准"的认可机制的确立奠定基础。[2] 阎光才新近出版的专著《精神的放牧与规训:学术活动的制度化与学术人的生态》就学术的职业

---

[1] 阎光才.学术制度建构的合法性与合理的制度安排[J].探索与争鸣,2005(9).

[2] 阎光才.中国学术制度建构的历史与现实境遇[J].北京师范大学学报:社会科学版,2008(6).

化与制度化对学者、学术研究的复杂影响进行了非常深入的分析。其中既涉及对学术研究制度化的历史梳理,也有从社会学,尤其是韦伯的科层理论入手,对学术共同体、学术体制的内部运行规则、机制的深刻分析。在作者看来,"以学术界同行的普遍认可(学术与伦理双重认可)形成有公信力的权威性学术精英(而不是行政精英)群体,这是实现我国学术共同体(或学术专业组织、无形学院)内部良性运行、发挥同行评议和认可制度有效性、鼓励学术人以质取胜,最终改善我国学术环境的基本要件。也唯有在这样一个内部和外部逻辑相互契合的学术环境中,在学术资源越来越充裕的条件下,学术人才会带着好奇以相对平和的心态,去探索未知,去发现和解决问题。如此,我国的学术产出或许不会有数量上的全面丰收,但是,在众多关键领域,我们才可能有重大的突破"。① 美国学者埃伦·康德利夫·拉格曼(Ellen Condliffe Lagemann)撰写的《一门捉摸不定的科学:困扰不断的教育研究的历史》②一书,对教育学在美国成为大学学科的历史做了简要叙述。书中着重揭示出的教育学学科建制过程背后的"故事",为我们理解学科社会化、体制化过程中所涉及的一系列非学术性的复杂社会因素提供了一种参照。书中关于教育研究成为一种职业后所带来的专业化、孤立化问题,以及通过大学变革重构教育研究的构想,也是本研究重要的思想资源。

除上述直接论及体制与学术研究之间关系的相关研究成果之外,作为现代社会学奠基人之一的马克斯·韦伯关于"科层制"的思想、关于"以学术为业"③的相关论述,英国当代著名社会学家吉登斯关于"结构二重性"的思想④,法国社会学家布迪厄关于

---

① 阎光才著. 精神的放牧与规训:学术活动的制度化与学术人的生态[M]. 北京:教育科学出版社,2011:232.

② [美]埃伦·康德利夫·拉格曼著,花海燕等译. 一门捉摸不定的科学:困扰不断的教育学学科建制过程背后的故事[M]. 北京:教育科学出版社,2006.

③ [德]马克斯·韦伯著,钱永祥等译. 韦伯作品集Ⅰ:学术与政治[M]. 桂林:广西师范大学出版社,2004.

④ 在其《社会的构成——结构化理论大纲》一书中,吉登斯对结构二重性进行了深入的阐释。在他看来,行动者和结构二者的构成过程并不是彼此独立的两个既定现象系列,而是体现着一种二重性。社会系统的结构性特征对于它们反复组织起来的实践来说,既是后者的中介,又是它的结果。相对个人来说,结构并不是什么"外在之物";从某种特定的意义上来说,结构作为记忆痕迹,具体体现在各种社会实践中,"内在于"人的获得,而不像涂尔干所说的是"外在"的。结构总是同时具有制约性和使动性。行动,是一个主观营构的主体活动,但行动并不完全可控。行动流持续不断地产生出行动者意图之外的后果,这些意外后果又可能以某种反馈的方式,形成行动的未被认识到的条件。人类的历史是由人的有意图的活动创造的,但它并不是某种合乎意图的筹划;它总是顽固地躲开人们将其置于自觉意识指引之下的努力。参见[英]安东尼·吉登斯著,李康、李猛译. 社会的构成:结构化理论大纲[M]. 北京:三联书店,1998.

实践逻辑以及实践之动力性因素的多重转化、回环的论述，①以及组织社会学中关于行动者与系统、制度、组织之复杂关系的分析，均可作为本研究的思想资源和方法论。

三、关于中国教育学史

目前，以"教育学史"②为名的著作虽不多，但可称为中国教育学史的著作却已不少。郑金洲、瞿葆奎所著《中国教育学百年》③，"以元教育学的眼光，透视了我国教育

---

① 布迪厄对实践的动力性因素的多重转化有着非常精致的论述。在他看来，实践的结果凝结在"产品"中。"产品"具有迷惑作用，会误导我们仅从这个看得见和物质化的结果中去分析"实践"的性质。其实，"产品"只是表现实践的一个结果和一个方面。"产品"并不是实践的惟一和全部的结果，也不是实践的一切方面和一切特性的表现。产品只是实践中某些方面的客观化、外在化、具形化和物质化的一个结果。实践中那些活生生的动力性因素，在历史实践中一部分被消耗掉了，另一部分保存并转化到产品中，还有一部分则更新和再生产出来，渗透到产品以外的实践主体中和社会场域诸要素中，潜存在产品之外的主客观因素中，作为新的实践的可能性条件而累积。实践中制造产品时所表现出来的"操作方式"，作为"习性"的一种外化，……部分地保存在实践者的内在精神层面中，还有一部分则外化在社会场域中，作为一种动力影响着发生实践的社会条件。这样一来，产品不仅成为主客体之间、主体内外之间以及思想因素和物质因素之间的中介，也成为经验与超验、过去与未来、"在场"和"不在场"诸因素间的中间连接环节。实践作为客观条件的各种社会结构，也经过实践而部分地透射到产品中，部分地影响着实践的操作方式，部分地又在原有结构中实现自我保存和自我更新。这样一来，实践的决定性意义使得对于实践的分析成为了揭示整个社会结构和"习性"之间的复杂关系的关键。参见冯俊等著. 后现代主义哲学讲演录[M]. 北京：商务印书馆，2003：197.

② 以"教育学史"为名的著作，笔者目前仅见四部：一是苏联学者哥兰塔、加业林撰写，柏嘉译的《世界教育学史》；二是法国学者孔佩雷著的《教育学史》；三是陈桂生所著《历史的"教育学现象"透视——近代教育学史探索》；四是王坤庆所著《教育学史论纲》。第一部虽名为"世界教育学史"，但它所关涉之问题，并非"教育学"，而是"教育"，因此实为世界教育史。参见[苏联]哥兰塔，加业林著，柏嘉译. 世界教育学史[M]. 作家书屋，1952. 孔佩雷的著作以"教育学史"命名，但所述亦多为教育及教育家思想之发展，因此实为法国教育史。参见 Gabriel Compayré. *The History of Pedagogy*[M]. Trans. by W. H. Payne. Boston：D. C. Heath & Co. , 1885. 后两部著作虽名为"教育学史"，但其中并未涉及中国教育学发展史，因此实为"西方教育学史"。参见陈桂生著. 历史的"教育学现象"透视——近代教育学史探索[M]. 北京：人民教育出版社，1998. 王坤庆. 教育学史论纲[M]. 武汉：湖北教育出版社，2000. 不过，研究对象虽为"西方教育学"，但书中观点、研究思路等，对本研究有非常多的启示。除此之外，据侯怀银考证，由日本学者高岛半三郎讲演，张宗哲编述的《教育学史》，曾以连载的方式刊载于《直隶教育杂志·直隶教育官报》1908 年 1 月，丁未年第 19 期以及 1908 年 3 月—1908 年 4 月，戊申年第 1、3、4、5 期上。但该书虽冠以"教育学史"之名，实则教育理论发展史，较诸一般教育思想史更偏重于教育理论成果的考察，严格意义上说不是我们现在所指的"教育学史"。参阅侯怀银. 中国教育学发展问题研究——以 20 世纪上半叶为中心[M]. 太原：山西教育出版社，2008：34. 侯怀银将此书列为国内第一部"教育学史"著作。但叶志坚考证后认为，此前日本学者金子马治(一说金字马治)著、留日学生陈毅(一说陈宗益)翻译的《教育学史》，已于 1903 年在广智书局出版。参阅叶志坚. 中国近代教育学原理的知识演进——以文本为线索[D]. 浙江大学博士论文，2009.

③ 此前，瞿葆奎已有题为《中国教育学百年》的长文问世，载于瞿葆奎主编. 元教育学研究[M]. 杭州：浙江教育出版社，1999. 而郑金洲、瞿葆奎的《中国教育学百年》一书，据作者称是以此前瞿葆奎的文章为基础扩展而成，故笔者不再对瞿文另行综述。

学发展百年来的状况"。该书将中国教育学的百年历程分为"引入"、"草创"、"苏化"、"中国化"、"语录化"、"复归与前进"六个历史时期,对每一时期教育学的发展状况、代表性作品,以及教育学学术研究中所涉及的主要范畴、概念、命题、论争等均做了介绍和分析,并以此为切入点,对整个 20 世纪中国教育学的发展历程做了详细考述。尤为可贵的是,作为附录的"中国教育系科百年"为我们全面了解中国教育学作为建制意义上的"学科"的发展历程提供了索引。金林祥主编的《20 世纪中国教育学科的发展与反思》①,将中国教育学科发展的百年历史分为五个发展阶段:学科体系初现、学科体系构建、学科体系演变、学科体系破坏、学科体系发展。与前述郑金洲等人以教育学著作为线索、从范畴、概念、命题、论争等方面展开对中国教育学史的叙述的研究思路不同,金著紧紧围绕教育学的"学科体系",借助对特定历史时期中属于教育学"学科体系"的各子学科的代表性著作、学者以及"学科体系"中不同时段的研究主题的分析,较为宏观地展现了 20 世纪中国教育学科的发展脉络。从论述中不难看出,作者所谓的"教育学科"主要是在知识体系意义上所理解的"学科",包括教育哲学、比较教育学等子学科在内的教育学科群。因此,作者在教育学的体制化历程问题上几未着墨。侯怀银撰写的《中国教育学发展问题研究——以 20 世纪上半叶为中心》②一书,将 20 世纪上半叶中国教育学的发展历程分三个阶段(以引进为特征的初现阶段、以模仿为主要特征的初建阶段、以"中国化"为主要特征的探索阶段)加以简要梳理。在此基础上,作者以问题为楔子,选择"教育学的中国化"、"教育学的科学化"、"教育学的学科独立性"、"教育学学科体系的形成"这四个大的"发展问题",对 20 世纪上半叶中国教育学的发展状况进行了有侧重点的研究。特别值得关注的是,作者在附录部分附上了 20 世纪中国教育学发展大事记,该时期中国学者撰写的著作、教材和讲义,引进的著作、教材和讲义目录以及国人撰写的部分教育学著作、教材和讲义目录。这一研究为后人的相关研究提供了非常有价值的索引。叶澜撰写的《教育研究方法论初探》一书则专章论述了"20 世纪中国教育研究的历史演变",指出教育学科在中国的发展走的是一条捷径,它使中国教育学界能够在较短的时间内了解到当时国际上的教育思潮和学科发展的基本状态。但这种引进式的捷径也带来了一系列消极的影响,以至于"近百年来,社会几经风雨,教育几经曲折,许多东西发生了变化,但教育学科领域内'引进'这

① 金林祥主编. 20 世纪中国教育学科的发展与反思[M]. 上海:上海教育出版社,2002.
② 侯怀银著. 中国教育学发展问题研究——以 20 世纪上半叶为中心[M]. 太原:山西教育出版社,2008.

个似乎是从'娘胎'里带来的记号却难以抹去"。① 作者提出,由于中国教育研究的发展历程与西方不同,因此,在关注普遍性问题的同时,亦需研究中国教育研究在历史发展中逐渐积淀起来的特殊问题,如如何处理民族文化传统与当代教育思想的关系,如何在教育研究中正确运用马克思主义等。此后,叶澜主编的《二十世纪中国社会科学・教育学卷》②分学科对 20 世纪中国教育学的发展脉络做了梳理。其中,由叶澜撰写的《二十世纪中国教育学发展问题的审视》③对上述观点作了进一步的深化。该研究聚焦"政治、意识形态与教育学发展的关系问题"、"教育学发展的'中外'关系问题"、"教育学的学科性质问题",以这三大关乎教育学科发展的"世纪问题"为纲,对 20 世纪中国教育学发展面临的主要困惑、取得的主要经验、对教育学未来发展所产生的影响与启示等进行了分析,提供了中国教育学史研究的另一种路径。周谷平所著《近代西方教育理论在中国的传播》④,从文化交流史的角度,以考察西方教育学或教育理论在近代中国的传播为中心,对近一个世纪以来西方教育理论在中国的传播过程、传播机制、对中国教育与中国教育学的影响等进行了研究。她将此过程略分为"以日本为媒介"(1901—1915)和"以美国教育为蓝本"(1915—1949)两个阶段,详细阐述了两个阶段西方教育学(理论)传入的特点及其对我国教育学理论和教育实践所产生的双重影响,从学术文化交流史的角度为研究中国教育学的发展演变提供了另一种研究路径和研究视角。陈志科的《留美生与中国教育学》一书⑤,以"留学史"的研究视角切入中国教育学史研究。作者通过非常翔实的史料展现了"留美生"这一特殊的群体对民国时期中国教育学的奠基、创建和发展所作出的贡献。由于作者将教育学理解为"对教育这门科学领域的总称,也就是民国时期客观存在的教育学科",因此其关于留美生对中国教育学发展之影响的研究主要从教育学科的队伍阵容、大学教育系(教育学科的人才培养场所)、教育学术团体(教育学科形成和发展的重要内容)、教育学术期刊(教育学科走向规范化、纵深化的一个重要标志)、教育学科体系、教育研究方法科学化等方面展开,较为全面细致地阐述了留美生对民国时期中国教育学发展的影响。这种在留学史与中国教育学史的交叉地带上着力的独特研究视角,不仅推进了"留学史"研究的

① 叶澜著. 教育研究方法论初探[M]. 上海:上海教育出版社,1999:92.
② 叶澜主编. 二十世纪中国社会科学・教育学卷[M]. 上海:上海人民出版社,2005.
③ 叶澜. 二十世纪中国教育学发展问题的审视[A]//叶澜主编. 二十世纪中国社会科学・教育学卷[M]. 上海:上海人民出版社,2005.
④ 周谷平著. 近代西方教育理论在中国的传播[M]. 广州:广东教育出版社,1996.
⑤ 陈志科著. 留美生与中国教育学[M]. 天津:南开大学出版社,2009.

精细化和专业化,更丰富了中国教育学史的研究思路。叶志坚的博士学位论文《中国近代教育学原理的知识演进——以文本为线索》[①],以文本解读为线索,专注于从知识演进的角度解析近代教育学原理在中国的发展历程。论文辟专章对中国近代引进教育学科的历史背景作了较为细致的考述,主要从近代"分科立学"观念的导入、近代西式教育制度的导入以及师范教育的勃兴三个方面概括了中国近代教育学科得以引进的历史背景、客观条件和引入机制。陈元晖的《中国教育学七十年》对五四以来 70 年(1919—1989)的中国教育学发展历程进行了研究。他认为,以 1949 年为界,中国教育学 70 年的历程可分为前后两大阶段。前期支撑教育学发展的内在理论依据经历了从唯理论到经验论、从经验论到唯物论的两次转型。1949 年之后,对中国教育学建设影响最大的事件是凯洛夫教育学的传入,以及相应的列宁主义教育思想在中国的传播。由于文革十年中国教育学建设的中断,兼之始终受到外来教育学思想的影响,中国改革开放之后自编的《教育学》教科书"千人一面"的现象极为严重,这是教育学研究学术水平不高的一个表现。在回溯了中国教育学 70 年的发展历程之后,陈元晖还对中国教育学今后 70 年作出了乐观的展望:教育学不仅不会从科学史上消失,还会发展壮大,成为一门与物理学并驾齐驱的学问。[②] 黄济在《20 世纪中国教育学科的发展》[③]一文中提出,中国教育学科的发展历程,是与教育的发展、特别是师范教育的发展齐头并进的。其发展历程呈现出四个特点:一是教育学科的发展大致经过了从引进到创建的过程。二是教育学的建设大致走过了一段从一科到多科的建设过程,也走过了一段从综合到分化,再由分化到新的综合的过程。三是百年来对中国教育思想影响较大的,不外是德国的古典哲学、美国的实用主义和马克思主义三种哲学思想。在教育上争论较多的,有"现代教育"和"传统教育"之争、个体本位论和社会本位论之争,以及延续至今的人文主义和科学主义之争。争论的双方往往各执一端,如果能够取其所长、舍其所短,也可能在其夹缝中走出一条新路来。四是就教育学的体系及其内容来看,有不同的教育观就有不同的主张,其体系和内容也就有所不同。在总结了上述特点之后,作者还围绕教育学的学科性质、教育学的指导思想、教育学与其他学科的关系、教育学发展中的继承和创新这四个问题进行了探讨。

---

① 叶志坚.中国近代教育学原理的知识演进——以文本为线索[D].浙江大学博士论文,2009.

② 陈元晖.中国教育学七十年[J].北京师范大学学报(社会科学版),1991(2).

③ 黄济.20 世纪中国教育学科的发展[J].北京师范大学学报(社会科学版),2000(1)

四、关于体制化时代的教育研究以及中国教育学者的生存境遇

刘铁芳的《体制化时代的教育和教育研究》[1]一文,致力于"认清体制化对教育和教育研究所提出的挑战,积极寻求个性与体制均衡的可能路径,在体制化的时代保持教育和教育研究的创造性活力,对教育和教育研究持守清醒的现实主义姿态,同时显明置身体制之中的教育知识人的独立品格"。作者认为,体制化时代的教育研究会遭遇内外两方面的胁迫:一方面,在面对体制化不断深入的现实教育的过程中,教育研究是乏力的,教育研究无力改变体制化时代的教育惯性,这使得教育研究许多时候被降格成为学术圈隅之中的自在吟哦,或在现实中流于人们谈之有兴而疏于实践的话题。另一方面,教育研究本身就被卷入体制化的潮水之中,成为作坊或者工厂流水线上的学术制作,研究者被既定的研究目标、任务、进程等一一框定,失去教育学术研究的从容自由、探玄钩奇。为了走出这种"体制化困境",作者给出了教育研究的"多重着眼点":一是立足体制,回应体制之中的教育需要,切实解决现实教育中迫切的重大问题;二是超越体制,独辟蹊径,谋求相对独立的问题意识,努力敞开现实中被遮蔽的问题域限,着力敞开人们的教育视野,在服务现实的同时积极担负起教育启蒙的任务,为整个社会教育智识的提升,为一线教育人在现成体制之中自由自主性的提高,提供力所能及的引导与帮助。三是在提高个人的专业知识素养的同时,努力突破自身的专业局限,避免陷于形式主义漩涡,更多地接近历史,接近当下,直面人生、社会、历史,融现实关切与学术情怀为一体。刘荣秀、刘铁芳在《走向公共领域的教育研究》[2]一文中,应和了人文社会科学其他学者关于体制化困境中公共知识分子的呼吁,提出教育研究应当走向公共领域,教育学者应当成为公共知识分子。彭泽平、陆有铨在《论当代中国教育学者的使命》[3]一文中提出,在当前背景下,中国教育学者应肩负起推进中国本土原创教育理论的建构、促进教育决策科学化以及传播教育理论从而提升社会的教育智识等三重使命。要完成这些使命,中国教育学者必须保持和恪守"学者"的品格、良知与天职,扎根中国鲜活的教育实践,在守护自身立场的基础上与国外学术话语和其他学科展开平等"对话",尽力将自己转变为公共知识分子,为我国教育事业的发展、经济社会的进步乃至整个人类社会的进步贡献自己的智慧。

---

① 刘铁芳. 体制化时代的教育和教育研究[J]. 湖南师范大学教育科学学报,2006(5).
② 刘荣秀、刘铁芳. 走向公共领域的教育研究[J]. 天津市教科院学报,2005(4).
③ 彭泽平、陆有铨. 论当代中国教育学者的使命[J]. 华东师范大学学报(教育科学版),2007(4).

以上分四个主题对与本研究有较大相关的已有主要研究成果①作了综述。这些相关的研究，一是为本研究提供了重要的资料；二是提示了查找相关资料的线索；三是提供了思考问题的方法论启示；四是许多研究结论或观点，对笔者具有重要的启发。通过对已有相关研究成果的分析，笔者发现，在以下几个问题上，尚有进一步研究的空间。

第一，现代学术转型中的中国教育学。诚如有的学者所指出的，在现代学术转型过程中，学科主要是通过两个渠道创立起来的：一是"移植"。那些中国传统学术中缺乏或落后的学科，如自然科学中的数、理、化、天、地、生等，以及社会科学中的政治学、经济学、法学等，最初走的便是直接由西学移植而来的途径。二是"转化"。那些中国传统学术中固有的科目，如人文科学中的文艺学、历史学、考古学、文字学等，走的是所谓"创造性转化"的路径。② 那么，教育学在整体的现代学术转型过程中经历了怎样的创建历程？关于这一问题，迄今还缺乏一种学术史的研究视角的切入。例如，如果将中国教育学史的相关研究置于现代中国学术史，尤其是现代学术转型这一特定的背景中，我们会不无遗憾地发现：在许多学者的现代学术史以及对现代学术转型的研究中，教育学几乎总是遭到有意回避或无意地忽略。一方面，在关于现代学术史以及现代学术转型的研究中，教育学几乎一直处于被"流放"的地位，鲜有学者专门加以考述。而与之并列的社会学、文学、史学、哲学、政治学等人文社会科学族群中的学科，却是学术史研究中的"常客"。另一方面，诸如中国史学③、中国社会学④、中国政治学⑤等学科的学者，已经对本学科的学科史进行了较为细致的考证分析，尤其是对学科的体制化演变过程，及其对本学科的学科建设的影响作了较为精微的阐释。而在教育学领域内部，迄今尚未见从学术史的角度对作为学科建制的"教育学"进行深入研究的著作。已

---

① 相关文献还有很多，这里所选择的，一是与本研究关系较为密切的相关研究；二是以著作和有代表性的论文为主。尽管并未囊括相关的全部文献资料，但是已基本能够反映与本研究密切相关的已有研究成果。对这些研究成果的分析，一是有助于更好地明确本研究的已有研究基础，二是有助于在对这些研究成果的解读中，找到本研究可能的发展空间。

② 肖朗.中国近代大学学科体系的形成——从"四部之学"到"七科之学"的转型[J].高等教育研究,2001(6).

③ 如刘龙心著.学术与制度：学科体制与现代中国史学的建立[M].北京：新星出版社,2007.刘俐娜著.由传统走向现代：论中国史学的转型[M].北京：社会科学文献出版社,2006.

④ 如阎明著.一门学科与一个时代：社会学在中国[M].北京：清华大学出版社,2004.刘少杰著.中国社会学的发端与扩展[M].北京：中国人民大学出版社,2007.姚纯安著.社会学在近代中国的进程(1895—1919)[M].北京：三联书店,2006.

⑤ 孙宏云著.中国现代政治学的展开：清华政治学系的早期发展(一九二六至一九三七)[M].北京：三联书店,2005.

有的可视为中国教育学史的著作,主要是教育学的知识(理论、著作、教材)史①。它能部分地反映教育学的发展历程,但并未涉及教育学的体制化进程与中国"教育学研究"之间的关系。因此,在教育学史的研究中,在关注教育学的知识史(文本史)的基础上,引入"教育学术史"或"教育学科史"的研究思路,不仅有助于拓展教育学史的研究路径,而且也有助于从整体上丰富中国近现代学术史的研究。

第二,学术体制(学科体制)建设与中国教育学研究。在一个体制化时代,任何一个学科要获得社会认可,赢得良好的发展资源和环境,都需要很好地进入体制。但是,实现体制化的同时,也就意味着不得不面对诸多的"体制化问题"。当前,学术发展的所谓"体制化困境"已经上升成为学术界共同关注的"公共性论题"②,但在关于学术发展"体制化困境"问题的讨论中我们很少听到来自教育学者的声音。在这样一个关乎学术、学者生存处境之自我反思的文化讨论中,教育学者自动放弃了话语权。对此,或许可以辩解说,教育学者更多关心的是自己专业领域内的问题,对公共问题缺乏关注。但是,当"教育问题"成为公共论题,吸引众多学者的目光时,大多数的教育学者却并没有让自己的声音变得响亮,甚至没有提供具有专业立场、体现专业眼光的见解。以至于我们仍然缺少一些被其他领域公认的教育学者,能够在一个相同层次的对话平台上与其他学者一起探讨与教育有关的公共性论题。这似乎给人一种不合逻辑的逻辑:教育学者尚不具备与其他领域学者共同探讨教育问题的资格。至于其他领域内的公共性问题更是很少有人愿意倾听教育学者的声音。如果说其他相关学科的学者忽略了对教育学者的关注对于教育学者而言是一种尴尬的话,那么教育学者在关乎公共领域的教育问题上自动放弃话语权,在公共文化讨论中长期处于缺席状态,则无疑会影响教育学在整体学术生态中的处境。提出这一点,并不意味着鼓动教育学者以"公共知识分子"的姿态行世。因为缺乏对自身专业的深度钻研,姿态性地"表现"公共立场,可能会导致以理论的姿态表达并不高明的常识,其结果反而会伤害学科的声誉。③ 笔者真正想要突出的是,基于体制化对中国教育学研究的深刻影响,教育学者不能不关注

---

① 例如,郑金洲在《中国教育学百年》一书的导论中明确提出,教育学史是作为一门学科的教育学产生、发展的历史,它是以学科这一理论形态为对象的;……学科知识的编排,只有一个参照系,那就是知识的逻辑序列,即知识从逻辑起点经由逻辑中介再到逻辑终点的运行过程。叶志坚的博士论文《中国近代教育学原理的知识演进——以文本为线索》,选择的也是以文本解读来切入对教育学原理发展历程的研究。

② [美]C·赖特·米尔斯著,陈强、张永强译. 社会学的想象力[M]. 北京:三联书店,2001:6.

③ 在如何面对"公共"这一问题上,教育学者应该有基于自身学科独特性的深刻思考。这一点笔者将在后文中展开论述。

体制化这样一个对教育学研究有着深远影响的现实问题。近年来,教育学者普遍关注教育学研究原创性的薄弱、教育理论与实践隔阂的加深,还有引发整个学术界热议的"学术凸现,思想淡出"以及形形色色的学术失范现象。这些现象背后虽然各有其复杂的原因,但不能不说学术体制化的深化以及因此而日渐加剧的学术竞争是其中一个最不容忽视的因素。缺少了这一研究视角,我们所面对的诸多当代"教育学问题",至少是缺少了一种可能的解释框架与思考维度。这一视角的引入,也有助于激发教育学者在当前的学术生态中,对自身的角色身份、生存方式和研究立场做出合理的反思,以便更好地确立自身的位置。

第三,中国教育学创生(或教育学作为一个学科,在中国扎根)的内在机制。已有的中国教育学史研究更多关注的是教育学的学科知识和学科体系的演进,有的著述亦回溯了中国教育学的引进过程,尤其是关注了师范教育的发展和中国教育学创生之间的内在关联。但是,教育学在中国的发展,是如何从引进教材、知识体系,到建构课程,直至进入大学学科体系,逐步完成其学科建制的发展过程? 关于这个问题,目前尚缺乏专门研究。事实上,恰恰是教育学的体制化、学院化发展,从根本上改变了教育学研究者的生存方式,改变了教育学知识的生产模式,并且从组织、制度和学科文化等诸多方面确证了教育学作为一门独特学科的存在合理性。在一定意义上,中国的"教育学研究"正是伴随着其体制化、专业化过程而日渐勃兴的。

第二章　教育学体制化的中国历程

第一节　现代学术转型①与学术体制的建立

中国学术从"传统型"向"现代型"的转变,之所以可称为"型变",一是因为转折幅度之大,转变之剧烈,绝非一般"演进式"转变所能概括;二是由于转变前后两种不同的学术虽不能说截然不同,但也可称"前世今生"。学术史上发生如此转变,绝非余英时在解释由宋儒"道问学"传统绵延而至清代考证学说时所用之"内在理路说"②所能解释。笔者认为,现代学术转型表面上看是中国学术体制"冲击—反应"式地全面引进西方学术框架的过程,事实上则是中西文化、学术经过碰撞、交融和妥协,进而以新的"型态"在中国扎根的过程。这一过程不仅历时悠长,而且其间掺杂着非常复杂的因素。

关于中国现代学术转型,以及现代学术体制确立的时段,不同学者有着不同的观点。刘梦溪认为,中国现代学术发端于晚清,确立于五四时期。③ 陈平原认为,中国现

---

① 对于这一学术转型,在称谓上,有的称之为"近代学术转型",有的称之为"现代学术转型",还有的则称为"近现代学术转型"。若按照中国历史研究中关于古代、近代、现代、当代约定俗成的划分,则这一学术转型是处于近代和现代之间,是由近代萌生、启动,到五四之后,随着现代大学体制的真正确立才有所谓"新型"的诞生。而且,从其实质而言,这一转型正是中国传统学术走向所谓"现代"的转折期。因此,在本研究中,笔者统一以"现代学术转型"名之,但引用其他学者的著述时,依然保留原有的称谓。

② 所谓"内在理路",指的是思想史自身是一个具有相对独立性的领域,有它自己内在的延续性的发展线索。我们可以从它的发展过程中找到从上一个阶段转变到下一个阶段的线索,这就是所谓的"内在理路"。强调内在理路是与"外缘说"相对而言的。"内在理路说"提出之后遭到不少批评。但正如余英时一再重申的,他强调思想史的"内在理路说"并不是要取代外缘影响说,而是意在补充"外缘说"之不足。

③ 刘梦溪主编.中国现代学术经典·梁漱溟卷[M].石家庄:河北教育出版社,1996,总序:49—50.

代学术之建立当在"清末民初30年间",具体而言,是晚清与五四两代学人的"共谋"促成了中国学术的转型。这一转型过程,于"戊戌生根,五四开花",至1927年基本完成。因为"1927年以后的中国学术界,新的学术范式已经确立,基本学科及重要命题已经勘定,本世纪影响深远的众多大学者也已登场……20世纪中国学术从此进入了一个新的时代"。①

笔者认为,将戊戌维新时期作为中国现代学术转型的起端,是较为妥帖的。如黄兴涛等所明确指出的,戊戌之前,"中国传统学术虽有一些新的变化,但总的说来均不过是量的集聚,并不构成全局性的质的跃进,其整体性的转型过程只有到戊戌时期才获得了相对充分的条件,从而得以较为全面地启动和加速进行"。② 美国汉学家任达(Douglas R. Reynolds)关于清末新政对中国思想、体制的影响的研究,亦可支持这一观点。在《新政革命与日本——中国,1898—1912》一书中,任达提出,中国在"新政"前后的知识与制度变革是中国古今分界的关键点所在:"在1898年百日维新前夕,中国的思想和体制都刻板地遵从了中国人特有的源于中国古代的原理。仅仅12年后,到了1910年,中国人的思想和政府体制,由于外国的影响,已经起了根本性的变化。从最根本的含义来说,这些变化是革命性的……如果把1910年和1898年年初相比,人们发现,在思想和体制两大领域都明显地彼此脱离,而且越离越远。"③

德国著名哲学家雅斯贝尔斯(Kool Theodor Jaspers)在论及社会与教育的关系时,特别突出了变革时代二者之间的协同变革机制:"当社会发生革命之际,也就是教育转型之时。尤有甚者,社会的变革意图在一开始都表现为教育学上的议题。所以,对教育意义和教育方式的考察,顺理成章地包含着对更大范围的国家和社会问题的考察。"④晚清政局的动荡,内忧外患的交织,社会诸多矛盾的积聚,使得整体的社会结构达到了实现转型性变革的临界点。现代学术体制的转型就是在这样的背景下发生的。它不仅因自身内部诸多因素的复杂性而纠结甚多,更因其"全息式"地浓缩了社会变革中的几乎全部核心信息而表现得异常复杂。因此,要想"一网打尽"式地将全部的丰富性呈现出来,是不可能的。在这里,笔者拟以知识分类体系由"四部之学"向"七科之

① 陈平原著. 中国现代学术之建立——以章太炎、胡适之为中心[M]. 北京:北京大学出版社,2010:5—7.
② 黄兴涛,胡文生. 论戊戌维新时期中国学术现代转型的整体萌发——兼谈清末民初学术转型的内涵和动力问题[J]. 清史研究,2005(4).
③ [美]任达著,李仲贤译. 新政革命与日本:中国,1898—1912[M]. 南京:江苏人民出版社,1998:215.
④ [德]雅斯贝尔斯著,邱立波译. 大学之理念[M]. 上海:上海世纪出版集团,2007:77—78.

学"的转变为纲,概要地展现现代学术转型中蕴含的诸多微妙的,然而又是深刻的环节。知识分类体系的转型虽然并非学术转型的全部,但却构成了现代学术体制转型中的核心环节。因为正是由此而形成的学术转型的脉冲,不断地向外扩散,引发学术体制其他构成要素(如学术研究机构、学术分类目录等)变革的启动或者深化,从而在一定程度上拉动了学术转型的整体启动。

一、知识分类体系的转变与大学学科体系的奠基

知识分类,就是根据某种知识组织的原则对知识所作的分类、归纳和整理,使之纳入到一个完整的系统中,其具体表现为学科的设置。① 英国著名历史学家汤因比(Arnold J. Toynbee)将分类思考和认识看作是人的一种基本的思维能力,也是人认识世界的一种内在需要。在他看来,我们不得不在思想上对研究对象加以条分缕析,否则我们就无法表达,无法思考和行动,甚至陷入整体性的神秘经验之中。"分类的过程无疑会错误地呈现现实,但这又是有意识思考的不可避免的后果,否则就只能像神秘主义者那样完全消极地凭直觉感受神圣的统一。"② 但同为分类,因角度不同,标准各异,因此所分之类别便也差异极大。以学术分类而言,中西传统便有很大不同。对于这一不同,傅斯年论道:"中国学术,以学为单位者至少,以人为单位者转多,前者谓之科学,后者谓之家学。家学者,所以为人,非所以学学也。历来号称学派者,无虑数百,其名其实,皆以人为基本,绝少以学科之别而分宗派者。纵有以学科不同而立宗派,犹是以人为本,以学隶之,未尝以学为本,以人隶之。"③ 当世学者刘梦溪借助傅斯年所论以人为单位的学术与以学为单位的学术之分别来思考我国学术大潮之演变,指出:"我国宋明以前及清前期的学术,基本上都是以人为中心,以人为单位的,因而独立之学术不可能存在。只有盛清学者的治学精神和治学方法,开始显示出一种由以人为中心的学术向以学为中心的学术过渡的趋向,不过也只是趋向和过渡而已。真正意识到学术应该有自己的独立价值,那是到了晚清吸收了西方的学术观念以后的事情。因为以人为中心还是以学术为中心,以人为单位还是以学为单位,是传统学术和现代学术的一个分界点,由前者过渡到后者是一个长期蜕分蜕变的过程。"④ 短短两百余言即概括了

---

① 程歗,谈火生. 分科设学和清末民初中国的学术转型[J]. 山西大学学报(哲学社会科学版),2002(2).
② [英]阿诺德·汤因比著,刘北成、郭小凌译. 历史研究[M]. 上海:上海人民出版社,2005:423—425.
③ 转引自刘梦溪主编. 中国现代学术经典·梁漱溟卷[M]. 石家庄:河北教育出版社,1996,总序:17—18.
④ 刘梦溪主编. 中国现代学术经典·梁漱溟卷[M]. 石家庄:河北教育出版社,1996,总序:18.

中国学术发展之大势,其过程,因"吸收"、"蜕分蜕变"等概念的使用而显得波澜不惊。但事实上,中国学术分类的这一转变过程,不仅历时悠长,而且蕴含着各种力量的角力,"是一个传统的内部变动和新知的外部渗透所共同构织的极其复杂的过程,其间充满了种种的曲折与艰辛、苦痛与希望、徘徊与探索"。①

在中国现代学术转型中,知识分类体系的转型,最根本地体现为学术分科方式由"四部之学"②向"七科之学"③的转型。有学者认为,它"既是中国传统学术形态向现代学术形态转型的一个重要标志,也是中国近代大学学科体系形成的一个重要标志……从'四部之学'到'七科之学'的转型,意味着从中国古代讲求博通、培养'通才'的'通人之学',向近代分科治学、造就'专才'的'专门之学'的转型,中国近代大学学科体系正是在这一转型过程中逐步形成的"。④ 但也有学者认为,"四部"并非中国的学术分类方式,而只是一种图书分类方式。学术分类与图书分类虽然有关系,但其间差异亦不可忽视。尤其是在西式"学科"观念未被中国士人接受之前,中国古代学人并未按照所谓"四部"来展开学术研究和著述的。所谓的四部之学其实是先有西学分科概念,然后返回"中学"里找既存分类。及至近代西方学术分科的观念传入,惯从四部论学的学者便产生四部分类就是学术分类的观念。事实上,中国古代图书分类常常并非以学术为准绳,或以书之多少为类、或以书之形式大小为类、或以书之体裁为类。如四部之一的集部,就是典型的按体裁分类。⑤

笔者亦认为,四部式分类与"七科"式分类,并非两种对等的知识分类体例。前者虽与学术相关,但主要体现为一种图书典籍的分类方式;而后者则体现在典籍分类、课程分化和学术分科等多个领域中的分类系统。因此,四部式分类这样一种历时千年之久、构思日益精密、且比之西学更"能切合传统学术实际内容"⑥的知识分类体系,在

① 程巍,谈火生. 分科设学和清末民初中国的学术转型[J]. 山西大学学报(哲学社会科学版),2002(2).
② 所谓"四部之学",指的是始自隋代,绵延至明清的,由"经、史、子、集"四部为框架构织而成的包括众多知识分类、具有内在逻辑关系的知识系统。
③ 所谓"七科之学",是指在现代学术转型中,随着西学的浸漫,在中国学堂教学和大学学科设置上逐步确立的以"七科"(文、理、法、农、工、商、医)为框架构筑起来的知识分类体系。
④ 肖朗. 中国近代大学学科体系的形成——从"四部之学"到"七科之学"的转型[J]. 高等教育研究,2001(6).
⑤ 黄晏好. 四部分类是图书分类而非学术分类[J]. 四川大学学报,2000(2). 黄晏好. 四部分类与近代中国学术分科[J]. 社会科学研究,2000(2).
⑥ 例如,罗检秋就提出:"中国学术史上曾以经、史、子、集四部分类,就整理、研究传统学术而言,较之近代西方学术系统亦有优长,它能切合传统学术的实际内容,减少因中西附会而产生的隔膜和偏差。"参阅罗检秋著. 近代诸子学与文化思潮[M]. 北京:中国社会科学出版社,1998:2.

清末民初与西式知识分类体系的碰撞中,很快地遭到瓦解。而一种本与我们的文化传统枘凿不合的西式知识分类体系,则在中国扎下根来,从而从根本上改变了中国学术日后的面貌。其间固然有政治、社会等诸多方面的复杂原因,但不能不说,四部式分类,无论在学术研究中还是在教育教学实践中,并不具有稳固的根基,这是其最终瓦解的一个重要原因。

(一)译介西学与新的知识分类体系的探索

西方的知识分科体系,自明清之际即已传入我国。最初担当"信使"角色的是当时进入中国的一批耶稣会士,他们通过著述翻译活动将当时以耶稣会高等学校"西学六科"为代表的西方大学学科体系导入了中国。意大利传教士艾儒略(J. Aleni)所撰《西学凡》被视为"一本欧洲大学所授各学科的课程纲要"①,对于当时中国士人了解西方学科体系,起到了媒介作用。但是,由于对外部世界的认识不够,而且从心理上缺乏认识对方的内在需要,《西学凡》在当时并没有引起大的反响。此后相当长的时间内,虽然传教士在译介西学、兴办教会学堂的过程中不断导入西方分科立学的观念,但它既未真正触动当时中国士人的观念变动,更不可能对中国传统的学术分类体系产生大的影响。这一点在若干年后清代大儒纪昀对《西学凡》的如下评价中可见端倪:"是书成于天启癸亥,《天学初函》之第一种也。所述皆其国建学育才之法,凡分六科:所谓勒铎理加者文科也,斐录所费亚者理科也,默第济纳者医科也,勒义斯者法科也,加诺搁斯者教科也,陡禄日亚者道科也。其教授各有次第,大抵从文入理,而理为之纲。文科入中国之小学,理科则入中国之大学。医科、法科、教科者,皆其事业;道科则在彼法中所谓尽性致命之极也。其致力亦以格物穷理为本,以明体达用为功,与儒学次序略似。特所格之物,皆器数之末,而所穷之理,又支离神怪而不可诘,是所以为异学耳。"②由这段文字不难看出,纪昀虽较为详细地疏解六科要义,但却不认可其学理,斥之为"支离神怪"之"异学",自然在内心里对该分类体系不会接纳。这意味着,《西学凡》在中国存在了约一个半世纪之久后③,至少仍未被如纪昀这样的上层官绅士人所接纳。

鸦片战争前后,随着晚清第二波"西学东渐"浪潮的涌动,先觉的官绅士人在"睁眼

---

① 徐宗泽编著. 明清间耶稣会士译著提要[M]. 北京:中华书局,1989:289.
② 永瑢等编. 四库全书总目[M]. 北京:中华书局,1965:1080.
③ 《西学凡》于明末天启三年(1623 年)在中国刻印。而《四库全书总目》于乾隆三十八年(1773 年)开始编修,至乾隆四十六年初稿完成,经过修改、补充,于乾隆五十四年定稿刻版。乾隆六十年,浙江地方官府又据杭州文澜阁所藏武英殿刻本翻刻,自此才得以广泛流传。此时距《西学凡》在中国的刻印,已逾一个半世纪之久。

看世界"接受西方价值观念和知识体系的同时亦开始致力于研究、导入西方教育。这时候,早期传教士著、译的文字成为他们的主要参考。例如,魏源在其代表作《海国图志》中就大段引用了艾儒略《职方外纪》中有关"西学六科"的文字,这可看作近代中国导入西方高等教育的先河。[①] 此后,在西方传教士主动传播和中国士人自觉引入的相互作用下,西学书籍越来越多地被翻译进来。据统计,自1843年至1860年,香港及开放的五口总共出版西方书籍434种,其中宗教类329种,属于天文、地理、数学、医学、历史、经济等学科门类的共计105种。[②]

在引介西方学术和学制的过程中,许多学者开始尝试借助西方学术分科的体系融合中学固有的知识分类方式,建立中国的学术分科方案。冯桂芬作于1861年的《采西学议》被视为中国近代最早的学术分科方案。在他的方案中包括三类"中学":经学(包括小学、算学)、史学(策论)和古学(词章之学、散文、骈体、文赋、各体诗);两类"西学":"历算之学"(天文、历算)和"格致之理"(算学、重学、视学、光学、化学、舆地学等)。在配置上,冯桂芬主张"以中国之伦常名教为原本,辅以诸国富强之术",这被看作是"中体西用"的早期版本。[③] 冯桂芬之后,王韬、宋恕、陈虬、郑观应等人均曾试图吸取西方学术分科的精神对中西学术进行分科,但对于如何熔中西两种不同的知识分类体系于一炉,则始终莫衷一是。及至1896年,梁启超对从古到今的书目进行了全面的考察和分析。他认为经史子集的分类程式不够科学,尝试提出了"学"、"政"、"教"这种独特的分类方法。在《西学书目表序例》中梁启超说:"译出各书,都为三类,一曰学,二曰政,三曰教。"在这三大类别之下,他又具体划分小类,如在"西学"大类下,他设置算学、重学、电学、化学、声学、光学、气学、天学、地学、全体学、动植物学、医学、图学等十三个小类;"西政"大类下设史志、官制、学制、法律、农政、矿政、工政、商政、兵政、船政等十个小类。[④] 从目录学上讲,该分类法"创立了新的分类体系,尽管还有一些可以商榷的地方,但大体上是切合西书翻译出版的情况的。而且这一分类表一直影响着十进法未输入以前新书目录的分类工作"。[⑤] 但饶是如此,如何对传入的西方典籍进行分类依然

① 肖朗.明清之际西方大学学科体系的传入及其影响[J].浙江大学学报(人文社会科学版),2009(1).
② 熊月之著.西学东渐与晚清社会[M].上海:上海人民出版社,1994:8.
③ 左玉河著.从四部之学到七科之学——学术分科与近代中国知识系统之创建[M].上海:上海书店出版社,2004:146。
④ 梁启超著.饮冰室合集(文集之二)[M].北京:中华书局,1989年影印本:124.
⑤ 左玉河著.从四部之学到七科之学——学术分科与近代中国知识系统之创建[M].上海:上海书店出版社,2004:157.

是一个问题。正如梁启超所言,对于西书究竟如何分类,他自己也感到十分困惑。他在《西学书目表序例》中曾说:"西学各书,分类最难,凡一切政皆出于学,则政与学不能分,非通群学不能成一学,非合庶政不能举一政,则某学某政之各门,不能分。今取便学者,强为区别……顾自《七略》以至《四库总目》,其门类之分合,归部之异同,通人犹或訾之,聚讼至今,未有善法,此事之难久,海内君子惠而教之,为幸何如。"他还特别举例说,行军测候之书究竟应入兵政,还是入图学;金石识别等书应入矿学,还是入地学,无论哪种归类方式"皆有不安"。① 由此可见,尽管西学以其精奇细密引起了时人的倾心关注,并以其强大的力量迫使上层官绅士人不得不正视之,但由于有着自身一脉相承之学统,中国当时的官绅士人在接受西学、尤其是接受其分科体系时不仅心存芥蒂,即便在理智上也存在着难解的困惑。可以设想,若仅限于学术上的探讨,则这种困惑将长期困扰士人。事实上,在中国接受西式学科分化观念的过程中,始终交织着由上而下、自下而上多种力量的相互渗透影响。在此过程中,官绅士人的探究固不可忽视,而实践变革对于学术转型的影响更不应忽略。

在恩格斯所称誉的"包含着新世界观的天才萌芽的第一个文件"——《关于费尔巴哈的提纲》中,马克思曾有这样的论断:"全部社会生活在本质上是实践的。凡是把理论引向神秘主义的神秘东西,都能在人的实践中以及对这个实践的理解中得到合理的解决。"②知识分类也好,学术分科也好,原本算不上什么"神秘东西",但是在最初引入时,对士人造成的思想困扰却是深刻的。这种深刻的最终消弭,恰如马克思所论,依靠的是实践的力量。这其中既有自上而下的尝试,亦有自上而下的推行。

(二) 实践中的渗透与奠基

"四部"式的知识分类虽然可视为中国传统知识分类系统的典型代表,但这种知识分类系统主要是以典籍分类的形式存在的,它与构成日常教育实践的官学和私学系统之间并未形成一种相互支持、圆润统一的关系格局。以清代为例,一方面,经史子集等内容能被纳入学校教育体制的毕竟只是少数,八股制艺取士的方式使大部分的书院学堂只侧重部分经史典籍的研讨,更导致学堂教科的内容只有极少部分能与传统知识叠合。而这极少部分可以叠合的经史典籍,又因制艺主导的教学内容,逐渐化

---

① 梁启超. 西学书目表序例[A]//梁启超著. 饮冰室合集(文集之一)[M]. 北京:中华书局,1989 年影印本:123—124.
② [德]马克思,[德]恩格斯著,中共中央马克思恩格斯列宁斯大林著作编译局译编. 马克思恩格斯选集(第1卷)[M].北京:人民出版社,1995.56.

约为愈趋空洞僵化的教条,终至无法反映中国整体的知识结构。① 另一方面,即便少数被纳入学校教育体制的内容,亦并未严格按照所谓"四部"的框架来实施。由此不难看出,代表中国传统知识分类体系的四部式分类虽然被后人评价为"代表了中国古代典籍分类和学术分类之最高水平"②,但是作为一种典籍分类体系,它并没有有效地转化为教育领域中的课程。因此,当西学进入中国的"基础教育"时,"站"出来与之抗争的,其实并非"四部之学"这样相对成熟、精致的知识分类体系,倒是学校教育实践中那些显得较为笼统的课程。如中国台湾学者刘龙心指出的,清末新式学堂采行中西学并重的教育方式时,中学基本上便不是以其整体的知识结构来应对西学,以致西式分科的教育内容得以轻易地顶替传统官学(或书院)笼统而不分科的教学体制。③

当世学者王树人在论及西学东渐时曾提出:"任何文化,是否进入一个民族主流文化生活的重要标志,就看其是否成为基础教育的内容。"④在现代学术转型的背景下,可从两个方向来理解这句话:一方面,"四部之学"之所以最终被替代,固然纠结着诸多的其他原因,但是这一分类体系与官学和私学课程相剥离,或许是其中一个不容忽视的原因。另一方面,西式的知识分科方式,之所以逐渐渗透,终至成为中国现代学术体制中的重要构成,一个很重要的原因是它采取了从底层逐渐积累生长的方式,之后又借废科举、兴学校之风,逐渐在"基础教育"中弥漫渗透,扎根布蔓,积累了足够的力量,而后借助两代知识分子有意识的努力和官方的逐渐接纳,从而实现了体制化和合法化。

其实,早在清政府和开明士人提出兴办新学之前,西学在中国民间的蔓延已不容漠视。据统计,在 1859 年之前,教会已在中国各地设立学堂 50 所,学生超过 1000 人。⑤ 此后一段时间,教会创办的西式学堂发展迅猛。到 1889 年,新教学堂共 1086 所,学生 16836 人,1895 年则增至 21353 人。到 1898 年时,仅美国教会在华创办的中小学就达到了 1106 所,学生总数达 20129 人。⑥ 这些教会学堂,除了宣讲教义之外,也

① 刘龙心著. 学术与制度:学科体制与现代中国史学的建立[M]. 北京:新星出版社,2007:20—21.
② 左玉河著. 从四部之学到七科之学——学术分科与近代中国知识系统之创建[M]. 上海:上海书店出版社,2004:71.
③ 刘龙心著. 学术与制度:学科体制与现代中国史学的建立[M]. 北京:新星出版社,2007:21.
④ 叶秀山,王树人主编. 西方哲学史(第一卷)[M]. 南京:江苏人民出版社,2004:466.
⑤ 顾长声著. 传教士与近代中国[M]. 上海:上海人民出版社,1981:226.
⑥ 桑兵著. 晚清学堂学生与社会变迁[M]. 桂林:广西师范大学出版社,2007:24—38.

按照西方学校制度中所开设的诸多分科课程传授西学知识,并考虑到中国学生及社会的接受度,辅以《三字经》《千字文》、四书五经等中学内容。综而言之,在早期的教会学堂中所开设的西式分科课程大致包括算术、代数、几何、格物、化学、天文学、地理、动物学、植物学、测绘学、航海学、人体解剖学等①。正是借助于这一民间的通道,西式课程及其所隐含的西式知识分类体系,在民间轻松地跨越了民族心理障碍,慢慢地扎下根来。

　　除西方传教士兴办的学堂之外,清政府基于"实用"性需要,在此期间也开办了大量的新式学堂,如1862年设于京师的同文馆、1863年设立的上海同文馆(后改上海广方言馆)、1867年左宗棠创办的福建船政学堂、1878年张焕纶等人在上海创办的正蒙书院、1885年李鸿章创办的天津武备学堂、1887年张之洞创办的水陆师学堂等等。这些应特殊时势之需而创办的新式学堂的一个重要的特征是,在课程设置上它们较多地引入了西式课程,分科讲学的观念也由此逐渐渗透到办学实践和士人心中。与教会在民间创办的义学和书院不同,由上层官绅自觉创办的新式学堂在引入西学时更多的是怀抱一种"解燃眉之急"、"应一时之需"的心态②,因此在很长一段时间内,中国的官绅士人对于"西学"的接纳始终掺杂着复杂的情感。一方面,形式的发展迫使他们不得不正视西学、接纳西学,但另一方面则又深恐西学的浸漫会挤压掉中学的生存空间,甚至危及民族生存之根基。这也是这段时间所办大部分学堂均明确要求学生需兼习中学和西学的原因。于是,西学虽然未获得明确的制度认可,但已经事实性地进驻了各种类型的官办学堂或书院。1896年,翰林院侍讲秦缓章提出一个整顿旧式书院的"六斋分学"方案,称"整顿书院约有三端",首在"定课程";建议借鉴宋代胡瑗所实施的分斋授学方式,将书院课程"分类为六":(1)经学:包括经说、讲义、训话;(2)史学:包括时务;(3)掌故之学:包括洋务、条约、税则;(4)舆地之学:包括测量图绘;(5)算学:包括格致、制造;(6)译学:包括各国语言文字。③ 这一"六斋"分类方案实际上是以传统的知识分类框架为基础和底色,再将西学知识门类融入其中。因其坚持以经、史为六学之首,虽接引了掌故、舆地、算学、译学等西学内容,其核心却又不失传统之体。或许是因其恰好应和了当时官绅士人在接受西学方面的微妙心理,很快便由礼部议覆之后颁行

① 熊月之著. 西学东渐与晚清社会[M]. 上海:上海人民出版社,1994:293.
② 例如,奕䜣奏设同文馆时的直接理由就是:"查与外国交涉事件,必先识其性情。今语言不通,文字难辨,一切隔膜,安望其能妥协!"
③ 舒新城编. 中国近代教育史资料(上册)[M]. 北京:人民教育出版社,1961:71—72.

各省实行,成为清末各级书院改制学堂的标准科目。① 这可能是制度层面上对西学进驻中国教育系统的第一次明确确认。1898 年,清廷谕令各府州县将大小书院"一律改为兼习中学西学之学校"②。至此,西学获得了跻身于国家正式教育体制之内的合法身份,并在全国逐步推广开来。在学堂课程总量有限的情况下,西学势涨必同时引发中学式微。这种状况引起诸多官绅士人的忧虑。在《总理衙门筹议京师大学堂章程》中,士人的这种心理失衡感显露无疑:"近年各省所设学堂,虽名为中西兼习,实则有西而无中,且有西文而无西学。盖由两者之学未能贯通,故偶涉西事之人,辄鄙中学为无用。"③这从一个侧面反映了当时西学在学堂中实际地位的提高,却也从另一个方面反映出了当时的士人心态。值得玩味的是,当时倡行西学极为积极,且因其学术地位而在西学传播扩散方面起到重要作用的梁启超,在西学日盛之时,道出了"今日非西学不兴之为患,而中学将亡之为患"的担忧。这至少部分地说明:当时无论是晚清政府,还是官绅士人,在迫切引入西学时,更多看到的是其"功用性"一面,希望能够借西学以强"身";但从根本上,它们尚未产生以西学来消融中学的意向,倒反而始终希望能够在引入西学的过程中,坚守中学之基以固本培元。

西式分科课程在新兴学校中的扩展,虽然不断引起关于中学与西学孰重孰轻的争议,并因此而引发出关于中学与西学关系的诸多深刻见解,但在学堂设课过程中明确了二者分别设置的原则,且许多士人在内心世界中始终将二者分立审察。因此,尽管从知识分类体系的角度来看西学的知识分类方式得到了认可和接纳,并且为最终取代中国原有的知识框架埋下了伏笔,但对一种学术层面上的知识分类体系的瓦解而言,仅靠"基础教育"层面上的实施是不够的,还必须借助于其他的力量,并使之上升到学

---

① 有学者指出,以今天的观点看,秦氏将"时务"附于史学,将"洋务、条约、税则"附于掌故之学,实在是毫无道理,但这样一个结构怪异的方案之所以赢得清廷中枢和地方精英的共同认可,说明学术转型(乃至文化转型)不可能一蹴而就。这不仅是因为学术与政治之间具有复杂的配置关系,也是因为任何的国际交流都不可能提供一种整体的可以任意移植的文化模式。一种文化要想进入另外一种异质的文化结构并立足其只能以零星的方式渗入,而且必须在异质文化中找到与之相类似的因子,才能在相互磨合中生存下来。秦氏的"六斋分学"方案正是以一种似是而非的形式为西学找到了某种合法性,使之得以在传统的文化网络中找到了自己的位置并成为其有机的组成部分。至于这些散落在整个文化网络中的零星因子在具体操作过程中如何扩展自身的地盘,并最终瓦解原有的文化结构,则是一种未预期的后果,也是秦氏本人所始料未及的。参阅程歊.谈火生.分科设学和清末民初中国的学术转型[J].山西大学学报(哲学社会科学版),2002(2).

② 舒新城编.中国近代教育史资料(上册)[M].北京:人民教育出版社,1961;82.

③ 梁启超.总理衙门筹议京师大学堂章程[A]//朱有瓛主编.中国近代学制史料(第一辑·下册)[M].上海:华东师范大学出版社,1986;656.

术层面的变革方能最终实现。

（三）学制演变与学术分科的初成

中国现代学术分科的形成，与译介西学有着非常紧密的关系，而新式学堂的创建和办学实践也为其奠定了基础。但是，促使"分科"上升到学术层面并得以最终确立以至绵延至今的核心措置却是近现代大学的兴起，以及伴随其中的新式学科体系的创设。

1895 年由盛宣怀创办于天津的北洋西学学堂被认为是近代中国教育史上第一所新式大学，1896 年该校更名为北洋大学堂。该校以美国大学为模式，以"西学体用"为办学方针，全面系统地学习西学。学校的一切设置皆以美国著名学府哈佛、耶鲁大学为蓝图。盛宣怀曾得意地宣称："此外国所谓大学堂也。"开办时学校设有法律、土木工程、采矿冶金、机械工程四科，其后又逐渐增设铁路工程、法文、俄文以及设示范班等。① 北洋大学堂的创设虽以美国大学为蓝图，引进西方学科，但并未见到从制度上对大学学科体系的系统筹划。目前可见的关于大学学科体系的最早构想，为 1896 年孙家鼐为筹建京师大学堂而提出的"十科立学"主张。"一曰天学科，算学附焉；二曰地学科，矿学附焉；三曰道学科，各教源流附焉；四曰政学科，两国政治及律例附焉；五曰文学科，各国语言文字附焉；六曰武学科，水师附焉；七曰农学科，种植水利附焉；八曰工学科，制造格致各学附焉；九曰商学科，轮舟铁路电报附焉；十曰医学科，地产植物各化学附焉。"② 这一分科方案虽未付诸具体实施，却为后来京师大学堂的创建及其学科设置提供了基本格局。1898 年，京师大学堂进入实质性筹建之时，相传出自梁启超之手的《京师大学堂章程》③亦对大学堂的学科设置进行了筹划，提出大学堂课程分为溥通学和专门学两类。前者是"凡学生皆当通习者也"，后者即"每人各占一门者也"。溥通学包括 10 门：经学、理学、中外掌故学、诸子学、初级算学、初级格致学、初级政治学、初级地理学、文学、体操学。专门学亦有 10 门：高等算学、高等格致学、高等政治学、高

---

① 金以林著. 近代中国大学研究[M]. 北京：中央文献出版社，2000：9—13.

② 孙家鼐. 议覆开办京师大学堂[A]//陈学恂主编. 中国近代教育史教学参考资料·上册[M]. 北京：人民教育出版社，1986：431.

③ 《京师大学堂章程》疑为梁启超手笔，有两点可为证：一是称其执笔人为梁启超的是康有为。在《康有为记章程起草经过》中有"枢垣托吾为草章程，吾时召见无暇，命卓如草稿"的记载。"卓如"是梁启超的字。以二人之特殊关系，以及康氏对梁启超的深刻了解，此说可信度较高。二是《京师大学堂章程》与梁启超之前为在湖南长沙所办之时务学堂拟定的《时务学堂学约》在基本思路上如出一辙。在《时务学堂功课详细章程》中功课亦分两种："溥通学"（包括经学、诸子学、公理学、中外史志及格算诸学之粗浅者）和"专门学"（包括公法学、掌故学、格算学）。参阅陈学恂主编. 中国近代教育史教学参考资料·上册[M]. 北京：人民教育出版社，1986：399.

等地理学、农学、矿学、工程学、商学、兵学、卫生学。除此之外，大学堂另设语言文字学5门：英、法、俄、德、日，"凡学生每人自认一种，与溥通学同时并习"①。在这份章程中，中学与西学被做了分别处理，溥通学力求以中学来统西学，而专门学则主要依西学科目设置。可惜的是，在京师大学堂真正开学时②，课程仅设诗、书、礼、易、春秋；后来随着学生人数增多，虽又"别立史学、地理、政治三堂"，但终究与最初之分科立学之章程相去甚远。

戊戌政变后，京师大学堂虽"以萌芽早，得不废"，但终究元气大伤，教学方针和内容设置也发生了重大转变。此后又遭逢战乱侵袭，"大学堂弦诵辍响者年余"。③《辛丑条约》之后，为缓和国内不满情绪，清政府于1901年宣布实行"新政"。为应重开京师大学堂之议，张之洞与刘坤一联名上《变通政治人才为先遵旨筹议折》，在综合英法德日等国大学分科设置的基础上，提出大学分设经学、史学、格致学、政治学、兵学、农学、工学等科目的"七科分学"方案。④ 1902年，清政府正式下令恢复京师大学堂，着吏部尚书张百熙为管学大臣，负责筹办事宜。是年8月张百熙主持拟定《钦定学堂章程》并报清政府批准颁行，这就是所谓的"壬寅学制"。它是"我国第一次以政府名义颁布规定的完整学制"⑤。其中，《钦定京师大学堂章程》模仿日本大学的学科设置，提出对大学进行专门分科，将大学分为七科⑥：政治科、文学科、格致科、农业科、工艺科、商务科、医术科。⑦ 与张之洞一年前提出的"七科分学"方案相比，该方案没有专门设置"经学科"，仅仅在"文学科"中设立"经学"目；分科的总体构架是西式的知识分类系统。然而，由于"中体西用"的思想影响，他的方案受到朝野守旧者的反对。因此，尽管《钦定京师大学堂章程》已经颁布，却并未得以实施。此后张之洞会同荣庆、张百熙奉旨对之重新修定，形成了《奏定学堂章程》，于1904年1月13日由清政府颁布。因其时恰为

---

① 军机大臣，总理衙门. 遵筹开办京师大学堂折(附章程清单)[A]//陈学恂主编. 中国近代教育史教学参考资料·上册[M]. 北京：人民教育出版社，1986.

② 虽经光绪帝一再督责，京师大学堂之开办却是一拖再拖。直到1898年12月，在光绪帝的严令督责之下，京师大学堂方才正式开学。

③ 喻长霖. 京师大学堂沿革略[A]//陈学恂主编. 中国近代教育史教学参考资料·上册[M]. 北京：人民教育出版社，1986：459.

④ 张之洞，刘坤一. 变通政治人才为先遵旨筹议折[A]//朱有瓛主编. 中国近代学制史料(第一辑·下册)[M]. 上海：华东师范大学出版社，1986：773.

⑤ 金以林著. 近代中国大学研究[M]. 北京：中央文献出版社，2000：23.

⑥ 每科下又设目，共计35目。

⑦ 张百熙. 钦定京师大学堂章程[A]//北京大学校史研究室编. 北京大学史料·第一卷1898—1911[M]. 北京：北京大学出版社，1993：87—97.

农历癸卯年,此学制又被称为"癸卯学制",它是中国近代由国家颁布的第一个在全国范围内推行的系统学制。在该学制的《大学堂章程》中,大学的学科设置分为经学、政法、文学、医、格致、农、工、商等8科43门,不仅具体规定了各分科大学所包括的学科门类;而且规定了各学科包括的学术门类,直至细化了各门课程讲授的内容、讲授方法以及每星期讲授各科的时间。① 在大学分科问题上,与《钦定京师大学堂章程》相比,《奏定学堂章程·大学堂章程》又专列经学科,下分周易、尚书、毛诗、春秋左传、春秋三传、周礼、仪礼、礼记、论语、孟子、理学等11门,极大地突出了经学的地位。除此之外,在大学堂分科学习的基础上设通儒院隶属于大学堂,规定只有在经过大学堂分科学习毕业后才可进入。从这两点主要的变动不难解读出一贯主张"中体西用"的张之洞的良苦用心:希望借大学堂之西式学科分类来培养专门人才,但又不放弃"经学"之统领地位,故以经学为首;以通儒院谋求中学西学之相通,要求学子不仅能"发明新理以著成书",能"制造新器以利民用",而且要使"中国学术日有进步"②,其目标是以中学统领并最终消化融汇西学。可以看出,这样的修订一方面充分体现了张之洞"以中学治身心,以西学应世事"的基本原则,另一方面又不致使许多留恋中学的官绅士人感到难堪或难以接受。这一"八科分学"的方案初步奠立了中国近代学术分科的基础,大致划定了近代中国学术的研究范围,成为清末教育改革中最稳定的方案,一直持续了近10年之久。

1912年10月,中华民国教育部颁布了《大学令》,规定:"大学以教授高深学术、养成硕学闳材、应国家需要为宗旨。"大学取消经学科,分为文科、理科、法科、商科、医科、农科、工科等七科。1913年初,教育部公布《大学规程》,对大学各科的门类作了原则性规定:文科分为哲学、文学、历史学、地理学四门;理科分为数学、星学、理论物理学、实验物理学、化学、动物学、植物学、地质学、矿物学九门;法科分为法律学、政治学、经济学三门;商科分银行学、保险学、外国贸易学、领事学、关税仓库学、交通学等六门;医科分医药和药学二门;农科分农学、农艺化学、林学、兽医学等四门;工科分土木工学、机械工学、船用机关学、造船学、造兵学、电气工学、建筑工学、应用化学、火药学、采矿学、冶金学十一门。③《大学令》和《大学规程》的颁布,使得代表中国传统学术的经学制度性地退出了大学学科建制。这无疑可视为中国传统知识分类体系瓦解的重要

① 张之洞等.奏定学堂章程·大学堂章程(附通儒院章程)[A]//北京大学校史研究室编.北京大学史料·第一卷1898—1911[M].北京:北京大学出版社,1993:97—130.

② 同上,1993:97.

③ 朱有瓛主编.中国近代学制史料(第三辑·下册)[M].上海:华东师范大学出版社,1992:3.

标志之一。随着以北京大学为代表的现代大学逐渐探索建立起新的学科体制,以西方学术分科体系为范型而建立起来的新的学科体系,正式在中国大学中扎下根来。

一种外来的新学术分科体系,能否被真正"植入"本土学术脉系,除了学术体制的确认之外,还有一个不容忽视的维度,即这种学术分科体系在本土学术研究中的具体运用情况。事实上,从晚清先觉的官绅士人开始倡导学习西学并自觉地引介西学以来,西方学术分科体系及其所隐含的学术研究的范式,便开始逐渐地向学术研究中渗透。这种渗透的结果,一是越来越多的官绅士人开始接受这种新的学术形态,这使得原本人为构筑起来的心理防线在西学的浸漫下逐渐瓦解,甚至连"举国以为至言"[①]的、一度被奉为接纳西学时之基本准则的"中体西用",也在西学的逐渐浸入中慢慢淡出人们的自觉意识。[②] 二是随着一些现代"学科"的建构,学科性的西方知识系统开始慢慢成为士人思考问题的思想资源和参照系。以至于"近代中国论证现实世界即社会理念合法性的知识学基础,已渐次脱离中国传统的思想资源,转换为物理学、生物学、社会学等现代型知识……可以毫不夸张地说,中国近代思想史上所有重要问题的展开,都受到自16世纪至20世纪之间所接受的学科术语的影响。尤有甚者,上个世纪(指19世纪——引者注)由中国读书人感知、重建和传播的关于'中国之过去'的图景,也同样受到这些目前已被普遍接受的现代学科概念的制约"。[③] "学科术语"、"现代学科概念"等的借用绝不单纯是一种话语现象,在这个现象背后反照出的是当时士人学术研究的思想方法和路向。这种研究路向上的微妙变化,无论是对西方学术体系和研究路向的引入、扎根,还是对中国传统学术的改观,乃至转型,均有着不容忽视的意义。例如,梁启超于1902年开始着手写作《论中国学术思想变迁之大势》时大量使用了西方学术知识和认识方式。它提供的虽然是"对于'中国学术思想'变迁样态的'知识'",但梁氏对于西方的认识/知识,则"构成了他生产这些'知识'的思想原料"。"'中'与'西'的对比参较,固然可以说是这部书的一大特色,更也凸显了梁启超的以'西'释

---

① "中学为体,西学为用"本是由江苏的一个候补道吴之榛在苏州办学的过程中提出的办学宗旨,因张之洞在《劝学篇》里对之进行了非常系统的阐释,后来反而成为张之洞的一个标志性的思想口号。梁启超在《清代学术概论》中指出:"所谓'中学为体,西学为用'者,张之洞最乐道之,而举国以为至言。"参阅朱维铮校注.梁启超论清学史二种[M].上海:复旦大学出版社,1985:79.
② 章清."中体西用"论与中西学术交流——略论"体用"之辩的学科史意义[A]//复旦大学历史学系,复旦大学中外现代化进程研究中心编.中国现代学科的形成[M].上海:上海古籍出版社,2007:209—253.
③ 复旦大学历史学系,复旦大学中外现代化进程研究中心编.中国现代学科的形成[M].上海:上海古籍出版社,2007:编者的话8.

'中'的思想路向"。①对于这样一种学术研究路向，梁启超自己说："近顷悲观者流，见新学小生之吐弃国学，惧国学之从此而消灭。吾不此之惧也。但使外学之输入者果昌，则其间接之影响，必使吾国学别添活气，吾敢断言也。"②而 1905 年刘师培作《周末学术总序》时，尝试打破"以人为主"的传统"学案之体"，提出了"采集诸家之言，依类排列"的宗旨。其所谓"依类"具体指的就是按西学分类，依此分出心理学史、伦理学史、论理学史、社会学史、宗教学史、政法学史、计学（今称经济学）史、兵学史、教育学史、理科学史、哲理学史、术数学史、文字学史、工艺学史、法律学史、文章学史等。③从这一份"学术总序"中，若去掉各"学"之后的"史"字，不难看到：除术数学外，刘氏所"依类排列"的传统学术，其"类"已几乎全按西学分类，其列出的大多数学科今天仍旧存在（有些名词略有改易）。1907 年，他又本着"分科讲授"、"以国学为主"的宗旨，为拟办的国粹学堂起草了《拟国粹学堂学科预算表》，其中设计的学科分类包括有经学、文字学、伦理学、心性学、哲学、宗教学、政法学、实业学、社会学、史学、典制学、考古学、地舆学、历数学、博物学、文章学、音乐学、图画学、书法学、译学、武事学等 21 个学科。这些关于国学分科的尝试或有未必严谨之处，但实已勾画出了后世学科门类的大致框架。时隔30 余年后，黎锦熙在评价刘师培时，针对其按西学学科分类来重构国学体系的这番演绎指出："返观兹篇，其分科之论，容有可商，然固'不废江河万古流'矣。"④一个世纪之后，有学者更进一步指出，自刘师培的这一学术实践开始，"中国学术自此进入基本按西学分类的时代"。⑤以刘师培一人的学术著述作为判断中国学术进入按西学分类时代的标准或有不妥，但不能不说，这样一种研究方式的使用至少部分地说明，西式的学术分科体系已经从学制上的确认，进入了学人的学术研究实践中。今天看来，刘师培这一"以西学阐释诸子学，以诸子学比附西学"的研究方式或许有简单比附的痕迹，⑥

① 潘光哲.画定"国族精神"的疆界：关于梁启超《论中国学术思想变迁之大势》的思考[A]//复旦大学历史系，复旦大学中外现代化进程研究中心编.中国现代学科的形成[M].上海：上海古籍出版社，2007：137.
② 梁启超著.论中国学术思想变迁之大势[M].上海：上海古籍出版社，2001：135—136.
③ 刘师培.周末学术史序[A]//刘师培著.刘申叔先生遗书[M].南京：江苏古籍出版社，1997 年影印本：503—528.
④ 黎锦熙.刘申叔遗书序[A]//黎锦熙著.刘师培全集[M].北京：中央党校出版社，1997：26.
⑤ 罗志田.西学冲击下近代中国学术分科的演变[J].社会科学研究，2003(1).
⑥ 如当代学者姜义华所说，这样一种学术研究思路，在特殊背景下固然有其合理价值，但是简单的比附式转化很容易造成双重"变形"的效应："对于中国传统学术，没有来得及从其自身内部生长出批判和创新的力量，来独立地进行疏浚清理、发展转化；对于西方新学，也没有足够的基础与时间去加以咀嚼、消化、吸收。急迫的形势，驱使他们中间许多人匆匆地将两者简单地加以比附、粘合，结果，造成传统的旧学和舶来的新学双双变了形。"姜义华著.章太炎评传[M].南昌：百花洲文艺出版社，1995：197.

但在学术转型的过程中,恰恰是这样一种"比附式"的研究思路,却发挥了想象不到的效应。"在中国古典学术逐步与西学融合从而迈向现代形态的过程中,……他的'援西入经'和从小学入手接纳西学的方式,即能促使经学分化瓦解,有助于学术转型。"①如果说梁启超和刘师培的学术探索还只是一种个人化的学术实践,尚不足以代表学术转型之大势,那么到20世纪20年代,逐渐孕育萌发并最终演化成"一场全国性学术运动"②的所谓"整理国故",则可视为特殊时代背景下学术共同体自觉运用西式学术分科思路和方法重构中国传统学术的尝试。1919年,在整理国故运动风潮初起的时候,毛子水就表达了鲜明的立场:"怎样的人、用什么方法才可以整理国故呢?我现在敢说,不是曾经抄拾过欧化的人,不是用科学的方法,一定不能整理国故。"③从毛子水的观点不难看出,他所理解的"整理国故",很重要的一方面就是以西方的科学方法和学问路数来重构中国学术架构。这一观点亦得到了整理国故运动中其他重要代表人物的认同。梁启超在《治国学的两条大路》中指出,国学"真算得世界第一个丰富矿穴,从前仅用土法开采,采不出什么来;现在我们懂得西法了,从外国运来许多开矿机器了。这种机器是什么?是科学方法。我们只要把这种方法运用得精密巧妙而且耐烦,自然会将这学术界无尽藏的富源开发出来"。④ 整理国故运动的积极倡导者和践行者胡适亦表达了这样的立场:"第一,方法上,西洋学者研究古学的方法早已影响日本的学术界了,而我们还在冥行索途的时期。我们此时应该虚心采用他们的科学的方法,补救我们没有条理系统的习惯。第二,材料上,欧美日本学术界有无数的成绩可以供我们的参考比较,可以给我们开无数新法门,可以给我们添无数借鉴的镜子。学术的大仇敌是孤陋寡闻;孤陋寡闻的唯一良药是博采参考比较的材料。"⑤整理国故,其最直接的结果或许是接续传统学术,使其在新的学术体制中得以"创造性再生"。但与此同时,其学术史意义更不容忽视:一方面,作为中国现代学术史上的一次重要的学术思潮,它本身即已融入学术史,成为学术史的重要构成;另一方面,它以一种独特的方式,实践性地拆解了横亘在中西学术之间的壁垒,对中国现代学术转型起到了重要的推动作用。诚如中国台湾学者陈以爱所言:"整理国故运动就是在这新旧学术体系的崩解

---

① 李帆著. 刘师培与中西学术[M]. 北京:北京师范大学出版社,2003:189.
② 陈以爱著. 中国现代学术研究机构的兴起——以北大研究所国学门为中心的探讨[M]. 南昌:江西教育出版社,2002:295.
③ 毛子水.《驳〈新潮〉〈国故和科学的精神〉篇》订误[J]. 新潮,1919,2(1).
④ 梁启超. 治国学的两条大路[A]//张品兴主编. 梁启超全集(第7册)[M]. 北京:北京出版社,1999:4067.
⑤ 胡适.《国学季刊》发刊宣言[A]//胡适著. 胡适文存·二集[M]. 合肥:黄山书社,1996:12.

与建立之间,所出现的一场引导传统学术体系向现代转化的学术工作"。① 尽管作为一场运动,"整理国故"仅历时十余年,迄20世纪30年代中期其声势已逐渐衰微,但它对中国现代学术转型、对中国现代学术的建立和发展所产生的影响则已融入了现代学术史之流。1935年,在整理国故运动渐趋平静之时,曾长期担任北大国学门主任的沈兼士总结评价说:"溯民国二十余年间,北京大学之于研究国学,风气凡三变:其始承清季余习,崇尚古文辞;三四年之后,则倡朴学;十年之际,渐渍于科学,骎骎乎进而用实证方法矣。"②此处所谓"风气三变",写的虽是北大,却也正是中国现代学术转型的一个缩影。

发生于特殊历史境遇中的学术体系的转型,由于不仅涉及到学术方向的掖转,更夹缠着诸多的政治因素、文化心理因素,这一转型中充满了各种各样相互抵牾的力量。例如,"中学"与"西学"之争、"新学"与"旧学"之争、"道""器"之争、体用之争,及至后来的"科玄论战"等等,均是特殊时代背景和学术生态中不同学术观点两相抵牾的表现。或许在很多人看来,现代学术转型代表了中国学术发展之大势,因此任何质疑其合理性的思考均不免有"保守"之虞。但若不过度拘泥于进化史观,则不得不说,在一种深刻主张的背面,能够与其相抵牾的力量,理应是另一种同样深刻的思想。正如陈平原所指出的:"在一个急剧转型的时代,两种截然相反的力量,很可能各有其合理性。"③若依此见,则在认可现代中国学术转型之合理性的同时,亦不妨反转过去,在另一种相反的思想中去体悟可能被忽略的合理资源。这样做,其意义不仅在于对学术史有一番新的理解,更重要的是,对一些深刻思想资源的挖掘,对于当今学术发展路向的选择,或许也不无启示。

二、现代大学体制的建立:学术转型的制度性确认

京师大学堂虽然开启了一个新的时代,但事实上,直到清朝灭亡,京师大学堂也没有培养出一名大学本科毕业生。而且,这样一个在多重力量纠葛中"产"下的"大学堂",虽具大学之"名",但自身尚存在着浓厚的传统印迹。例如,在京师大学堂的第一个办学章程中即明确规定,京师大学堂不仅是全国最高学府,也是全国最高教育行政管理机关。这意味着,在一定程度上,它承袭了古代国子监的部分角色和职能。正如

① 陈以爱著.中国现代学术研究机构的兴起——以北大研究所国学门为中心的探讨[M].南昌:江西教育出版社,2002:307.
② 沈兼士.方编清内阁库贮旧档辑刊序[A]//葛信益,启功整理.沈兼士学术论文集[M].北京:中华书局,1986:343.
③ 陈平原著.中国现代学术之建立——以章太炎、胡适之为中心[M].北京:北京大学出版社,2010:12.

加拿大学者许美德所指出的："当时中国既没有真正懂得欧洲大学的精神，也没有认真仿效它的办学模式……1898 年建立的京师大学堂当时在整个教育体制中占据着最高的统治地位，它实际是扮演着教育部的角色。因此，这所大学与其说是一所具有自治权的高校，不如说是一个同以前的翰林院和国子监类似的教育行政机构。"①直到 1905年，清帝在谕立停科举以广学校时也不忘添上一句："总之学堂本古学校之制，其奖励出身亦与科举无异。"这样的制度认可固然有助于打消学堂学生的后顾之忧，消解学堂推广过程中的阻力，从而对中国教育体制顺利地从科举向学校过渡起了很大作用，但是如此一来，所谓的新式学校也难免堕入"利禄之途"。② 由此不难看出现代学术转型过程之艰难，除了因其牵涉太多而负重难行之外，一个很重要的原因是上层决策者对于所谓西方现代教育体制（包括大学体制）的实质尚缺乏深入认识。1912 年，胡适在《非留学篇》中即一针见血地指出，清末创建京师大学堂时所设各分科大学，并非严格意义的大学，充其量可做专科学校。对于这种专科学校，却"亦以大学名，足见吾国人于'大学'之真义尚未洞然也"。③ 就在胡适撰写《非留学篇》的同一年，蔡元培起草的《大学令》对大学的功能、性质、使命、组织等作出新的建构，初步确定了"校—科—门"的体系。"大学"代替"大学堂"；大学须合于下列资格之一：文、理两科并设者；文科兼法、商 2 科者或理科兼医、农、工三科之两科或一科者。《大学令》强调文理二科对其他学科的基础作用，确立了文理二科在大学中的基础地位和主体地位；取消单科大学之名，"科"虽然仍是大学之下的第二级建制，但"科"后不再缀"大学"二字。这一改革虽算不上系统和深入，但已摒弃了"大学堂"中含"工科大学"、"医科大学"这样错乱的格局，这无疑是向现代大学体制的一次迈进。不过，真正奠定现代大学体制的，是蔡元培担任北大校长之后所进行的一系列体制改革。

　　1912 年，京师大学堂改名为北京大学，严复成为北京大学的首任校长。但是，校名的更动并不会自动带来转型性变革。由于其时北大校内山头林立，派系纷繁，仅数月之后严复即黯然离职，北大校长之旅旋告终结。其后，北大像走马灯似的换了三任校长：章士钊、何燏时、胡仁源。虽然蔡元培在就任教育总长时早已宣布取消体现"忠君、尊孔"的封建人伦道德和经史科目，但是由于校长更动频繁，加上在大学治理上并未作出根本性变革，北京大学的师生并没有形成自觉问学的普遍意识，所谓"官僚养成

① ［加］许美德著，许洁英译. 中国大学 1895—1995：一个文化冲突的世纪［M］. 北京：教育科学出版社，2000：64.
② 陈平原. 中国现代学术之建立——以章太炎、胡适之为中心［M］. 北京：北京大学出版社，1998：59.
③ 胡适. 非留学篇［A］//姜义华主编. 胡适学术文集·教育［M］. 北京：中华书局，1998：19.

所"的形象并未改变。例如,1913 年时现代著名学者顾颉刚考入北大预科,他回忆当时的情况时描述道:"学校像个衙门,没有多少学术气氛。有的教师不学无术,一心只想当官;有的教师本身就是北洋政府的官僚,学问不大,架子却不小;有的教师死守本分,不允许有新思想。……一些有钱的学生,带听差、打麻将、吃花酒、捧名角,对读书毫无兴趣。……这样的学校哪能出人才? 只能培养出一批贪官污吏!"①时隔两年之后,冯友兰考入北京大学。他后来回忆说,当时的北京大学虽为"大学",但科举余毒并未清除。"大部分学生和他们的家长们,都还认为上北京大学就是要得到一个'进士出身',为将来做官的正途。当时的北大学生都想着,来上学时为了混一个资格为将来做官做准备。北大无形中是一个官僚养成所。"②也是在 1915 年,一则题为《北京两学堂之怪状》的新闻中写道:"北京大学之腐败笔墨难尽!"③

北京大学形象与基质的彻底改变,乃至中国现代大学体制的建立,是从蔡元培担任北大校长时开始的。1917 年 1 月 4 日,蔡元培正式履任北大校长,并在其后的数年中启动了一系列影响深远的改革。他确立了学术兴国、学术研究至上和兼容并包的核心理念④,并且于 1919 年开始倡导实施了"废门改系"、"废科名"等一系列组织重构与制度建设,及至后来逐渐培育起了大学、学院、学系三级学科建制。他逐渐确立了"教授治校"的原则,有效保障了学术独立;积极倡导建立研究所、学术团体和学术刊物……借助于个人的人格影响力,加上系统的变革设计和有效的推进举措,一系列西方大学理念和相应的学术体制逐渐植入北京大学,并得以扎根、再生,北京大学终于转化成为真正的现代意义上的大学。至此,"中国的高等教育完全走出了'国子监'"。⑤

第二节　学科建制与中国教育学的体制化

一、教育学学科建制的历程

"所谓学科建制,指的是现代知识以学科为标识进行的制度安排。"⑥德国学者阿

① 顾颉刚. 蔡元培先生与五四运动[A]//陈平原,郑勇编. 追忆蔡元培[M]. 北京:中国广播电视出版社,1996:170.
② 冯友兰. 我所认识的蔡孑民先生[A]//陈平原,郑勇编. 追忆蔡元培[M]. 北京:中国广播电视出版社,1996:163.
③ 陈万雄著. 五四新文化的源流[M]. 北京:三联书店,1997:28.
④ 陈洪捷著. 德国古典大学观及其对中国的影响(修订版)[M]. 北京:北京大学出版社,2006:122—132.
⑤ 陈平原著. 中国现代学术之建立——以章太炎、胡适之为中心[M]. 北京:北京大学出版社,1998:14.
⑥ 复旦大学历史学系,复旦大学中外现代化进程研究中心编. 中国现代学科的形成[M]. 上海:上海古籍出版社,2007:编者的话 9.

梅龙(Iwo Amelung)提出,现代物理学诞生的"决定性"事件是19世纪上半叶"人们勾勒出物理学学科的边界,并将物理学确定为高等学术机构中所讲授的独立科目"。①社会学者阎明在研究中国社会学的学科史时也指出:"在近代学术史上,一门学科的发展往往体现在两个方面,或是说,靠两种力量的推动。一是学者个人发表相关的研究成果,二是在高等学校中设立相关科系培养学生,成立专业学会,出版专业期刊等,即所谓学科体制的建设工作。"她进而指出,社会学在中国学术界扎根的最直接体现是"作为一门学科,在高等学校体制中,形成了完整的教学、研究体系"。② 而美国学者埃伦·康德利夫·拉格曼(Ellen Condifle Lagemann)也明确提出,对美国教育研究产生决定性影响的推动力,是19世纪末教育(学)专业在大学中的建立。③ 由这些不同文化背景、不同学科学者的相通性认识不难看出,学科建制是体制设计的首要环节,是实现学科组织实体化、保障学科组织在大学中获得合法地位,从而确定学科组织真正成为大学学科建设核心的关键一步。④

从知识社会学的意义上说,"学科"这个概念在汉语语境中的扎根,及至发展到今天成为学术体制中的重要分析单位,本身就"全息性"地反映了学术体制建设的历程。《牛津英语词典》对discipline一词的解释有四个义项:(1)对门徒或学生实践的教导、教学、教育,也包含求学、学习的意思;(2)特指对门徒教授的课程;(3)教导或教育的一个分支,以及知识学习的一个部门;(4)对学生所进行的智力和道德方面的训练。《现代汉语词典》中对"学科"一词的解释是:(1)按照学问的性质而划分的门类。如自然科学中的物理学、化学等;社会科学中的历史学、经济学等。(2)学校教学的科目。如语文、数学、物理、地理、生物等。⑤《辞海》对"学科"的解释主要也有相似的两层含义:(1)学术的分类。指一定科学领域或一门科学的分支。如自然科学部门中的物理学、生物学;社会科学部门中的史学、教育学等;(2)"教学的科目"的简称,即"科目"。⑥

据沙姆韦(David R. Shumway)与梅瑟-达维多(Ellen Messer-Davidow)的考证,

① [德]阿梅龙.命名物理学:晚清勾划一种近代科学领域轮廓的努力[A]//复旦大学历史学系,复旦大学中外现代化进程研究中心.中国现代学科的形成[M].上海:上海古籍出版社,2007:327.
② 阎明著.一门学科与一个时代:社会学在中国[M].北京:清华大学出版社,2004:7.
③ [美]埃伦·康德利夫·拉格曼著,花海燕等译.一门捉摸不定的科学:困扰不断的教育研究的历史[M].北京:教育科学出版社,2006:1.
④ 宣勇,凌健.大学学科组织化建设:价值与路径[J].教育研究,2009(9).
⑤ 中国社会科学院语言研究所词典编辑室编.现代汉语词典[Z].北京:商务印书馆,1973:1166.
⑥ 辞海编辑委员会编.辞海[Z].上海:上海辞书出版社,2000:1360.

"学科"这一概念最初"源自一印欧字根……希腊文的教学辞 didasko(教)和拉丁文(di)disco(学)均同。古拉丁文 disciplina 一词本身已兼有知识(知识体系)及权力(孩童纪律、军纪)之义。"在乔塞(Chaucer)时代,discipline 指的是各门知识,尤其是医学、法律和神学这些新兴大学里的"高等部门"。但是随着 17、18 世纪科学学会的建构,知识划分史发生了第一次深刻的变革,这次变革的特征是"建制化,却非专业化"。到了 19 世纪,研究型大学的崛起引发了建制上的"第二次革命"。至此,知识生产的专业化和研究者在其学术世界中的"认知排他性"同时得到巩固,现代意义上的"学科"由此诞生。借助这一演化过程,我们也就不难理解盖格(Geiger)的如下论断:"学科首先是一个以具有正当资格的研究者为中心的研究社群。各个体为了利于互相交流和对他们的研究工作设立一定程度的权威标准,组成了这个社群。"①华勒斯坦(Immanuel Wallerstein,也译为沃勒斯坦)在审读了诸多学者关于学科的认识之后提出,所谓学科,同时涵盖三方面内容:首先,学科是学术范畴——即一种类型,这种类型有着明确的研究领域,且这个领域具有某种有争议的或模糊的界限以及某种工人的合理的研究方法。从这个意义上说,学科是社会建构,其源头存在于历史体系的发展中,而其存在实际上是随着时间而变化的。其次,学科也是组织结构,它大致包括大学中以学科命名的"系";特定学科的学位;与学科名相称的职称;作为学科内部学术交流平台的学术刊物;按学科分类的藏书、出版目录以及书店的专架;以学科名称冠名的奖金和专题讲座;冠以学科名称的学者协会等要素。最后,学科是文化。它包括共同的阅历和研究方向;"经典"著作;区别于相邻学科的学术论争;特定的学术风格;独特的陈述模式等等。②

近年来,我国学者也对"学科"这一概念进行了广泛而深入的研讨。例如,孔寒冰认为:从传递知识、教育教学的角度看,学科的含义指的是"教学的科目"(subjects of instruction),即"教"的科目或"学"的科目;从生产知识、学问研究的角度看,学科的含义则是指"学问的分支"(branches of knowledge),即科学的分支或知识的分门别类;从大学教学与研究组织的角度看,学科又可作为学界的或学术的组织单位(units of institution),即从事教学与研究的机构。③鲍嵘指出学科可以从广义和狭义的角度进

---

① [美]华勒斯坦等著,刘健芝等编译.学科·知识·权力[M].北京:三联书店,1999:13—21.

② [美]沃勒斯坦著,王昺等译.知识的不确定性[M].济南:山东大学出版社,2006:104.

③ 孔寒冰.高等学校学术结构重构的动因[A]//胡建雄主编.学科组织创新[M].杭州:浙江大学出版社,2001:243—244.

行划分,认为广义的"学科"是指一般而言的学问分支或学术组织机构;狭义的"学科"是指高等学校利用学问划分来组织教学和研究活动,以实现高校培养人才、发展科学、服务社会之职能的单位。① 万力维则将把学科分为本指、延指和隐指三个方面,并解释道:"学科本指一定历史时期形成的规范化、专门化的知识体系;延指围绕规范化、专门化的知识体系结成的学术组织,它为专门化知识的生产与再生产提供平台;也隐指为实现知识的专门化、规范化,对研究对象与门徒予以规训和控制的权力技术的组合。"② 冯向东认为如果从大学的角度来看学科,"它既是指以知识系统为基础的学科,又指以具体的院系建制为依托的学科(例如某某大学某某学科)。作为前者,它是按知识门类划分的学术体系;作为后者,它是一个组织实体,有自己的机构建制、力量配置、运行机制等。质言之,大学中的学科是高等教育系统中最基本的学术组织(而不只是学术上的分类),是大学各种功能的具体承担者"。与一般意义上的学科相比,大学中的学科有两个特点:(1)大学中的学科呈现出结构性。由于学科门类、发展水平、研究方向、力量配置等方面的差异,学科之间的关联在不同的大学中会具有不同的状态,同一门学科处在不同的学科结构中也可能会有不同的发展结果。(2)大学中的学科只是学科的"亚群体",处在学术系统矩阵结构的"节点"上。一所大学的某个学科只是一个具体的学术群体,相对于其所属的学科共同体而言,是众多亚群体中的一个。科学发展的内在逻辑、科学组织、社会需求和政府干预等各种力量作用于大学的学科,形成一种张力,大学学科的发展就是在这种张力下的动态平衡。③

综合以上分析不难看出,在现代学术体制中,学科已经不单纯是一种知识分类,更是作为一种社会性建制,深嵌于学术体制中,发挥着重要的作用。判断一门学科是否实现了体制化,从外部讲,一个很重要的尺度是看它是否被大学系统所接收,并且在其中建构起较为完备的学科建制;从内部讲,则需判断该学科的专门从业者是否有了清晰的学科分界、"排他性"意识,是否有了明确的学科立场,是否建构起了较为成熟的学科文化。

在世界范围内,教育学的体制化可追溯至18世纪末19世纪初。以往的研究者一般认为康德是"第一个在大学讲授教育学"的人。④ 对此,陈桂生提出了异议:"事实

① 鲍嵘. 学科制度的源起及走向初探[J]. 高等教育研究,2002(4).
② 万力维著. 控制与分等:大学学科制度的权力逻辑[M]. 南京:南京师范大学出版社,2005:28.
③ 冯向东. 张力下的动态平衡:大学中的学科发展机制[J]. 现代大学教育,2002(2).
④ 如日本著名教育学者村井实就认为,康德是在大学里讲授"教育学"的第一人。参阅[日]大河内一男,海后宗臣等著,曲程,迟凤年译. 教育学的理论问题[M]. 北京:教育科学出版社,1984:16.

是：1774 年柯尼斯堡大学根据普鲁士政府的一项专门指令,在德国率先开设教育学讲座,当时规定由哲学教授轮流主讲教育学。该校当时有七位哲学教授,到 1776—1777 年冬季学期,才轮到康德主讲,至于谁首先主讲,尚待查考"。① 对于这一"尚待查考"的问题,肖朗做了非常翔实的考证,提出,德国柯尼斯堡大学早在 1765—1766 学年的冬季学期就曾由林特纳(T. G. Lintner)开设教育学讲座,此后比萨斯基(G. C. Pisanski)也曾于 1770—1771 学年和 1772—1773 学年的冬季学期两度开设教育学讲座;而且,根据当时柯尼斯堡大学发布的《讲义要览》记载,博克(F. S. Bock)教授于 1769 年夏季学期开设的教育学讲座的具体名称为"教师与学问的讲座"。但这一时期开设的教育学讲座沿习中世纪大学的惯例,仍属非正式的私人讲座,并未纳入柯尼斯堡大学教学及课程体系之中。到了 1774 年,随着柯尼斯堡大学教学体制改革的深入,教育学讲座开始由非正式的私人讲座变为正式的公开讲座。最初的公开讲座由包括康德在内的八位哲学教授轮流主讲。第一轮讲课的顺序如下表所示:

表 2.1　1774—1778 学年间柯尼斯堡大学教育学讲座授课表②

教授姓名	主讲讲座及课程	第一论承担教育学讲座的时间
博克	神学	1774—1775 冬季
威鲁纳(J. F. Werner)	辩证法(辩论术)、历史	1775 夏季
丘卜凯(G. D. Kypke)	东方文学	1775—1776 冬季
布克(F. J. Buck)	数学(算术、几何、三角、天文学)	1776 夏季
康德	形而上学、逻辑学	1776—1777 冬季
劳依修(C. D. Reusch)	自然哲学(理论物理学、实验物理学)	1777 夏季
克罗兹菲尔德(J. G. Kreutzfeld)	诗学(拉丁语诗、神话)	1777—1778 冬季
克里斯蒂阿尼(K. A. Christiani)	实践哲学(道德、自然法)	1778 夏季

由上表可见,康德并非第一个在大学讲坛上开设正式的教育学讲座的人。但康德曾先后四次主讲教育学,其讲稿由学生林克(Friedrich Theodor Rink)编订,于 1803 年

① 陈桂生著. 历史的"教育学现象"透视——近代教育学史探索[M]. 北京:人民教育出版社,1998:59.
② 此表系根据肖朗所制的两张表格综合而成。参阅肖朗. 康德与西方大学教育学讲座的开设[J]. 华东师范大学学报(教育科学版),2003(1).

出版,此即行世的《论教育》(über padagogik)一书。① 这本书对德国的教育学传统产生了重要影响。继柯尼斯堡大学开设正式的教育学讲座之后,1779年,特拉普(E. C. Trapp)就任哈勒大学教育学教授,他被认为德国历史上第一位教育学教授。② 有学者就此指出:"在教育学发展史上,真正对教育学理论研究本身发表见解,特拉普当为第一人。后来的赫尔巴特强调教育学的心理学基础、实验教育学者运用实验方法研究教育,其思想来源正是特拉普。"③1790年,柯尼斯堡大学决定聘任沃尔德(S. G. Wald)为教育学讲座专职教授。至此,实行了15年的轮流授课制宣告结束,康德从此不再担任教育学讲座的教学工作。肖朗据此指出,柯尼斯堡大学教育学讲座的改制意味着伴随教育学研究在西方大学的逐步开展,教育学讲座像其他人文社会科学新兴学科的讲座一样开始在西方大学取得了独立的地位,这在很大程度上也标志着教育学在西方学界开始被确认为一门独立的学科。④

　　1806年,"科学教育学的奠基人"⑤赫尔巴特带着明确的学科意识⑥撰成《普通教育学》,这部著作被视为"教育史上第一部具有科学体系的教育学著作"⑦。日本学者村井实认为:"如从教育史的谱系来看,可以说:把教育作为一个近代问题提出来的是洛克,通过批判的、浪漫的优秀文学作品把教育变成了一个强有力的思想体系的人是卢梭,而最后,在卢梭赋予的空想的基础以及裴斯泰洛齐赋予的个人经验的基础之上

① 目前,笔者所知这本书的中译本有两部:一是1926年商务印书馆出版的瞿菊农译《康德教育论》,另一本是赵鹏译《论教育学》。若单从书的题目看,翻译为《论教育学》似乎更确切,但是就书的内容而言,所论均是对教育的思考和认识,其中尤以对道德教育的论述为丰实。因此,以现在人们对教育学著作的认识而言,翻译为《论教育》似乎更符合书的内容。康德的这部行世的教育学著作,对后世产生了很大影响。我国现代著名学者雷通群在《西洋教育通史》中,称康德的教育学说体裁极严整,是近代教育学之祖。
② 陈桂生著. 历史的"教育学现象"透视——近代教育学史探索[M]. 北京:人民教育出版社,1998:60.
③ 王坤庆著. 教育学史论纲[M]. 武汉:湖北教育出版社,2000:89.
④ 肖朗. 康德与西方大学教育学讲座的开设[J]. 华东师范大学学报(教育科学版),2003(1).
⑤ [德]赫尔巴特著,李其龙译. 普通教育学·教育学讲授纲要[M]. 杭州:浙江教育出版社,2002:前言.
⑥ 除了该书的逻辑体系和论述的展开方式这些内在的要素之外,后世教育学者耳熟能详的、赫尔巴特的如下表白也将其明确的教育学学科立场阐述得非常清楚:"假如教育学希望尽可能严格地保持自身的概念,并进而形成独立的思想,从而成为研究范围的中心,而不再有这样的危险:像偏僻的被占领的区域一样受到外人治理,那么情况可能要好得多。任何科学只有当其当其尝试用自己的方式,并与其邻近科学一样有力地说明自己方向的时候,它们之间才能产生取长补短的交流。"参阅[德]赫尔巴特著,李其龙译. 普通教育学·教育学讲授纲要[M]. 杭州:浙江教育出版社,2002:11.
⑦ [德]赫尔巴特著,李其龙译. 普通教育学·教育学讲授纲要[M]. 杭州:浙江教育出版社,2002:前言.

进一步探索其科学的基础,试图把教育研究变成一门独立科学的人,却是赫尔巴特。"①1809年,赫尔巴特接受了柯尼斯堡大学的邀请,继承了康德的哲学讲座。在这个过程中,他提出以柯尼斯堡大学原有的教育学讲座为基础开设教育学研究班"习明纳尔"(seminar)并附设实验学校作为应聘的主要条件。② 1810年,赫尔巴特在柯尼斯堡大学创设教育学研究所并正式招收20名学生③,按照自己的教育理论来培训教师,并创造各种实践的机会。至此我们看到,经过几十年的积淀和有意识的"经营",教育学终于在大学中扎下根来,成为学术体制中的一个构成部分,并且开始了相对系统的教学和研究。在这段历程中,赫尔巴特可以说是一个重要的转折性人物。正因如此,"在很长时间里,人们便把'赫尔巴特理论'和'科学教育理论'作为同义词"。④

二、中国教育学的学科建制

20世纪初期,教育学在中国的发展经历了一个从引进知识、理论,到建构课程,直至进入大学体制逐步完成其学科建制的发展过程。教育学的体制化、学院化发展从根本上改变了教育学知识的生产模式,并且从组织、制度和学术文化等诸多方面确证了教育学作为一门独特学科的存在合理性。在一定意义上,中国的"教育学研究"正是伴随着其体制化、专业化过程而日渐勃兴的。但是,学术的体制化发展在为学术研究提供制度性保障的同时,也逐渐促成了学者"以学术为职业"的特定生存方式,并依循科层制的管理体制,逐渐培植起绩效制的学术评价体制。这在刺激学术效率的同时,也孕伏着割裂学术与生活,片面追求高产出,最终导致"平庸学术"的危险。

(一)知识分科意义上"教育学"的导入

教育学并非中国自生,而是由国外"导入"这一点已经成为中国教育学者的共识。但是,教育学导入中国的起端如何确定,目前存在着三种不同的意见:一种意见认为,西方教育学输入中国是从19世纪末开始的。⑤ 第二种意见认为,1899年日本人剑潭钓徒节译自奥地利学者林度涅尔⑥、并连载于《亚东时报》第7—10号上的《教育学纲

---

① [日]大河内一男、海后宗臣等著,曲程、迟凤年译. 教育学的理论问题[M]. 北京:教育科学出版社,1984:18.
② 肖朗. 康德与西方大学教育学讲座的开设[J]. 华东师范大学学报(教育科学版),2003(1).
③ 陈桂生著. 历史的"教育学现象"透视——近代教育学史探索[M]. 北京:人民教育出版社,1998:354.
④ [德]鲍尔生著,滕大春、滕大生译. 德国教育史[M]. 北京:人民教育出版社,1985:165.
⑤ 蔡振生. 近代译介西方教育的历史考察[J]. 北京师范大学学报(社会科学版),1989(2).
⑥ 今译"林德纳"(G. A. Lindner),奥地利教育学家,赫尔巴特学派新派的代表人物之一。

要》,是目前所见最早的中译教育学文本。[①] 第三种意见认为,教育学导入中国应以王国维译自日本学者立花铣三郎的著作,并于 1901 年连载于《教育世界》上的《教育学》为起端。[②] 笔者认为,判断教育学导入中国的起端,不仅要看哪本以"教育学"命名的书最早"落户"中国,更要看"教育学"作为一门学问,作为一种知识类别,是以什么样的方式"落户"中国,是否得到了引入者甚至时人的接纳,以及对中国教育学的学科建设和发展起着怎样的作用。依此,笔者赞同上述的第三种意见,将 1901 年王国维译介的《教育学》的刊出视为教育学导入中国的开端。做此理解最直接的理由是,在教育学导入中国的过程中,王国维可以说是当之无愧的"开风气之先者"。他和由他担纲主笔的《教育世界》对于西方教育学的导入、传播,对于中国教育学的逐渐成长,发挥着重要的奠基性作用。

《教育世界》是中国最早的教育专业刊物,从 1901 年 5 月创刊到 1908 年停刊,不仅详细译介日本及欧美各国的学制、教育法令、法规、条例、教授方法、各科教科书、教育学、教育史等教育理论,而且广泛涉猎世界著名教育家的思想学说。"在当时中国对西方教育理论的介绍寥若晨星、对西方教育思想的系统深入研究几乎一片空白之际,《教育世界》起到了开拓和先锋的作用",成为"最早向国人较为系统地传播西方教育理论的'窗口'"。[③] 在《教育世界》从创刊发行到停刊的 7 年时间中,王国维一直是主要的

---

① 叶志坚. 中国近代教育学原理的知识演进——以文本为线索[D]. 浙江大学博士论文,2009:10. 在该论文中,作者同时指出,在该《教育学纲要》之后两年,至少还存在一部由留日学生团体"湖北同乡会教育部"的马毓福、黄轸(即黄兴)、余德元、沈明道、汪步扬、纪鸿等人合编的《教育原理》。它来自波多野贞之助的讲义,系这些留日学生"以讲课所受,编纂成书"。在该讲义的版权页上,分别著录了三个版本的时间:"光绪二十七年六月初版"、"光绪二十九年二月再版"、"光绪三十二年四月三版"。如果这条著录信息可靠,那么《教育原理》的初版时间即在 1901 年的 7、8 月间(经查:光绪二十七年六月初一是 1901 年 7 月 16 日,六月廿九是 8 月 13 日),应比立花铣三郎《教育学》的王国维译本的刊载时间(《教育世界》第 9—11 号,1901.9—10)早了大约两个月左右。
② 持此观点的学者较多。如雷尧珠. 试论我国教育学的发展[J]. 华东师范大学学报(教育科学版),1984(2). 瞿葆奎. 两个第一:王国维译、编的〈教育学〉——编辑后记[J]. 教育学报,2008(2). 周谷平. 近代西方教育学在中国的传播及其影响[J]. 华东师范大学学报(教育科学版),1991(3). 叶澜. 二十世纪中国社会科学·教育学卷[M]. 上海:上海人民出版社,2005:10. 侯怀银著. 中国教育学发展问题研究——以 20 世纪上半叶为中心[M]. 太原:山西教育出版社,2008:32. 笔者揣度,之所以将王国维译的《教育学》视为中国导入教育学的开端,一是可能未发现此前有别的教育学译本;二是可能基于王国维的学术影响以及该译本在中国教育学术史上的地位;还有一种情况是虽知此前有别的教育学的中译本,但基于诸多考虑,仍旧以王国维的译本为起端。例如,侯怀银就曾指出,在王国维之前 1899 年《亚东时报》第 7—10 号上就曾登载了日本学者剑潭钓徒节译自奥地利学者林度涅尔的《教育学纲要》,但由于该书是由日本学者译成中文,非国人引进,故以王国维的译本为国人导入教育学的开端。
③ 周谷平著. 近代西方教育理论在中国的传播[M]. 广州:广东教育出版社,1996:41.

撰稿人，并一度接任主编。其间，王国维不仅发表了大量教育论文①，还翻译过立花铣三郎的《教育学》和牧濑五一郎的《教育学教科书》，并且在江苏师范学堂任教期间编著了一本《教育学》②。瞿葆奎曾经指出："在当年，是王国维几乎独自支撑着《教育世界》后期的编务，而且关注教育、拎得起教育学的几乎只他一人。"③基于教育学导入中国的特殊境遇，以及王国维在教育学导入过程中无可替代的贡献，笔者认同由他作为中国教育学的开创者，且以其译介的《教育学》作为教育学导入中国的开端。

知识分科意义上教育学的导入，正处于中国教育将大小书院"一律改为兼习中学西学之学校"的关键时间节点上。由于急切需要大量所谓"新型"教师，自然对作为师资培养之特色课程的教育学产生了急切的需要，这无疑为中国教育学在短时间内得以迅速扩展蔓延提供了良好的环境。由于特殊的背景，教育学几乎在"落户"中国的同时就很快地被引入教师教育体制，与新生的中国师范教育紧密地关联起来，成为师范教育课程体系的重要构成。

（二）课程意义上教育学的广泛开设

晚清时期师范教育的发展为中国教育学的迅速扩展提供了非常好的土壤。梁启超发表于 1896 年的《论师范》一文，也许是中国近现代系统阐述师范教育思想的最早专论。在教育系统面临深刻的转型性变革的境遇中，时年 23 岁的梁启超敏锐地意识到："欲革旧习，兴智学，必以立师范学堂为第一义"，"师范学校立，而群学之基悉定"。更难得的是，梁启超还特别提到，日本师范学校设置有"教育"科。④ 时隔仅一年，盛宣怀在筹建南洋公学时深感"西国学堂必探源于师范"，因此"先设师范院一学堂，延订华洋教习，

---

① 据周谷平统计，仅在《教育世界》后期增设的、指在发表对教育现状和教育理论学说意见和评论的"论说"栏目中，直接署名为王国维的文章就达到 32 篇，占该栏目所刊文章总数的一半以上。这些文章既有对西方哲学、教育理论的引介，又有对中国古代哲学、教育学说的阐述，既有对中国当时教育现状的议论、评价，更表达了王国维自己的教育思想和观点。参阅周谷平著. 近代西方教育理论在中国的传播[M]. 广州：广东教育出版社，1996：43—44.
② 据瞿葆奎考证，该书的刊印时间"当在 1905 年 2 月至 1906 年 1 月期间。最可能为 1905 年"。参阅瞿葆奎. 两个第一：王国维译、编的《教育学》——编辑后记[J]. 教育学报，2008(2).
③ 瞿葆奎. 两个第一：王国维译、编的《教育学》——编辑后记[J]. 教育学报，2008(2).
④ 梁启超. 论师范[A]//朱有瓛主编. 中国近代学制史料（第一辑·下册）[M]. 上海：华东师范大学出版社，1986：980—983. 值得关注的是，由于当时中国尚无专门的"教育学"学问，因此，梁启超对日本师范学校所设之"教育"科目的认识还不够准确。在他看来，"教育"科目，"至其所以为教之道，则微言妙义，略具于《学记》之篇，循而用之，殆庶几矣"。可以看出，他虽已知晓日本师范有"教育"科目，但当时并未意识到需要建立专门的"教育学"这样一门学问，或许更不会想到日后它会成为一个独立的学科建制。但无论如何，梁启超的这一专论，对于中国认识师范教育，并至大力兴办范教育，是具有启蒙意义的。

课以中西各学,以明体达用,勤学善诲为指归"。① 这被视为"我国师范教育的起点"。②

1902 年颁布的《钦定京师大学堂章程》对大学堂之"门目"做了如下规定:"一曰大学院,二曰大学专门分科,三曰大学豫备科。其附设名目:曰仕学馆,曰师范馆。"③"师范馆课程门目表"中规定,"师范馆照原奏招考举贡生监入学肄业,其功课如普通学,而加入教育一门"。可见,"教育(学)"的开设,已经成为师范馆之为师范馆的重要标志。在该《章程》中,并详细规定了师范馆课程"分年表"以及每星期"时刻表"。对四年中教育学课程的主要侧重点作了如下规定:第一年,"教育学,教育宗旨";第二年,"教育学,授教育之原理";第三年,"教育学,教育之原理及学校管理法";第四年,"教育学,实习"。④《钦定高等学堂章程》中规定,"高等学堂应附设师范学堂一所,以造就各处中学堂教员";《钦定中学堂章程》中规定,"中学堂内应附设师范学堂,以造成小学堂教习之人才"。⑤

由于"书院改学校"风潮对师资的渴求,中国的师范教育在起步不久即获得了急速扩张。1902 年前后,除了京师大学堂师范馆之外,全国各地开办的师范学堂已不下十余所。⑥ 如武昌师范学堂、保定师范学堂、成都府师范学堂、贵州公立师范学堂、全闽师范学堂、三江师范学堂、湖南全省师范学堂、山东师范学堂、龙门师范学堂等等,这些师范学堂均开设了教育学课程。⑦

1904 年颁布的《奏定学堂章程》更进一步明确了师范学堂的地位:"办理学堂,首重师范";"师范学堂……为各项学堂之本源,兴学入手之第一义"。⑧ 在《奏定学堂章程》中,"另拟"了《初级师范学堂章程》和《优级师范学堂章程》各一册,"自此我国师范教育有了相对独立的系统,有了比较完备的学制"。⑨ 关于两级师范学堂设置的意义,

---

① 盛宣怀. 筹集商捐开办南洋公学折[A]//舒新城编. 中国近代教育史资料(上册)[M]. 北京:人民教育出版社,1961:153—154.
② 郑金洲,瞿葆奎著. 中国教育学百年[M]. 北京:教育科学出版社,2003:2.
③ 张百熙. 钦定京师大学堂章程[A]//北京大学校史研究室编. 北京大学史料·第一卷 1898—1911[M]. 北京:北京大学出版社,1993:88.
④ 同上,1993:92.
⑤ 璩鑫圭,童富勇,张守智编. 中国近代教育史资料汇编·实业教育 师范教育[M]. 上海:上海教育出版社,1994:564.
⑥ 田正平主编. 中国教育史研究·近代史分卷[M]. 上海:华东师范大学出版社,2001:180.
⑦ 郑金洲,瞿葆奎著. 中国教育学百年[M]. 北京:教育科学出版社,2003:4.
⑧ 张之洞等. 奏定学堂章程[A]//陈学恂主编. 中国近代教育史教学参考资料·上册[M]. 北京:人民教育出版社,1986:530,532.
⑨ 郑金洲,瞿葆奎著. 中国教育学百年[M]. 北京:教育科学出版社,2003:5.

《奏定学堂章程·学务纲要》作了如下说明:"学堂必须有师。此时大学堂、高等学堂、省城之普通学堂,犹可聘东西各国教员为师。若各州县小学堂及外府中学堂,安能聘许多之外国教员乎? 此时惟有急设各师范学堂,初级师范以教初等小学及高等小学之学生,优级师范以教中学堂之学生及初级师范学堂之师范生……"[1]初级师范学堂(完全科)规定学习 5 年,课程设置上每年都需学习"教育学",优级师范学堂分为四类:(1)以中国文学、外国语为主;(2)以地理、历史为主;(3)以算学、物理学、化学为主;(4)以植物、动物、矿物、生理学为主。辨学、心理学独立设置。规定第二、三年开设教育学。两级师范学堂各自所设立"教育学"课程如下表所示:

表 2.2　1904 年《奏定学堂章程》规定的两级师范学堂"教育学"课程[2]

学堂级别	"教育学"课程
初级师范学堂	教育史;教育原理(含心理学大要,现行教育宗旨,德育智育要义);辨学大要、教授法大要;教育法令;学校管理法;实事授业(即实习)
优级师范学堂	教育理论;教育史;教授法;学校卫生;教育法令;教授实事练习(即实习)

除两级师范学堂外,《奏定学堂章程》的《大学堂章程》还将"教育学"渗透进其它分科大学的课程设置中。例如,在"经学科大学"的"周易学门科目"中,主课设"中国教育史"课程,并详述"上海近有《中国教育史》刻本,宜斟酌采用;外国教育史日本有书可译用"。在"政法科大学"的"政治学门"中,主课亦设"教育学";在"文学科大学"的英、法、俄、德、日"文学门"中,"补助课"均设"教育学";"文学科大学"的"中国史学门"、"万国史学门"和"中国文学门"中,列"教育学"为"随意科目"。[3] 作为近代第一个正式推行的学制,《奏定学堂章程》的颁布施行,极大地推动了师范教育的发展。一时之间,创建师范学堂,几乎成为举国公认的要务。1904 年的《时报》曾发文指出:"今日中国之言革新者,不论保守党、进步党、急激党,莫不公认教育为当今唯一之问题矣。即教育而论,不论官立学堂、民立学堂,莫不公认师范为当今唯一之急务矣。"[4]

与师范教育的这种急速扩张相适应,教育学课程在各类师范学堂里得到了广泛开

① 张之洞等.奏定学堂章程·学务纲要[A]//陈学恂主编.中国近代教育史教学参考资料·上册[M].北京:人民教育出版社,1986:533.

② 陈志科著.留美生与中国教育学[M].天津:南开大学出版社,2009:92.

③ 梁启超.秦理衙门筹议京师大学堂章程[A]//北京大学校史研究室编.北京大学史料·第一卷 1898—1911[M].北京:北京大学出版社,1993:98—109.

④《时报》.论中国成就师范之难[A]//朱有瓛主编.中国近代学制史料(第二辑·下册)[M].上海:华东师范大学出版社,1989:275.

设;而教育学课程的广泛开设,对教育学教材提出了急切的要求。如何"多快好省"地推出大量的教育学类教材,遂成为迫切问题。于是,借道日本,急速翻译、编纂、引进各种版本的教育学讲义、教材,成为人们所能够想到的最直接的解决办法。之所以选择借道日本,实有多重考虑。如康有为称"日本之书,为我义字者十之八"。① 张之洞在《劝学篇》中指出:"学西文者,效迟而用博,为少年未仕者计也。译西书者,功近而效速为中年已仕者计也。若学东洋文、译东洋书则速而又速者也,是故从洋师不如通洋文,译西书不如译东书。"梁启超在《大同译书局叙例》中表达了对"译书"的迫切心情:"译书真今日之急图哉。天下识时之士,日日论变法……今不速译书,则所谓变法者,尽成空言。"②为此,梁启超以翻译日文为易事,大力主张经日本来了解"天下之事"。他在1899年所撰《论学日本文之益》中称:"学英文者经五六年始成,其初学成也尚多窒碍,犹未必能读其政治学、资生学、智学、群学等之书也。而学日本文者,一年可成。作日本文者,数日而小成,数月而大成。日本之学,已尽我所有矣,天下之事,孰有快于此者。"③"急用"催生"急译",应"急用"、求"速达"成为当时译书的最直接动机。就教育学而言,在这一动机的驱动之下,固然制造出了学术上一时之"繁荣"景象,从而为中国教育学的创建积累了必要的知识基础,奠定了学术根基;但另一方面,正如有学者所指出的,由于引进之急切,自然良莠不分,食洋不化,并有部分出版机构夹杂过重之商业利益而运营,导致日文中译对人才水平要求过度宽松,造成"翻译内容不具,种类繁多,日文中译事业总体上表现出一定的混乱性局面"。④ 就连极力倡导借道日本译介书籍的梁启超,对后来出现的风起云涌的译介图景亦开始反思,并作了如下自我批评:"壬寅、癸卯间,译述之业特盛,定期出版之杂志不下数十种。日本每一新书出,译者动数家。新思想之输入,如火如荼矣。然皆所谓'梁启超式'的输入,无组织,无选择,本末不具,派别不明,惟以多为贵,而社会亦欢迎之。盖如久处灾区之民,草根木皮,冻雀腐鼠,罔不甘之,朵颐大嚼,其能消化与否不问,能无召病与否更不问也,而亦实无卫生良品足以为代。"⑤不过,在看到这种基于"急用"心态和现实基础上的"急译"之风弊端的同时,不能不承认,在当时的背景下,这种所谓"梁启超式"的输入有其独特的合理性。

① 康有为. 广译日本书设立京师译书局摺[A]//张静庐辑注. 中国出版史料补编[M]. 北京:中华书局,1957:48.
② 梁启超. 大同译书局叙例[A]//张静庐辑注. 中国出版史料补编[M]. 北京:中华书局,1957:52.
③ 梁启超. 论学日本文之益[A]//梁启超著. 饮冰室合集(文集之四)[M]. 北京:中华书局 1989年影印本:81.
④ 孙建国. 清末民初日文中译与转贩西学问题研究[J]. 河南大学学报(社会科学版),2001(6).
⑤ 梁启超. 饮冰室合集(专集之三十四)[M]. 北京:中华书局,1989:67.

它不仅有效缓解了学堂兴建时期对课程和教材的急迫需要,更初步晕染出了中国现代学术的底色。对于教育学的发展而言,这种"底色"的影响有双重性:其一,在借道日本大量译介教育学讲义、教材和著作的过程中,西式的"教育学"这样一门学问(学术)逐渐进入中国,并得到越来越多的接受。在译介、引入的同时,不仅译介者本人,而且其他的学者,也开始在借鉴吸收的基础上加入自己的理解,从而使教育学理论建设中自主性思考的因素逐渐增多。例如,1904 年《教育世界》在 69 号上刊出了《本报改章广告》,明确提出"除选译东西各书外,增入本社所自编撰者,以餍阅者之目焉"。秉持这一宗旨,《教育世界》从前三年的译文一统天下,转而增加了自撰编的各类作品;即便是译介外国教育理论学说,也从过去的直译,转而增加了许多经过作者研读后编译的内容。"这表明我国教育界在引进、汲取外来教育理论方面,上了一个新台阶。"①再如,就目前所知,在 1914 年教育学作为学科跻身大学之前,国人译编、改编、自编的可称为"普通教育学"的著作已有十几部之多。② 这些早期的尝试、探索和积累为中国教育学的学科建设奠定了最早的基石。从这点来说,这种"多快好省"地借道日本导入教育学的路径,对短期内中国教育学的迅速"植入"发挥了重要的作用。其二,为应一时之需,教育学在中国从一开始就采取了"与传统中断"和"全盘引进"的方式。这种方式不仅体现为教育学的知识系统方面,甚至连构成知识系统的基本术语以及由此构成的学术思维方式和表达方式,都不可避免地烙上了日本的痕迹。这意味着,中国在逐渐建立起作为学科的"教育学"的同时,"其代价是同时开始了近代教育学在中国却与中国教育思想中断、与中国传统文化分裂的历史"。由此带来的持久性消极影响是"中国教育学科的发展离'根'离'土',长期未构筑起自己的'家园',长期地保留着'舶来品'这一从降生之日就带有的'胎记'"。③ 由此不难看出,长期困扰中国教育学发展的"中外关系"问题,从教育学"降临"中国的时候,就已经埋下了伏笔。

(三) 学科建制意义上教育学的建立

由于教育学知识(教材、讲义、著作等)的导入和逐渐扎根适逢中国现代学术转型的关键节点,兼之满足了兴办师范学堂对教育学教材的急迫需要,这一新的知识分科

① 周谷平著. 近代西方教育理论在中国的传播[M]. 广州:广东教育出版社,1996:46.
② 参阅周谷平著. 近代西方教育理论在中国的传播[M]. 广州:广东教育出版社,1996:21—23. 陈学恂主编. 中国近代教育史教学参考资料·上册[M]. 北京:人民教育出版社,1986.684—685. 雷尧珠. 试论我国教育学的发展[J]. 华东师范大学学报(教育科学版),1984(2). 侯怀银著. 中国教育学发展问题研究——以 20 世纪上半叶为中心[M]. 太原:山西教育出版社,2008.
③ 叶澜主编. 二十世纪中国社会科学·教育学卷[M]. 上海:上海人民出版社,2005:20.

形式比较容易得到了国人的接纳。这为教育学最终跻身大学,完成其学科建制积累了知识,奠定了观念基础。

在中国,教育学最先进入大学学科体系,是从教会大学开始的。19 世纪末 20 世纪初,较早觉醒要设立专门的教育学科的教会大学,将创办教育学科与传教事业联系在一起。到 20 世纪初,随着中国教会学校逐步走向专门化、正规化,大量教会中学和小学的出现需要大批师资,传教士接受教育学科的专业培训将有助于基督教的传播这一点已在传教士中逐渐成为共识。因此,教会大学开设教育学科已被提到议事日程上来。① 作为南京大学前身之一的金陵大学在 1912 年即创设了师范专科,1914 年改建为教育系,下分教育学、心理学、图书馆学 3 组。② 这是笔者查阅到的中国大学中最早设立的教育学科建制。后来,教育部视察金陵大学时,认为"文科内容既欠充实,组织复多凌乱","各组中所有科目如国文、英文等,均应改为系",于是金陵大学遂撤组,改科目为系,设国文、英文、历史、哲学、社会学、政治学、经济学、教育学等系。③ 1915 年,北京高等师范学校在本科专业中增设"教育专攻科",招收中学毕业生或同等学历者,四年毕业。课程内容以学德国教育学说为主,科目以德语及教育理论为主,希望毕业生既可做德语教员,又可以做教育学教员。④ 由此我们至少能够解读出两层意义:其一,在 20 世纪最初的近 20 年时间里,对中国影响最大的是德国的教育学说。这一方面与德国教育学说,尤其是赫尔巴特学派的教育学说彼时在世界范围内的广泛影响有关;另一方面则与日本有意识地从仪型英美转向模仿德国,全面学习赫尔巴特学派的教育理论,特别是其道德教育理论和教授论(其中又尤其看重五段教学法)⑤,而中国

① 肖朗,项建英.学术史视野中的近代中国大学教育学科[J].社会科学战线,2009(9).
② 张宪文主编.金陵大学史[M].南京:南京大学出版社,2002:123.
③ 王德滋主编.南京大学百年史[M].南京:南京大学出版社,2002:579.
④ 北京师范大学校史编组编.北京师范大学校史(1902—1982)[M].北京:北京师范大学出版社,1984:23—24.陈志科认为,北京高等师范学校的"教育专攻科",是我国高等学校设置教育学科的开始。参阅陈志科著.留美生与中国教育学[M].天津:南开大学出版社,2009:100.
⑤ 日本盛行赫尔巴特教育学说是在 19 世纪 80 年代。为了贯彻明治天皇《教育敕语》的精神,日本教育界由最初仪型英美转向了模仿德国。日本教育崇尚赫尔巴特学说主要有两个方面:首先,赫尔巴特的道德教育论与日本大兴儒学的内质相一致,而且又带有近代哲学的新意,对日本教育走上日本化道路十分吻合。其次,日本教育界对赫尔巴特的教授论,特别是五段教授法如获至宝。立花铣三郎所著《教育学讲义》的许多基本观点都来自赫尔巴特的教育学。汤本武比古所著《教授学》则是专门论述赫尔巴特学派教授论的著作,其中特别强调五段教授法、教育性教学、多方面兴趣等。参阅王炳照、阎国华主编.中国教育思想通史[M].长沙:湖南教育出版社,1994:449.与中国最初导入教育学的初衷有着相通性,19 世纪末期日本学者对赫尔巴特教育学的吸收,也有着比较强烈的"实用"色彩。

又借道日本导入教育学理论有着密切的关系。其二,对教育学的关注,已经不再仅仅定位于培养"懂教育"的教师,而是考虑到了培养"教育学教员"的需要。当一个学科开始着眼于培育专门的后继者时,至少意味着该学科已经有了相对明晰的学科观念。1917 年,武昌高等师范学校设置教育补修科,"系为已充中小学校之教员,缺乏教育学术者而设"。① 1918 年,由于深感"教育已成一种专门科学,非造就此种专门人才,不足以促教育之进步"②,南京高等师范学校决定设立教育专修科,由教务主任陶行知兼科主任。③ 1920 年,北京大学将文、理、法三科改组为五"部",第一部包括数学系、物理系、天文系;第二部包括化学系、地质系、生物系;第三部包括心理系、哲学系、教育系;第四部包括中国语言文学系、英国语言文学系、法国语言文学系、德国语言文学系,以及将要设置的其他国家语言文学系;第五部包括经济系、政治系、法律系、史地系。在这一新的学科体系中,教育系也已经单独建制。同年,北京高等师范学校经教育部核准,开办教育研究科,以教授高深教育学术,养成教育界专门人才为宗旨,招收高师和专门学校毕业生及大学三年级学生,学制两年。开设教育原理、教育史、教育制度、教授法等课程。1922 年 4 月 3 日,第一期学生毕业,常道直等成为我国首批被授予教育学士学位的毕业生。④ 在第一次授教育学士学位典礼上,北高师校长在发言中提到,教育研究科的宗旨是为社会造成教育学术专门人才及教育领袖。由此可见,到 20 世纪 20 年代,教育学科的专业层次已有明显提高;培养专门人才,提升学科专业水平,在部分开设教育学科的高等学校中,已经成为一种自觉的追求。

至 20 世纪 20 年代中晚期至 30 年代初,教育系科在一些大学的师范学院或文学院逐步设立。以机构建设,主要是高校教育学系建立为主要内容的教育学学科化、专业化得到了真正发展。⑤ 教育学已经正式进驻学术体制内部,实现了自身的体制化。

① 教育公报[Z]. 1919(2).
② 朱有瓛主编. 中国近代学制史料(第三辑·下册)[M]. 上海:华东师范大学出版社,1992:650.
③ 朱斐主编. 东南大学史(第一卷)[M]. 南京:东南大学出版社,1991:57.
④ 侯怀银著. 中国教育学发展问题研究——以 20 世纪上半叶为中心[M]. 太原:山西教育出版社,2008:223.
⑤ 陈志科著. 留美生与中国教育学[M]. 天津:南开大学出版社,2009:100.

第三章 作为学术"公众论题"的"体制化问题"

美国社会学家米尔斯(C. Wright Mills)在分析社会科学的"科层制气质"时,曾提醒社会科学研究者:"如果我们想了解在文化与学术研究的某个领域中有什么进展,就必须理解这一领域直接所处的社会情境。"①对于学者来说,除了一般性地"理解这一领域直接所处的社会情境",恐怕还有一个与生存直接相关的、焦点性的问题,即把握自己所处时代的学术"气质"。这样做绝不单纯是为了让自己的学术实践更好地迎合这一"气质",毋宁说,只有在对他者以及自我所处的小生态和大生态有清晰把握的基础上,才能更好地明确自我的定位,也才能更好地确立自己学术研究的方向,自觉地把握自我生存。从这个角度说,身处当代的每一个学者(当然包括教育学者),在他自觉地选择进入学术体制,成为一个职业化学者时,也就同时意味着他与体制之间形成了一种无法剥离的关系。到今天,社会生活中体制的力量已变得越来越强大,"体制化问题"已经成为每一个身处其中的人都不得不面对的切身问题。当体制的存在成为个人生存的基础,个人与体制之间的关系便同时展现出双面性:一方面是个人成长的过程即是对体制的适应,只有很好地适应体制的要求,将体制的价值观、规则甚至信仰体系等内化吸收,并以此来改造自我的日常实践,个人才能在体制中找到自己恰切的位置,并且得以在体制中正常地生存。但另一方面,每个人在体制中作为一个独立的个体而思考、判断、选择、行动时,他与体制之间不可能完全没有冲突,冲突是不可避免的。于是,个体与体制之间的博弈,构成了个体在体制中求得个性化生存的基本路径。完全地认同体制,甚至主动地迎合体制而"加工"自己的灵魂,塑造个人的人格,必然导致创

---

① [美]C·赖特·米尔斯著,陈强,张永强译. 社会学的想象力[M]. 北京:三联书店,2001:115.

造力的衰减和个性的湮灭①；但若完全无视体制的存在而一味突出个体的独特性和价值诉求，轻则利益受损，重则可能成为个人价值的"殉道者"。正是在这样的意义上，米尔斯的下述忠告是值得记取的："个人只有通过置身于所处的时代之中，才能理解自己的经历并把握自身的命运，他只有变得知晓他所身处的环境中所有个人的生活机遇，才能明了他自己的生活机遇。"②德国哲学家马克斯·舍勒（Max Scheler）在分析"现代性问题"时曾经指出，一个社会精神气质的形成，并不仅仅体现为社会文化的转变，环境、制度、艺术的基本概念及形式的转变，不仅是知识事务的转变，它更根本的体现是人本身的转变，是人的身体、欲动、心灵和精神的内在构造本身的转变；不仅是人的实际生存的转变，更是人的"生存标尺"的转变。③而人的"生存标尺"，反映着人内在的价值观，触及的是社会的深层结构。在今天，体制化进程的加速，体制的不断分化、精致化，已经从根本上改变了身处其中的几乎每个人的"生存标尺"，作为其构成部分的学术体制，也成为几乎每一个学者不得不面对的生存论课题。那么，学术体制对于学术研究究竟会产生怎样的影响，其产生作用的动力机制是什么？这是我们思考"体制化问题"时无法逃避的问题。

第一节　体制对学术研究的影响

对于学术而言，学术体制的建立和日渐精细化，可谓一把"双刃剑"。一方面，体制对于学术研究具有制度保障作用，有效地保护知识生产、传播不受外力的粗暴干预。这不仅为学者提供了基本的生存基础从而满足从业者基本的心理安全感，而且通过一系列相关资源和平台的建设，促进了学术思想的交流和资源的共享，使理性的沟通更为有效，从而促进对问题研究的深入，这对学术研究而言无疑是非常重要的。④但另一方面，由于体制的"非人格性"特征，它虽然可能在一定时段、一定程度上极大地激发

---

① 刘铁芳.体制化时代的教育和教育研究[J].湖南师范大学教育科学学报,2006(5).

② [美]C·赖特·米尔斯著,陈强、张永强译.社会学的想象力[M].北京:三联书店,2001:4.

③ 刘小枫著.现代性社会理论绪论[M].上海:上海三联书店,1998:19.

④ 例如,英国学者比彻和特罗勒尔等曾指出:"学术研究最根本的就是交流","因为知识的提升(主要的认知因素)和声誉的树立(主要的社会因素)都必然依赖交流。参阅[英]托尼·比彻、[英]保罗·特罗勒尔著,唐跃勤等译.学术部落及其领地:知识探索与学科文化[M].北京:北京大学出版社,2008:110.美国社会学家默顿(Robert King Merton)在重要著作中将科学技术的兴起与英国社会变化相结合,提出:科学家彼此之间的会面、通信及期刊的出版,为其提供了思想交流机会,因而有助于创造性研究的出现。参阅[美]默顿著,范岱年等译.十七世纪英国的科学、技术与社会[M].北京:商务印书馆,2000.

出学者的知识生产欲望,但却未必是激发学者创造力,提升研究品质的最有效方式。事实上,今天身处学术体制内外的人均已越来越多地感受到,在一个体制化和专业化的时代,不仅各种组织机构被纳入体制的轨道,而且知识以及知识的生产过程也逐渐显现出体制化和技术化特征。在专业化、科层化日趋精细的制度中,学者的批判意识、公共视野正逐步丧失,他们越来越受制于狭隘的知识领域,失去了对公共问题的把握,也放弃了他们对社会公众本该具有的责任担当。更有甚者,为了片面迎合体制的需求不惜铤而走险,制造出形形色色的"学术失范"现象。马克斯·韦伯早就指出,随着世界的脱魅化和理性化,学术也理智化和理性化了,它不再是"通往真实艺术"之路、"通往自然"之路、"通往神"之路,亦不再是"幸福之路"。① 体制化的学术造就的知识分子可能是"没有精神的专家"。正因如此,学术的体制化进程,在现代社会的社会结构和文化价值之间制造出了难解的冲突。

一、职业化:学者生存方式的转变

德国学者、知识社会学的奠基人卡尔·曼海姆(Karl Mannheim)通过对知识分子生活史的考察,对知识分子做了三种类型的划分:第一种是职业(vocational)知识分子,他们往往将自己的一生固着在某一特定的职业上;第二种是闲暇(leisure-time)知识分子,他们赖以谋生的职业与其闲暇时的追求没有关系,尽管这种追求可能会有补偿的特征;第三种可以称之为短暂阶段(passing phase)的知识分子,即在职业尚未定向阶段,常常会经历对超出其职业利益的问题的关注,而在经过这段狂飙突进的时期后,这些倾向常常会淡化,从而安定于某一职业之中。② 根据曼海姆的分类框架不难看出,在学术研究实现了体制化之后,体制中的学者群体便成为"职业知识分子"。他们的学术活动并非一种闲暇时的消遣,更不是偶尔心血来潮时的短暂关注或激情宣泄。学术研究的"入制"过程,也是学者的研究实践与其他社会实践日渐分化并实现制度化的过程。"制度化的一个根本特征,从政治学的意义上说是权利的固定化,从社会学的意义上说是职能的固定化。"这一职能的固定化具体体现为,在职业化的学术研究中,"他只承担研究的职责,从其研究的兴趣、兴奋中心出发,去思考和研究问题;并往

---

① [德]马克斯·韦伯著,钱永祥等译.韦伯作品集 I:学术与政治[M].桂林:广西师范大学出版社,2004.
　172—173.
② [德]卡尔·曼海姆著,徐彬译.卡尔·曼海姆精粹[M].南京:南京大学出版社,2002:225—226.

往孤立地、理想化地研究问题的某一方面,从而提供具有确定性的成果或指导原则。"①对于体制中的学者而言,从事学术研究不只是他们的"份内之事",研究成果的丰硕与否将直接决定他们的学术声望和职业地位。虽然相当多的学者都不放弃批判现实、改造实践的情怀,但是无论是主动选择还是被动接受,只要进入体制,学者便不可能在完全不考虑职业利益的情况下从事知识生产。至于这种生产过程是否充分考虑了实践的需要和生活的现实,是否真的具有知识创新价值,随着体制的演变,倒反而越来越远离学者自我关注的最核心位置。换言之,职业化的生存方式和相关的研究立场,使得相当多的研究者将学术研究作为获取文化资本以谋求职业发展的途径,而研究成果的实践有效性则在一定程度上遭到放逐。若从这个意义上来解读学术与生活、理论与实践之间的关系,我们或可得出这样的结论:当学术研究与其他社会实践相分离,并且这种分工获得了制度认可之后,从总体格局上说,学术与生活、理论与实践之间的关系必然会发生改变。从西方的学术源流看,这意味着,源自古希腊亚里士多德思想体系的所谓理论知识与实践知识之间的"尊卑"之别,②在体制化的学术框架中,已经逐渐转化成了制度性的阻隔。由于消除了尊卑差异,二者之间的距离看起来是近了;但是由于中间横亘了一道制度边界,并且经由制度的精心设计又增添了重重阻隔,事实上,二者之间的沟壑反而更深了。而从中国的文化传统来看,则是中国传统士人学术关怀中学术与生活、生命圆融统一的所谓"生命的学问"③遭到了破坏。即便有的学者依然不愿放弃这一学术情怀,但因此而遭遇的内外交困的心境和处境,在深刻性上可能犹有甚之。

嵌入体制的学术研究,已不单纯是一种纯粹的个体心智活动,而是越来越多地加入了社会性因素,构筑起一个复杂的制度规范网络。学科体制的建立,在很大程度上为学术的从业者提供了相对安全和稳定的生存基础和研究环境。但是,与松散的个人化的学术研究相比,职业化必然意味着一系列相关的职业伦理规范,以及学术评价要求。在一个日渐科层化的社会体系中,这些规范和要求并不是以个体的需求作为核心

---

① 唐莹著. 元教育学:西方教育学认识论剪影[M]. 北京:人民教育出版社,2002:454.

② 在亚里士多德那里,"理论"与"实践"的区别是两种不同活动以及相应生活方式的区别,或者说是人生存在两个不同方面的区别。"理论"(沉思)是一种超然物外的特殊生活方式。由于它必以闲暇为前提,不假外求,以自身为目的,因此它天生地具有了尊贵的气质。进行理论思考,也就是要远离各种世俗活动,保持一种非介入式的旁观者姿态,让灵魂不受身体的羁绊,尽其可能地向上飞升,去接近永恒真理,接近神意和不朽。

③ 牟宗三著. 生命的学问[M]. 桂林:广西师范大学出版社,2005:30—35.

参照系的，相反，体制、制度的建立本身，很大程度上体现着"非人格性"特征。当职业要求与学者个体的学术旨趣发生抵牾时，必然会带来所谓"职业"与"志业"的冲突。我国著名学者吴宓曾对职业和志业的区别作过非常精妙的阐释："职业者，在社会中为他人或机关而作事，藉得薪俸或佣资，以为谋生糊口之计，仰事俯蓄之需，其事不必为吾之所愿为，亦非即用吾之所长。然为之者，则缘境遇之推移，机会之偶然。志业者，为自己而作，毫无报酬，其事必为吾之所极乐为，能尽用吾之所长，他人为之未必及我。而所以为此者，则由一己坚决之志愿，百折不挠之热诚毅力，纵牺牲极巨，阻难至多，仍必为之无懈。故职业与志业截然不同，职业较普遍，志业甚特别。职业几于社会中人人有之，志业则仅少数异俗奇特之人有之。有职业者不必有志业，而有志业者仍不得不有职业。职业之功效有定，而见于当时，志业之功效无限，而显于后世。职业平淡而必有报酬，志业难苦而常有精神之乐趣，皆二者之异也。职业与志业合一，乃人生最幸之事。然而不易数觏，所谓达者即此也。有志业者，其十之九，须以职业之外另求之，二者分离所谓空者即此也。"[①]在中国传统士人中固然亦难免有借着述度日者，然总体而言，由于强调道德文章合一，强调内在于生命的学问，[②]职业与志业可谓须臾不离。但是，当学术逐渐地转变为因体制而存在，为体制而存在时，职业与志业之间的紧张关系便几乎是难以避免的了。更重要的是，职业与志业的紧张关系凸显出的并不仅仅是学者个人内在的困惑，它透射出的是更为严峻的问题。

第一，生存方式上的职业化，最直接的后果是学术研究与日常生活世界的"分化"[③]，由此可能带来的影响是学者对日常生活世界敏感性的降低。早在古希腊时代，柏拉图笔下的苏格拉底就以其哲人的智慧预言了这种学术境遇的发生。只不过，引起苏格拉底警觉的不是体制，而是文字。在《斐德罗篇》中，苏格拉底讲述了一个所谓的塞乌斯神话：塞乌斯是居住在埃及瑙克拉提附近的一个发明神。他发明了数目，算术，

---

① 吴宓. 我之人生观[J]. 学衡，1923(4).

② 例如，哲学家牟宗三曾说过，那些"就如秋风扫落叶一样，根本没有沾到我的身上来，沾到我的生命上来"的学问，那些"不能够在你的一生中占满了你的生命"的学问，算不上"生命的学问"，那些真正的生命的学问，应该落到一个人生命的核心处，应该占满一个人的生命。参阅牟宗三著. 生命的学问[M]. 桂林：广西师范大学出版社，2005：102—104.

③ 笔者在这里选择使用"分化"一词，而没有借用许多学者所强调的"隔离"、"割裂"等词汇，是为了强调一点：学术的体制化，在社会学意义上确实造成了分工以及各自职能上的分化，但这种分工和分化并不必然带来"隔离"或"割裂"等效应。现实中这些效应的发生，是在学者参与建构的基础上体制不断演化而生成的，并非体制化的必然结局。这意味着，改变这种状况，并非一定要消灭体制，而是可能在延续体制的基础上实现。

几何,天文;尤其重要的是,他发明了文字。当时全埃及都受萨姆斯统治,他住在上埃及的一个大城市里,希腊人把这个城市叫做埃及的底比斯。萨姆斯就是希腊人所说的太阳神阿蒙。塞乌斯晋见萨姆斯的时候,向他呈现了自己的各种发明,并劝说他把各种发明推广到全埃及。于是,萨姆斯一一问明了各种发明的用处,觉得好的就加以褒扬,觉得坏的就加以贬斥。轮到文字的时候,塞乌斯说:"殿下,要是这件发明得到推广,埃及人的智慧肯定会得到增长,记忆也会得到提高——我的发明是医治智慧和记忆的良药!"然而,萨姆斯并不"买账",他说,能发明一种技术的是一个人,能权衡应用那种技术利弊的却是另一个人。现在你作为文字的发明之父,由于笃爱儿子的缘故,把文字的功用恰恰给说反了! 如果这件发明得到推广,人们就将不再努力记忆,反而更加善忘。他们将信任写出来的文字,仅凭外在的标记想起,而不凭内在的铭刻回忆。所以你所发明的这剂"药",只能医治"想起",不能医治"回忆"。至于你通过文字让学生们学习的东西,那只是真实的形似,而不是真实世界本身。因为借助文字,好像无须教诲,人们就可以吞下许多知识,好像无所不晓而实际上却一无所知。不仅如此,因为自以为聪明而实在是不明智,这样的人还会遭人嫌弃。①

　　事实上,不仅文字,包括知识、理论、图画等在内的人类所创造出符号系统都还只是真实世界的形似,而不是其本身。它们为人类认识世界提供了诸多便捷,亦可能拓展、增进、深化人们对世界的理解,但却无法替代人们对于世界的真实体验——"见闻之知"与"体认之知"毕竟还隔了一层。后现代思想家德里达(Jacques Derrida)指出,符号一般被认为是代替事物本身或当前的事物。它表示缺席的在场,它代替事物而在场。借助于符号来认识事物,实际上是走了一条"弯路"。符号的流通推迟我们与事物的见面、占有、消耗、竭尽、触摸、看见和对于它有某种当前直觉的时间。因此,理论也好,知识也罢,在带给人们便捷的同时亦孕伏着一种不容小觑的危险:它可能妨碍或延迟我们的体验,甚至有可能歪曲、遮蔽甚至剥夺我们的真实体验。② 如果说,部分地失去体验的机会还不算可怕的话,那么真正可怕的则是体验能力的削弱和感知世界之敏感性的降低,甚至于主动地放弃了对外部世界的"切身体验"的机会。如同美国学者史蒂文·塞德曼(Steven Seidman)所指出的,"理论家们已经迷失在概念分析和文本分析

---

① [古希腊]柏拉图著,朱光潜译. 文艺对话集[M]. 北京:人民文学出版社,1963:168—169. [古希腊]柏拉图著,王晓朝译. 柏拉图全集(第二卷)[M]. 北京:人民出版社,2003:197—198.

② [美]理查德·舒斯特曼著,彭锋等译. 哲学实践:实用主义和哲学生活[M]. 北京:北京大学出版社,2002. 中译者导言:9.

的灌木丛中；我们创造了一个与社会隔绝的世界"，一个只有学科同侪"才能够、才愿意光顾的世界"。① 近年来，许多学者提供的理论之所以屡屡被当事的实践者批评为"不贴肉"②，很大程度上正是因为学者用以体察、感受生活的学术"触角"的钝化所致。

第二，学术研究与日常生活世界的"分化"，可能造成的另一种影响是思想资源的萎缩。正如当代学者彭锋指出的，新思想的诞生有两个必要的条件：一个是推理，一个是感受。感受能够提供新的思想必要的内容和方向，推理可以使朦胧的感受变得条理清楚。之所以不能把新鲜的感受转化成新鲜的思想，原因在于没有用理性思考的形式把这些感受表达清楚；之所以不能由逻辑训练导出新的思想，是因为我们已经变得对生活没有惊奇，对一切毫无感觉。③ 对于人文社会科学学者而言，长期置身于学院与书斋，而不是深入现实生活世界，实际上是人为地割舍了激发学术灵感的生活资源。于是，众多的学者被抛入一个奇特的怪圈：远离现实生活世界，却又要表达现实生活世界；思想资源在萎缩，但是在体制压力不断叠加的背景下，却又不得不加速"生产"、"制造"知识产品。为了有效地对付这种两难的处境，学者似乎被迫地选择了从理论到理论、从文献到"产品"的"创作"之路。这种"多快好省"地创造理论产品的"研究"路径，与李泽厚所提出的"思想家淡出，学问家凸显"④的学术景象，有着深刻的关联。⑤

思想资源的萎缩，无异于学术创造失去了"一翼"，而为了维系学术的产出，学者必须在另一翼上着力"经营"。由思想孵化思想，由理论孵化理论，这或许是循此思路我

---

① [美]史蒂文·塞德曼著，刘北成等译.有争议的知识——后现代时代的社会理论[M].北京：中国人民大学出版社，2002.导言：5.

② 笔者在参与中小学教育变革的过程中慢慢地体会到，老师们在评价外来合作者提供的意见、建议是否能够扣准他们的脉，是否说到了问题的实质上时，经常使用的一个评价词是"贴肉"。所谓"贴肉"的，大抵就是贴近实际、贴近他们的，而"不贴肉"的，往往就是无关痛痒的，说不到点子上的。这些"不贴肉"的理论表达，有的可能是想当然的推论，有的则可能是将教育实践者所熟知的常识当做了新见，因而贡献了所谓"正确的废话"。

③ [美]理查德·舒斯特曼著，彭锋等译.哲学实践：实用主义和哲学生活[M].北京：北京大学出版社，2002.中译者导言：5.

④ 李泽厚著.世纪新梦[M].合肥：安徽文艺出版社，1998：329.

⑤ 有学者指出，所谓"思想家淡出，学问家凸显"本身是一个有问题的论断，而且它可能仅只是李泽厚在20世纪80年代中后期之后逐渐失去其在中国思想界学术导师地位的一种"自怜"。参阅夏中义.思想先知学术后觉——新潮20年备忘录[J].南方文坛，2002(5).但笔者认为，在强大的体制压力之下，在与现实生活世界日渐疏远的情况下加速生产知识产品的学术风气和研究路径，虽然明显地促进了知识的增量积累，但也潜伏着学术平庸化的危险。近年来，学者们自觉到的"泡沫学术"、"学术失范"等现象固然有多方面的原因，但无论如何都不能忽视对学术体制的反省。因而，"思想家淡出，学问家凸显"一方面固然可以说明中国学术越来越重视各种学术规范的建设，但另一方面似不能忽略，这一话语背后，亦隐含着对学术内在思想含量降低的一种批评。这是当代学者应当记取的。

们能够想到的创生学术产品、缓解体制压力的最有效方式。由此催生出了形形色色的"嫁接式学术"、"移植式学术"、"嵌套式学术"等似是而非的学术形态。在这样的学术中，"从外取"、"向外求"已经成为我们制造理论的"良方"，在学者的学术实践中不断应验。这样一种学术研究思路和风气的泛滥，最终将导致中国学术很大程度上只是充当了西方学术的"代理商"的角色。如同有的学者所担忧的，舍弃了西式的概念、论说方式，我们几乎找不到一种属己的理论和方式来表达自我了。① 与由此所造成的数量上的剧增形成巨大反差的是，学者学术原创力的萎缩，甚至主观的原创意愿和原创精神的遗失，这才是关系学术命运的大问题。许多年前，俄罗斯思想家赫尔岑（Алекса́ндр Ива́нович Ге́рцен）在批判俄罗斯"华而不实的浪漫主义者"时曾指出："我们很少有人能够坚定不渝地潜心劳动。我们很喜欢假手他人火中取栗；让欧罗巴流着血汗去发掘每一条真理，做出每一件发现，让他们经受沉重的妊娠、艰辛的分娩和折磨人的哺育这一切苦痛，而婴儿却归属我们，我们似乎觉得这是合乎事物的规律的。我们忽略了，我们将弄到手的婴儿乃是一个养子，我们跟它之间并没有有机的联系……"② 赫尔岑的批评，对今天的中国学术仍不失警醒意义。

在学院生活中，单纯依靠"思维操作"和理论架构来理解现实生活，这本已隔了一层；若再假手他者，简单地用西方的理论来套解中国的问题，无疑又增加了一层隔膜，故极有可能进一步削弱理论的力量。对于这种境况，作为"被引入者"的西方学者有着清醒的认识③，唯作为当事人的我们，或者对此问题缺乏深刻的警觉，或者基于特殊的利益考虑而刻意地制造了这种境况。无论出于何种原因，均值得从体制与学者、学术之复杂关系的视角进行观照。当众多的学者迫于体制压力，不得不写作，甚至不得不维持学术产品的"高产出率"时，事实上许多学者更多思考的已不是自己的写作是否真实地表达了现实，以及如何有助于现实生活的改进，而是如何使自己符合体制的要求，

---

① 例如，张旭东就曾指出，现在中国任何一个现象都只能在别人的概念框架中获得解释，好像离开了别人的命名系统，我们就无法理解自己在干什么。我们生活的意义来自别人的定义，对于个人和集体来说，这都是一个非常严重的问题。参阅张旭东. 全球化时代的文化认同：西方普遍主义话语的历史批判[M]. 北京：北京大学出版社，2005，代序：5.
② [俄]赫尔岑著，李原译. 科学中华而不实的作风[M]. 北京：商务印书馆，1997：7.
③ 美国当代学者理查德·舒斯特曼在为自己的《哲学实践》撰写的"中译本序"中曾告诫："这里我只能把我关于哲学生活的语言给你们，而不能给你们任何关于哲学生活的具体表现。如果言辞比行为软弱无力的话，当它们被从自己原来的语言中取走并转化进一中外语语境中时，通常就越发显得软弱无力了。"参阅[美]理查德·舒斯特曼著，彭锋等译. 哲学实践：实用主义和哲学生活[M]. 北京：北京大学出版社，2002. 中译本序：5. 这虽可视为舒斯特曼的自谦之辞，但其中所含深意却需认真思虑。

或者在体制化的格局中如何生活得更好。在这种情况下,生活实践在学术研究中的角色已经发生了异变,不再是一种"研究对象",而是变成了学者学术研究的一个借口。

二、专业化:学科边界的建构

1896 年,梁启超在《学校总论》中对此前诸多"洋务学堂"所遭遇的"不能得异才"的原因进行了反思,认为"受病之根有三:一曰科举之制不改,就学乏才也。二曰师范学堂不立,教习非人也。三曰专门之业不分,致精无自也"①。几乎在同一时期,唐才常在《尊专》一文中同样表达了对"专"的重视:"学问之道,不专不成,古今之通病,天地之达忧也。……惟泰西格致之学,及一切公法律例专科,则断不能剽窃绪余,卤莽灭裂,蕲为世用,故往往攻一艺终其身焉……极巧研机。无他,专故也。"②如果说专业性不足影响到了当时学术、学问向纵深发展,因而引发了先觉者的吁求,那么当学术体制得以建构并日趋致密,学术的专业化发展渐成大势所趋之时,一些新问题的集中涌现,则或许是最初倡导学术致"专"的学者未必能预见到的。

学术体制的建构,除了以大学作为组织基础之外,另外一个很重要的发展方向是内部科系的划分。这一划分的外显结构是从业者群体社会学意义上的职能分化,内隐结构上则相当复杂。它表面上坚持的是对知识"分科而治"的信念,在更深处则与各种社会权力、利益体制相交缠。这意味着,"学术体制的内部组织,关于知识发展和开拓的规划,都受制于关乎学科门类的偏见,以及这些偏见所体现出来的权力和利益关系"。③ 正是这种多重利益相互交错纠结的复杂状况,引发了各不同学科的学者或自觉,或被迫选择一个特定的学科作为自己的学术立身之基。如同华勒斯坦等人所指出的,随着学术体制日渐广泛和深化,每个学者"在组织上都要归属于一个学科……各学科机构给它们的成员罩上一层保护网,唯恐越雷池一步"。④ 这种"保护网"的设置同时具有"圈定"作用和"挤出"效应:一方面,它具有"认知排他性",使得所谓的"圈外"人士很难跨越边界进入"领地",即便贸然进入,也很难得到广泛接受和认可。这种"排他性"是通过一系列特殊的机制实现的。在有些学科中,发挥"排他性"影响的是该学科在有意识的漫长"经营"或自然的累积中逐渐积淀生成的、后又得到内部认可的专业语

① 梁启超. 学校总论[A]//梁启超著. 饮冰室合集(文集之一)[M]. 北京:中华书局,1989 年影印本:19.
② 唐才常著,湖南省哲学社会科学研究所编. 唐才常集[M]. 北京:中华书局,1980:33.
③ [美]华勒斯坦等著,刘健芝等编译. 学科·知识·权力[M]. 北京:三联书店,1999:2.
④ [美]华勒斯坦等著,刘锋译. 开放社会科学[M]. 北京:三联书店,1997:77.

言和专业文献。至于那些"自称没有晦涩专业语言的学科"（如历史，或者行话更少的学科，如文学研究），则以更为微妙的方式发挥着"排他"效应。"他们有一套自己常用的专门术语、句式、句法，对外行来说很难仿效"。① 另一方面，它又在一定程度上发挥着限制和规训作用，使得学科内部的从业者不能轻易僭越边界，而是将更多的智识奉献给自己所属的学科，并接受诸多相关的评价和监督。更重要的是，当这种外在的规约在学者的学术实践中不断得到强化，甚至逐渐实现内化之后，便有可能转化成为一种主动的趋近和自我强化。正是这种主客观因素的综合，使得学术的分化、专门化格局日趋明显，学者的边界意识日渐强烈，最终使学术划割出一个个相对独立的"学术部落"和"领地"。而部落和领地的存在，均需以边界的确立为前提。边界于是具有了标定学科合法性、独特性的意义。按照沙姆韦和梅瑟—达维多的理解，由于人们在划分学科时秉持不同的目的，因而学科边界将发挥不同的功能。"当建立界限是保护某学科时，边界就标志着所有者的领土，外人不得擅入，以便跟其他学科划清界线。可是如果那个学科尝试开拓新边界的话，同样的边界就会被重新定义。当界限是用来指导学科规训的执业者时，分门划界就决定要包括哪些方法和理论，哪些要排除，哪些可以引进。"②

学术的专业化，以及相应的学科边界的划定，至少可能产生如下几种影响：

第一，学术的专业化之路是促使学术研究走向规范化、精深化的重要途径；在今天，也是人类认识世界、理性地把握世界必然要经历的道路。马克斯·韦伯在"以学术为业"的著名演讲中指出，"从表象与实质两方面来说，我们都必须认清，个人唯有通过严格的专业化，才能在学术研究的世界里，获得那种确实感到达成某种真正完美成果的意识。……唯有凭借严格的专业化，学术工作者才有机会在有朝一日充分认识到，他完成了一些可以传世的成就"。③ 因此，对于今天的学者而言，追求专业化不仅是其进入学术共同体无法逾越的必经之路，也是在今天这样一个知识总量剧增的时代中，谋求在学术研究上有所突破的务实的选择。或许，在许多人的理想中，依然希望能够不受支离破碎的学科框架的制约，对世界有一个整合的认识，但理性地讲，这种期望既

① [英]托尼·比彻，[英]保罗·特罗勒尔著，唐跃勤等译.学术部落及其领地:知识探索与学科文化[M].北京:北京大学出版社,2008:49.
② [美]华勒斯坦等著，刘锋译.开放社会科学[M].北京:三联书店,1997:22.
③ [德]马克斯·韦伯著，钱永祥等译.韦伯作品集1:学术与政治[M].桂林:广西师范大学出版社,2004:161—162.

不可取,亦不可行。言其不可取,是因为在当今的知识格局之下,离开了各种专业知识,所谓对世界的"整全"认识,几乎等同于对世界的"混沌"认识。要想继续深化对世界的研究,必须以专业化的思路向纵深挖掘,即便是力图在专业之间实行某种联合与融通,那也是有限的,而且是以尊重专业性为前提的。言其不可行,是因为人类作为认识世界的主体,在思维方式上有其无法逾越的缺陷。英国著名历史学家阿诺德·汤因比(Aunold Toynbee)对此曾有非常清醒的认识:"无论是研究人类世界还是研究非人类的自然界,人们都要受制于自身思想的局限。最主要的局限是,在我们努力理解现实时,我们的思想不可避免地会歪曲现实。""现实本身是一片浑沌的神秘经验整体",但是当我们在思想中把握它们时,却不得不将它们进行分类、整理和关联。因为,"如果我们不把宇宙看作是环节清晰的,我们就无法思考它","如果不在思想上对宇宙加以条分缕析,我们就无法表达,无法思考和行动。如果我们重新陷入这种整体性的神秘经验,我们就无法继续思考和行动。因此,我们必须分解和歪曲地呈现现实",甚至不得不借助种种二元分立的结构来理解现实。尽管我们已经清醒地意识到这种思维方式在发挥其"揭示作用"的同时也发挥着"阻碍作用"。① 因此,在今天这样一个人们已经很难再借助于各种充满神秘主义色彩的联想来思考和表达世界的时代,走向专业化,几乎是任何意图深入研究世界的人不得不做出的选择。

第二,学术的专业化发展,有助于学者共同体实现有效地思想交流和资源共享;或许更重要的是,实现了专业化的"学科"能够集聚起众多从业者的智慧和力量,实现不断地累积和增殖,从而为后续研究提供重要的基础和支撑。很明显,"站在巨人的肩膀上"相对于白手起家而言,其实现创新和突破的可能性将大大提高。在很多历史悠久的学科中,一些积淀下来的思想、知识、方法等可能会逐渐演变成为学科自身的传统,对后续的学科从业者发挥重要的文化影响力。这种"软性"的影响力与维系学术体制的其他相关制度、举措相匹配,有助于更好地维系学科的延续和发展。从这个角度讲,随着学术体制的日益完善,学科自身也开始具备了自生产能力。

第三,学术的专业化发展,学科边界的确立且不断巩固,在为学术发展带来诸多有利影响的同时亦孕伏着限制学术视野、导致学科偏见的危险。更重要的是,在学科自我建构的框架内,如果过多地掺杂从业者的利益考虑,甚至当学科的存在本身被利益所牵制时,学科有异化成为学术发展之异己力量的可能性。如同有的学者业已指出

---

① [英]阿诺德·汤因比著,刘北成,郭小凌译. 历史研究[M].上海:上海人民出版社,2005:423.

的:"偏狭的学科分类,一方面框限着知识朝向专业化和日益互相分割的方向发展,另一方面也可能促使接受这些学科训练的人,日益以学科内部的严格训练为借口,树立不必要的界限,以谋求巩固学科的专业地位。学科制度的优点是能够建立完整而融贯的理论传统和严格的方法学训练,但同时也有使学术体制成为偏见的生产地,以服务自己的利益(self-serving)为尚,建立虚假的权威之虞。"①这意味着,学术体制化的加深,以及相伴随的学科边界的日益精细化,其深处可能潜藏着导致自身陷入危险境地的"木马"。当前所谓的"体制化困境",很大程度上恰恰是体制在自我巩固、自我加速式发展的过程中逐渐滋生出的自我否定力量的显现。

三、科层化:学术管理体制的确立

依照韦伯的观点,随着近代资本主义的发展,由新教伦理精神而衍化出来的体现工具理性的制度设计——科层化管理体制,不再仅仅局限在政治领域内,而且也日益蔓延到其他社会领域。在这个过程中,大学作为一个特定的组织系统,也日益受到了科层管理体制的影响。如果说前体制时代的学术研究更多的是基于研究者的兴趣,以及研究者对自身作为"知识人"的角色认同、学术使命、责任感的自我承担或理性自觉,那么在体制化时代的学术研究中,虽不能说这些因素遭到消解,但各种与体制规范有关的外在力量的大量介入,至少可能冲淡这些因素在学者学术研究动力中所占的分量,削弱学术研究的内在自足性。或许有些学者能够在体制的要求和自我的学术兴趣,以及学术研究动力之间部分地寻找到,或者建立起一种协同关系,但体制的压力毕竟构成了许多学者学术研究的主要驱动力量。当体制压力与自我的学术抱负构成尖锐的冲突时,相当多的学者会迫于体制压力而不得不暂时甚至永久地放弃自我的学术志趣而屈从于体制的逻辑。"有抱负的学院人也许不得不抛开那些花费数年才能完成的大规模的知识计划,而去追求发表能对职务晋升有直接作用的范围狭窄的作品。就像洛根·威尔逊(Logan Wilson)所说:'无功利的活动和成熟期缓慢的长期计划,在要求短期效益的制度压力下化为泡影'。"②

由于体制性力量对学术研究的深刻影响,因此,探问体制性压力的源头,也成为探求学术体制与学术发展之间关系的重要维度。沿着这一思路,则构成学术体制之核心

---

① [美]华勒斯坦等著,刘健芝等编译.学科·知识·权力[M].北京:三联书店,1999:2.
② [美]刘易斯·科塞著,郭方等译.理念人:一项社会学的考察[M].北京:中央编译出版社,2004:312.

架构的所谓科层制管理模式,不能不引入我们的分析框架。作为科层制理论的系统阐释者,马克斯·韦伯曾归纳出了科层制所具有的六大特征:一是职能分化,"职位带"上组织内的每个成员都占有一个明确说明了具体职责的职位;二是功绩制,组织内成员享受的待遇相对固定,并取决于个人的能力和表现;三是层级节制,组织内强调隶属关系;四是专业分工,强调组织的专门化;五是制度化管理,组织靠规章制度来加强管理;六是书面往来,组织管理以书面文件"档案"为基础。① 这六个外显的特征大致勾勒出了科层制的基本面相。透过这些基本特征不难看出,科层制的建立,最核心的是对组织效率的追求。因此,科层制从诞生发展至今,其渗透力、影响力不断扩张,其倡导的价值理念也曾经历变迁,但对效率的追求这一核心目标并未发生根本性转变。而且,科层制作为一种组织建构模式,所追求的不单纯是单个雇佣者的生产效率问题,而是如何最大限度地进行协调与控制,尽其所能地激发出甚至挤压出所有组织成员的潜力,以此来换取组织效率的整体提升。② 那么,科层制是依靠什么力量来实现其价值的呢?

科层制之所以能够有效地控制组织成员,从而使其不得不将自己的身心力量交付组织,首先凭借的是对资源的垄断。在韦伯看来,在一个整体实现科层制且内部分化的科层管理纵横交织的社会中,个人几乎失去了控制满足自己需求的手段。具体到学者而言,学术研究的科层化意味着个体只有在成为大学或者研究中心的成员时,才可能接近研究技术和文本资料。韦伯总结说,当各种机构实现了科层化之后,个体就无法直接控制塑造他们自己生活的手段(比如经济的、教育的等),他们不得不越来越依赖科层体制来满足自己的许多需求。科层体制使个体陷入不独立和无力感,从而塑造出了"他律型"的个体。正是基于这样的认识,韦伯认为,科层制高效率和有益于社会的特征,反过来也使他成为有害的社会力量。而且,由于科层制自身拥有不断自我强化、自我巩固的机制,当它真正扩散开来,形成社会的统治性力量时,想要瓦解它几乎成了乌托邦。它所造成的统治体系在现实中几乎是不可摧毁的。③ 正因如此,韦伯黯淡地指出,科层制是制造出众多社会不幸的渊薮。其次,在占有资源的基础上,资源配

---

① [英]戴维·比瑟姆著,徐鸿宾等译. 马克斯·韦伯与现代政治理论[M]. 杭州:浙江人民出版社,1989:65.

② 在韦伯的解释框架中,科层制的建立体现的是管理效率的思想,而且也的确有效地提升了效率。但是,韦伯之后,社会学家默顿(Robert K. Merton)却提出了科层制的"反功能",认为过度关注效率的科层设计常常会导致仪式化的或特别刚性的行为,这两种行为都有损效率。参阅[美]彼得·布劳,[美]马歇尔·梅耶著,马戎,时宪民,邱泽奇译. 现代社会中的科层制[M]. 上海:学林出版社,2001:140.

③ [美]史蒂文·塞德曼著,刘北成等译. 有争议的知识——后现代时代的社会理论[M]. 北京:中国人民大学出版社,2002:44.

置机制的确立,以及围绕此而建构形成的学术评价机制①,是科层体制发挥其影响力的重要方式。在一个特定的组织内部,由于学术评价几乎总是与资源的重新分配以及学者的职业升迁相挂钩,这一看似细微的体制设计实际上构成了维系整个学术体制运作的动力因素。这种直接的利益关系以及同侪间的竞争格局,使得教师的学术研究陡然地增加了紧迫性。如同我国台湾学者刘龙心所指出的:"因学术专业化而形成的规训力量,对一个大学教师来说,已不再只是单向的自我提升;来自同侪与学生的监督,都会自然而然转化成整个资历社会与专业评量的压力,让所有教师在从事教学与研究的过程中,必须不断面对各种严格的规训与挑战。②再次,科层制之所以能发挥如此巨大的力量,一个很重要的原因是它的非人格化特征,即它并不以"个体"作为自己的思考单位,而是更强调组织的利益。因此,个体的情感性因素或者遭到忽略甚至打压,或者被恰当地利用,转化成服务于组织的动力因素。在这个意义上说,科层体制中的所谓人本化管理很难真正进入体制的核心。无论是为组织成员提供情感抚慰,还是为组织创造出良好的文化氛围,从实质上说都还只是科层制力量的一种辅助,在很多时候可能还会退居成为科层体制的文化粉饰。最后,学术的科层制之所以具有强大的力量,是因为任何的学术组织(如某一所具体的大学)在建构内部科层式管理的同时,自身亦置身于一个更为庞大的科层式网络中。因此,这一组织通过诸多制度而施加给成员的压力,实际上是组织自身所感受的诸多压力的等量转嫁或增殖性转嫁。正如英国学者比彻和特罗勒尔所指出的:"学者要赢得业内的地位需要通过不断地推进知识,这是需要做出实际贡献的动力机制。高等教育机构自身之间也在为地位而竞争,这进一步强化了个人的动机。"③

综上所述,学术体制的建构,在促进学术交流和资源共享、促进学术的专门化和精深化发展、促进学者团队建设和后续人才培养等方面,均发挥了无可替代的作用。但是,它在为学术带来正面影响的同时,也带来了一系列新的问题,制造出了所谓的"体制化困境"。那么,如何看待"体制化困境"? 如何引领学术走出"体制化困境"? 这是

---

① 在学术体制中,单纯就评价机制而言就有非常复杂的措置。从评价主体来说,就有所谓同行评价、学生评价、第三方评价等;从评价依据来说,有的突出教学,有的突出科研,有的计较成果总数,有的以所谓"代表性著作"为主;从评价形式而言,有的在前期筛选的基础上以投票决胜,有的则完全以分数为圭臬,如此等等。学术体制经营的复杂化、精细化,于此可见一斑。

② 刘龙心著.学术与制度:学科体制与现代中国史学的建立[M].北京:新星出版社,2007:288.

③ [英]托尼·比彻,[英]保罗·特罗勒尔著,唐跃勤等译.学术部落及其领地:知识探索与学科文化[M].北京:北京大学出版社,2008:71.

当前学术研究所面临的一个现实问题。

第二节　沉重的翅膀：破解"体制化困境"的理论设计

体制化困境有多重表现形式，而不同的学者基于自己的现实处境，感受到的内外紧张未必相同，这决定了他们所理解、感受、或切己关照的"体制化困境"并不相同。因此，关于如何破解"体制化困境"，不同的学者提出了不同的设计，形成了不同的理论方案。其中影响较大、较有代表性的设计包括如下几种。

一、"跨学科"

所谓"跨学科"研究，是指"通过整合来自两个及两个以上学科或专门知识模块的信息、数据、技能、工具、观点、概念或理论，来提升基本的知识理解或解决那些单一学科或研究实践无法解决的问题"。[①] 美国哲学家、新实用主义的重要代表人物理查德·麦凯·罗蒂（Richard Mckay Rorty）曾特别讨论过"闭关自守的过度职业主义"（introverted hyperprofessionalism）对学术的不良影响。在他看来，过度的职业主义将导致学者难以从事非学术职业，从而推动他沉没于学术圈之中。[②] 单纯从学术发展的角度，"沉没于学术圈之中"可能会限制学者的学术视野，从而影响到学术的襟怀和气度；若再扩展出去，则可能会进一步影响到学者兴趣、能力甚至人格的健全发展。因此，如何突破学科的拘囿，跨越学科界限，建构一种更广泛的学术认识和视野，是许多力图破解"体制化困境"的学者一致的追求。"跨学科"的思考和探索性实践，便是受到这一追求的驱动而产生的。

跨学科，是对学科分化及学科边界划分的一种反向操作，它体现着对当前学术体制中森严的学科边界的一种反抗。正是因为意识到了学科边界对于学者思维的限制作用，跨学科研究不仅成为许多学者所期望的突破学科边界的合作研究方式，近年来也成为学术体制本身所倡导的一种新的研究路向。[③] 但究竟什么是学科交叉，如何跨

---

① 黄华新，王华平. 论跨学科研究[N]. 光明日报，2010-3-16.
② [美]理查德·A·波斯纳著，徐昕译. 公共知识分子：衰落之研究[M]. 北京：中国政法大学出版社，2002:65.
③ 例如，在我国，近年来许多课题申报审批制度均将"学科交叉项目"单独列出，鼓励多学科交叉的选题和研究，很多大学也成立了相应的交叉学科研究组织。

越学科边界,学科之间如何实现有效整合,关于这些问题,一直以来却缺乏一种明确的界定。克拉(Julie Thompson Klein)指出,"跨学科"(interdisciplinarity,原译"跨科际制度")指称的是一系列活动:(1)学科间互借相换;(2)合作解决问题;(3)保持独立分隔的学科之间的沟通桥梁;(4)发展在不同学科之间运作的综合理论;(5)在各分隔的学科之间共同交叠的范围中开发新的领域。①

在学术实践方面,能够较好地体现"跨学科"思路的,当属二战期间出现在美国,并且在战后迅速扩展到其他地区的所谓的"地区研究"(area studies)。② 地区研究指的是一个"多学科"领域,它"既是一个学术领域,同时也是一个教学领域。它在一种共同兴趣的基础上将那些希望从本学科出发对特定的'地区'(或该地区的某一部分)进行研究的学者……集合在一起"。它"将有关的学者集合在一个单一的结构中,他们彼此之间有着十分密切的学科联系"。③ 因此它跨越了不同学科之间的界限。

在理论方面,对"跨学科"这一研究路径本身进行深入研究的,当属由美国学者华勒斯坦担任主席的古本根重建社会科学委员会(The Gulbenkian Commission on the Restructuring of the Social Sciences)在整合多学科著名学者对重建社会科学进行深入研究的基础上所形成的题为"开放社会科学"(Open the Social Sciences)的报告书。在报告书中,该委员会通过对社会科学制度化的历史轨迹进行的回溯研究指出对社会科学知识所作的制度性区分以及相应的学科边界的划定具有相当大的人为性。"我们不相信有什么智慧能够被垄断,也不相信什么知识领域是专门保留给拥有特定学位的研究者的。"④基于这一信念,该委员会提出了所谓"重建社会科学"的具体建议:(1)扩展大学内部或与大学联合的各类机构,集合各方面的学者围绕某些紧要主题展开为期一年的共同研究。(2)在大学结构内部制定跨越传统界限、具有特定的学术目标并且在一个有限的时期内(比如说五年)得到资金保障的整合的研究规划。(3)采取强制性联合聘用教授的办法。(4)联合培养研究生。⑤

超越现有的学科边界,实现一种多学科的整合,这在一定程度上或许有助于破解学科偏见,促使不同学科的学者共同关注相同的问题,且围绕共同的课题贡献彼此的

---

① [美]华勒斯坦等著,刘健芝等编译. 学科·知识·权力[M]. 北京:三联书店,1999:29.
② "地区研究"的所谓"地区"是指一个大的地理区域,它被假定在文化、历史和语言诸方面具有某种一致性。
③ [美]华勒斯坦等著,刘锋译. 开放社会科学[M]. 北京:三联书店,1997:40—42.
④ 同上,1997:106.
⑤ 同上,1997:113.

智慧,并留意他人的学科视角和思想主张。但是,正如华勒斯坦此前已经意识到的,多学科研究在实践上"往往只是强化了固有学科的存在。因为多学科研究——把各种独立的学科知识合并起来——这概念,本身就预设了学科分类的合法地位,并赋予了这种分类法意义,因而其背后不言而喻的信息就是学科知识可以个别独立地存在"。①在很多时候,针对同一课题的所谓多学科学者的参与还只是一种基于学科的"联合"。或许它的确在一定意义上有助于破除学科偏见,使得不同学科的学者相互尊重,共同合作,但也不排除因接触而加剧对彼此之间差异的更多认识和更深认同,甚至加剧学术偏见的可能性。更重要的是,多学科的"联合",其行动单位依然还是"学科",而不是"学科间"(inter-);其所关注的课题可能是"跨"学科的,但是研究者的立场却又往往是基于本学科立场的。因此,这种多学科的联合,其内在的架构依然是基于学科的,而没有真正"跨"出本学科的门槛。② 更值得深思的是,当前学术生活中所推行的所谓跨学科实践,最终常常演化成为新的专门化领域的衍生。许多抱着跨学科意图开辟出来的"疆域"最后又进一步演化成了学科,甚至是更偏狭、更精致的学科。这种状况,可称为"跨学科实践"的"再学科化";亦可视为"去专业化"努力的"再专业化"。

"科学的边界问题不仅仅是个哲学问题,更是一个实践问题。"③"跨学科"的理论设计,在具体的学术实践中遭遇到了意外的境况,这也从一个方面印证了韦伯略带悲观的判断:科层化体制,至少在可预见的时段内,是很难从根本上破解的。如果不能从学术体制本身,从知识生产组织结构的根本处着力,则学术体制自身的张力,可能会消解或排挤掉诸多的变革力量。这意味着,在理论设计与实践探索方面,与"体制化困境"的抗争可能会长期延续。

二、"反学科"

既然"跨学科"最终依然会落回学科的窠臼,更为激进的思想设计和学术实践应运

---

① [美]华勒斯坦等著,刘健芝等编译. 学科·知识·权力[M]. 北京:三联书店,1999:222.

② 从思想设计的角度讲,真正的跨学科,其实并非学科的拼凑与加和,而更多的是追求学科之间在思想和方法上的融合,以构建出一个跨越学科界限的研究框架,获得单学科无法获得的整体性、系统性研究成果。但是,由于缺乏跨学科培养体系,事实上参与跨学科研究的学者,大多还是基于本学科立场,而且也只是在本学科立场上才能更好地贡献自己的智慧,在这种情况下,跨学科的思想和理论设计实际上常常被学科化的知识分类和学术实践所扭曲。

③ Thomas F. Gieryn. Boundary-Work and the Demarcation of Science from Non-science: Strains and Interests in Professional Ideologies of Scientists [J]. *American Sociological Review*, 1983, 48(8): 781—795.

而生。以"反学科"(anti-discipline)形象出现的文化研究(cultural studies)可以看作是冲破学科边界、挑战传统学术体制的重要的思想实验和学术探索。

由于文化研究所涉课题的广泛性、所采用之研究路径的多元性、所依赖之思想资源的驳杂性,关于文化研究的定义始终是一个见仁见智的问题。甚至有学者认为,文化研究就理应一改传统学科研究的思路,拒绝用一种同质化的界定来框限自身。但是,正如我国学者陆扬、王毅所指出的:"当一个学科变得无所不包,实际上并不利于这个学科自身的确立和发展。"基于这样的认识,他们主张将文化研究限定为伯明翰大学当代文化研究中心所奠定的文化研究传统。①

文化研究作为一种新的挑战传统学科架构的研究范式,其实依然是以"跨学科"的形态出现的。② 这首先是因为它所关注的领域,是传统学科几乎"置若罔闻"的大众文化现象;其次则是因为它并无自己所专擅的研究方法,而是"博采众长",从社会学那里吸收了大众文化的制度分析;从文学批评那里借鉴了文本分析的方法;从政治经济学那里承接了文化意义的生产;分配和消费流通分析模式;从马克思主义者葛兰西(Antonio Gramsci)那里借用了霸权理论;其反集权、反等级、反规束的论调和理论风格,则无疑受到了福柯(Michel Foucault)、德里达、哈贝马斯等后现代主义者的影响。③ 这样一种研究路径似乎是对多学科的一种"综合",因而在表象上,它是一种新的"跨学科"尝试。但在其精神实质上,文化研究却表现出强烈的"反学科"色彩。这一方面是因为许多文化研究者或隐或显地表达了对学科体制的抗拒,甚至希望能够游离于体制之外。例如,作为文化研究重要代表人物之一的斯图亚特·霍尔(Stuart Hall)就曾"决绝"地声称再也不回大学,再也不去"玷污"大学的门扉。④ 另一方面,文化研究的"反学科"色彩表现在它的"漂移性"上。在西方的大学中,它几乎"居无定所",有的在英文系,有的在传播系,有的在社会学系,有的则独立出来,由不同学术背景、不同研究旨趣的人组成一个单独的研究中心。同时,它拒绝一切既有的学科经典法规,没有传统学科的所谓"严格性"、"规范性",没有自己的基本理论和研究方法,也没有研究范围的局限;在借用其他学科理论时,又表现得很随意。如此等等,使其呈现出一种典型的

① 陆扬,王毅著. 文化研究导论[M].上海:复旦大学出版社,2007:13.
② 例如,美国学者米勒认为:文化研究是一种跨越学科界限的研究趋势,而不是一门学科本身。[美]米勒著,王晓路等译. 文化研究指南[M].南京:南京大学出版社,2009:1.
③ 陆扬,王毅著. 文化研究导论[M].上海:复旦大学出版社,2007:14.
④ 颇具戏剧性的是,霍尔最终依然是在英国开放大学的教职上退休的。这或许也从一个非常微妙的角度透射出,体制化时代反体制学术思想和实践的命运。

"反学科"作风和姿态。① 那么,这种以"反学科"为旨趣的独特研究路径,是否有效地突破了学术的"体制化困境"呢?

应当承认,文化研究的崛起对传统学科框架造成了一定的冲击。它不仅吸引了众多的追随者,而且其研究方式、表达方式,甚至于其惯常使用的许多具有视觉冲击力的话语分析工具,又反过来被许多传统的学科所吸收。但充满"吊诡"意味的是,这样一种坚守"反学科"信念又表现出一定的"跨学科"特征的独特研究路径,近年来越来越多地呈现出体制化趋势。如同我国学者南帆所指出的,"文化研究"表现出了冲破体制和学科边界的强烈欲求,但最大的悖论在于,这种探寻思路也可能重新体制化。迹象证明,"文化研究"正在愈来愈多地赢得学院的承认,最终重新为学术体制所收编。② 陆扬和王毅也认为,文化研究虽然走的是外围路线,但它"已经在高等教育的体制中站稳了脚跟,或许今天它还是一门准学科、新兴学科,但是相信不用太久,它会像我们的其他传统学科一样,在不同的专业里牢固地确立它的地位"。③ 当从事文化研究的学者更多地被体制所同化,实现生存方式上的体制化之时,也就意味着其"实践性"和"介入性"传统的流失。若此种状况变成现实,则"文化研究"的所谓"理论"和"批判"也就成了无源之水,无本之木,越来越成为体制内部的一种沉闷的呼喊。在这个意义上,不妨说,文化研究被体制的接纳昭示着它的成功,但它的成功,又恰恰是它的溃败。破解"体制化困境"的尝试,无疑又蒙上了一层迷雾。

三、"公共知识分子"话语的崛起

走出体制与学术的紧张关系至少有两条道路:一是反思、重构体制;二是改造学者的思想方式和研究方式。就前者言,我们可以呼吁,可以建言,甚至也可以从"我"与体制的内在关联的角度出发,来思考体制变革的可能性。但于学者而言,这一思路的可控性毕竟有限。因为,体制的"非人格性"特征,一方面意味着其考虑的出发点不是基于个体,而是基于组织;另一方面则意味着它并不以个人主观意志的转移而随意变迁。就后者言,则需从学者自我角色的重新定位,以及自我生存方式、研究立场的转换来寻求改变。近年来,人文社会科学领域中"公共知识分子"话语的崛起,便是学者从自身的学术角色、研究立场出发,对学术的体制化困境所做的一种反思与反抗。一般认为,

① 陆扬,王毅著.文化研究导论[M].上海:复旦大学出版社,2007:123.
② 南帆.学术体制:遵从与突破[J].文艺理论研究,2003(5).
③ 陆扬,王毅著.文化研究导论[M].上海:复旦大学出版社,2007:16.

美国学者拉塞尔·雅各比（Russell Jacoby）1987年出版的《最后的知识分子》一书，最早提出了公共知识分子的问题。在他看来，传统知识分子几乎是先天地具有公共性，他们是为有教养的读者写作的。然而随着大学普及时代的来临，公共知识分子逐渐被科学专家、大学教授所替代。美国20世纪20年代出身的一代，是最后的公共知识分子。由此可见，在雅各比的理解中，知识分子公共性的衰落与学院化、专业化时代的出现直接相关。

对于许多学者而言，"公共知识分子"是一个非常具有诱惑力的词汇。如果能够在扎根学术研究的基础上，积极入世，面向公众，介入公共领域，甚至影响决策，这是许多希望成为公共知识分子的学者内心的一种祈望。但是，"公共知识分子"所蕴含的，绝不仅仅是对本身作为公共问题的专业领域中问题的关切，它同时还要求学者具有社会关怀，甚至于能够做一个"让政治不愉快"的批判者。那么，什么是公共知识分子？学者作为公共知识分子意味着什么？其可能性如何？

单纯从词义上说，"公共知识分子"是一个略显怪异的词汇。因为在相当长的时间内，"知识分子"（Intelligentsia）这个词本身，就已经含有非常浓郁的"公共性"色彩。该词大约起源于19世纪的俄国民粹派。民粹派的特点，第一是不满于俄国的落后现状；第二是大多受过良好教育。他们主张深入民众，向民众学习，和民众一同直面苦难的生活，并带领他们去改变命运。很显然，从一开始，知识分子的鲜明特点就是对公共生活（政治生活）领域的积极介入；他们承担的任务，是对于"未觉醒的大多数"的教育，是对于社会生活中的种种不合理的批判。作为欧陆启蒙思想家在苦难俄罗斯的忠实后裔，他们的知识是用来对公众说话的，他们所期望的不是"书斋里的革命"，而是公共生活的激烈变化。[①] 由此可见，"知识分子"概念已经含有"公共"意蕴，这一点从诸多著名学者对"知识分子"的阐释中不难读出。例如，美国社会学家刘易斯·科塞（Lewis Coser）认为，"知识分子是为理念而生的人，不是靠理念吃饭的人"。[②] 知识社会学的创始人、德国思想家卡尔·曼海姆（Karl Mannheim）在20世纪30年代对知识分子做过一个经典的界定：知识分子是一个自由漂流的群体，而非一个有自己特殊利益诉求的阶级或阶层。知识分子的基本特性就是其"无根性"，他们疏离于各阶级之外。而这种疏离使得知识阶层可以超越狭隘的特定阶级或阶层的局部利益和意识形态，进而达到

---

① 淳钧.公共·知识分子[J].社会,2004(10).
② [美]刘易斯·科塞著,郭方等译.理念人:一项社会学的考察[M].北京:中央编译出版社,2004:前言.

普遍的、公正的判断和真理。① 美国当代著名学者爱德华·W·萨义德（Edward W. Said）认为，知识分子是具有能力"向"（to）公众以及"为"（for）公众来代表、具现、表明讯息、观点、态度、哲学或意见的个人。相对于社会主流思想而言，知识分子是"局外人"、"业余者"、"搅动现状的人"。他们不为利益或奖赏所动，具有一种摆脱了特定利益的超越性的价值追求。② 这些对于知识分子的理解体现了一种古典的理想知识分子情怀。它强调知识分子的"公共性"特征，认为知识分子在思考公共问题时能够超越一己私利和阶级局限，从而理性、公正地提出对问题的判断和理解。因而，知识分子几乎成为社会的良心和民众的代言人，成为社会文化的"立法者"③。在很长的历史时期内，这种古典的知识分子观不仅反映着普通民众对知识分子群体的理解，也体现着知识分子对自我角色的一种身份认同。但是，伴随着学术的专业化发展，知识分子的所谓"公共性"逐渐走向式微，古典的理想知识分子形象变得越来越模糊。在一个高度专业化的体制中，学者要真正有所创新，往往必须术有专攻。"专业化使如今的大部分专家都待在校园或科研机构中，集中关注专业的文本或实验，'常常无需同人合作，或者干脆是不能同任何人合作'，因此脱离社会生活，缺乏对事实的直接感受；他们事实上大都不谙世事。……此外，由于分工，也往往解脱了知识分子对实际操作的责任和对后果的关切，使他们可以'站着说话不腰疼'。因此，专家虽然促使了知识生产的专业化，但是他们的视野狭窄了。"④正是在这样的背景下，福柯悲哀地宣称："如今专家有的是，但知识分子却历史性地消失了。"⑤所谓"历史性地消失了"，未必是知识分子作为一个特殊角色的消亡，它所指称的更多的是知识分子的边缘化状态，或者说，是知识分子以另外一种形象的再生。这种新的状况的出现，催生了所谓"传统知识分子"（traditional intellectual）与"有机知识分子"（organic intellectual）、"普遍知识分子"（universal intellectual）和"特殊知识分子"（specific intellectual）、"立法者"（legislators）与"阐释者"（interpreters）等对知识分子角色的二元划分。

---

① 周宪.知识分子如何想象自己的身份[A]//陶东风主编.知识分子与社会转型[M].开封:河南大学出版社,2004:2.
② [美]爱德华·W·萨义德著,单德兴译.知识分子论[M].北京:三联书店,2002:16—18.
③ [英]齐格蒙·鲍曼著,洪涛译.立法者与阐释者:论现代性、后现代性与知识分子[M].上海:上海人民出版社,2000.
④ 苏力.当,还是不当,这是一个问题(代译序)[A]//[美]理查德·A·波斯纳著,徐昕译.公共知识分子:衰落之研究[M].北京:中国政法大学出版社,2002:代译序4.
⑤ 周宪,许钧主编.最后的知识分子[M].南京:江苏人民出版社,2002:译丛总序.

尽管知识分子公共性的削弱,以及在诸多公共性问题上话语权的失落和地位的边缘化已经成为许多学者的共识或共同的感受,但知识分子主观上未必甘心"被边缘化";而且,随着公共媒体的增加,媒体影响力的加大,媒体为了更好地吸引"眼球",往往需要借助知识分子的力量,在一定意义上说,它们或许比任何其他人或群体都更希望将知识分子推向前台。这双股力量的合流,制造出了关于知识分子角色和地位的极为复杂的景象。一方面是知识分子公共性的削弱,另一方面则是其借助公共媒体不断制造出"众声喧哗"的热闹景象,这和所谓的"退隐"、"边缘化"形成了鲜明的对比;一方面是知识分子不得不退居体制内,在专业领域中努力钻研,希望借此提升自身在专业领域中的文化资本,但另一方面则是许多知识分子借助公共媒体来推销自己的观点。以至于在很多人看来,今天的公共知识分子或许比以往时代更活跃。

　　理性地审视当今学者的社会处境,不能不说,越是在一个诱惑重重、可能性叠加的社会生态中,学者学术实践的冒险性越大。笔者赞同学者应该更多地关注公共问题,以免自身的学术眼界受到过度专业主义的限制。但是,在知识分子是否应当走向公共、学者是否应当重新回归公共知识分子这一问题上,笔者则始终保持着一种相对保守的姿态。在笔者看来,在知识分化越来越精细的所谓专业化时代中,如果一味督促学者走向公共,鼓吹公共知识分子的复归,最终可能导致走向西方学者所批评的"公共越多,智识越少"。① 因引证率和影响力而被誉为"在世的最有影响的法学家"的美国学者波斯纳(Richard A. Posner)在讨论知识分子走向公共时指出:"一位学者在公共知识分子作品中超出其专业领域越远,评论的事件越具时事性,或者越不适合运用学术方法论,以及所评述的事件越具政治性,那么,夸大、扭曲和不准确的风险便越大。"②这一状况需引起学者足够的警觉。当公共媒体变得越来越强大时,媒体对所谓公共知识分子的需要,其实真正需要的并非其智慧或思想,而是其身份,或者更进一步讲,是他的"嘴巴"。在很多时候,媒体是借用了所谓公共知识分子的嘴巴来说出他们早已成熟于胸的意见。若在这一意义上来评价"公共知识分子"话语对学术体制的反抗作用,则会不无遗憾地发现:"公共知识分子"这一话语虽然对专业化的学术体制造成了极大的冲击,并引发了很多学者对学术体制的反思,但事实上,当"公共知识分子"所激起的热度渐渐消退,思想重归理性之后,人们发现在这一话语的"蛊惑"下贸然走

---

① [美]理查德·A·波斯纳著,徐昕译. 公共知识分子:衰落之研究[M]. 北京:中国政法大学出版社,2002:208.

② 同上,2002:47.

向"公共"的学者、"专家"在公共问题上并没有表达出比常识更多的内容。波斯纳在讨论公共知识分子的衰落问题时曾明智地指出:"经过广泛综合训练的个人,与同样能力、同样精力但在特定领域专业化的个人相比,显而易见更不可能在相关领域抓住机会。事实上,如今试图把握全部科学或学科的个人,被人们视为普及人士('报刊人士'),甚至是江湖骗子(charlatan),而完全不把他当作具有创造性的学者。"[①]对于热衷"公共",甚至努力迎合"公共"兴味而写作的学者而言,可能是一种警示。

---

① [美]理查德·A·波斯纳著,徐昕译.公共知识分子:衰落之研究[M].北京:中国政法大学出版社,2002:78.

第四章　双重困局：“体制化困境”的教育学思考

　　“体制化困境”作为“社会结构中的公众论题”，其所揭示出的一系列深层次的问题具有较大范围的适切性。教育学作为一个兼具专业性与社会性的“学科”，作为人文社会科学家族中的一员，亦难免置身于“体制化困境”中，受到诸多影响。但是，如果因此认为“体制化困境”的诸多面相能够完整地解释中国教育学的学科发展问题，则未免失之武断。至于以“体制化困境”来度量教育学的现实境遇，并据此对教育学的发展趋向进行理论设计，则至少反映了思维方式中对普遍性与特殊性关系问题的简单化理解。

　　从表面形式看，普遍性的确有超乎特殊性的概括力和抽象性。但是，越是概括力强、抽象程度高的理论，随着其普遍性程度的提高、适应性的增强，其对于特殊性和丰富性的舍弃也就越多。可以说，从普遍性结论直接推演到特殊性事物，所反映的充其量是知识的合理运用，它并不能带来新知识的增加。至于满足于普遍性结论，放弃对具体事物之独特性的深入探究，则无疑是对具体、特殊事物丰富性的遮蔽或忽略。因此，在教育学的学科发展问题上，既不能不关注学术领域中对所谓“体制化困境”的揭示和分析，在对外部学术生态的体察中来反观自身发展境遇；又必须防止错把普遍性问题当成本学科问题的全部，忽略了普遍学术生态中基于自身学科独特性的特殊的学科发展问题。借助这种双重观照，当代中国教育学在所谓“体制化困境”中所面临的、带有“两歧性”的双重困局便逐渐显现出来：一方面，“体制化”问题的加剧，迫使学者（包括教育学者）深入地反思体制问题，并且至少在精神世界中保持一种跨越学科边界、冲破专业禁锢的自觉意识，同时又对自身作为一个知识人的社会使命和公共责任时刻保持清醒的自觉；另一方面，由于中国教育学学科建设中“学科自我意识”的整体性匮乏、学科专业性建设方面的不足，因而当代中国教育学在警惕“体制化困境”的同时，还面临着学科边界再清理、再巩固的课题；面临着对自身专业性再培育的使命；面临着学者学科立场、学科自我意识重构、再加固的特殊任务。这种两歧性境况的存在，使得当代中国教育学的学科发展问题显得更复杂，也更艰难。它需要"向外看"的眼光，更需要"回到自我"的意识；它需要依循学术界对"体制化困境"的反省与批判来反思自身，更需要从自身学科独特性入手来思考自我，以防止"直把杭州作汴州"的认识错位；它需要一种开放的视界，以保持与整体学术生态的"对话"，更需要一种强烈的学科自我意识来巩固自身的学科立场，以防止因对他者话语的简单认同和刻意追逐而丧失自我。

在上述的"体制化困境"中，教育学之所以面临两歧处境，一则与教育学自身的特点有关，二则与教育学者的学科立场、学科自我意识有关。就前者言，教育作为与政治、艺术、劳动等并列的一种独特人类实践类型①，可算是诸多实践类型中最为复杂和艰难的一项实践。大哲学家康德在主持"教育学讲座"时就曾指出："能够对人提出的最大、最难的问题就是教育。"②这种"最大、最难的问题"在对实践者的智慧提出了挑战的同时，亦对学术研究提出了更大的挑战：它不仅需要研究者具备将复杂事物做简化处理，以获取有效信息的能力，更需要研究者具有对复杂现象和动态过程做综合抽象的能力；它不仅需要研究者掌握各种科学研究方法和技术，同时也需要研究者具有敏感的心灵、敏锐的意识，甚至具有移情体验的感悟力。正如叶澜所指出的："教育现象的动态生成性，教育内部因素的异质多样性、相互作用过程及结果的整体性，教育过程中多种偶发和随机因素存在、参与和产生作用的可能性，都使我们在希望认识教育的真实状态和演化规律，形成对教育理性的具体的认识时，不可能主要采取分析、还原的抽象方法，而是主要采取具体、整合的综合方法。"③教育研究的过程，除了客观的剖析与理性的揭示之外，在特定的场景中亦需要"投入个体相关经验的研究"，"需要直接生活经验的积累和对人的生命过程的理解"。④ 对象复杂性与研究过程复杂性的双重叠加，使得教育学走向成熟的过程更为艰难。因而当其他学科因为过度专业化而开始反思自身的"体制化困境"时，教育学却还同时面临着自身专业性不足的问题。从教育学者的学科立场来看，学科初创时期由于受"急用"心态影响而成的"移植"、"套解"式

---

① 依德国教育学家本纳所见，人类的共同生活，人的"共存"由六种基本现象决定：劳动、伦理、政治、艺术、宗教和教育。它们作为社会必须的人类实践形式，由于多方面相互依赖性而构成了人类赖以保持和推进其自身存在的基础。参阅[德]底特利希·本纳著，彭正梅，徐小青，张可创译. 普通教育学——教育思想和行动基本结构的系统的和问题史的引论[M]. 上海：华东师范大学出版社，2006：8—9.
② [德]伊曼努尔·康德著，赵鹏，何兆武译. 论教育学[M]. 上海：上海人民出版社，2005：7.
③ 叶澜著. 教育研究方法论初探[M]. 上海：上海教育出版社，1999：328.
④ 同上，1999：330.

研究"传统",与当今浮躁的学术风气相遇合,使得当今的中国教育学科在呈现出"繁荣"景象的同时,亦存在着学科认同感相对脆弱的问题。若在这种情况下一味鼓吹"跨越学科边界"、"消解专业化"等"反体制"话语,无疑会对中国教育学的学科建设造成一定的负面效应。正因如此,在教育学领域内,对所谓"体制化困境"的反思除了关注外部话语之外,更需回到学科自身,在对自我发展历史、现实有清晰认识和理性自觉的基础上,合理地勾画学科的发展道路。

第一节　"突围"与"入围"①

德国教育学者本纳在讨论当前学术发展的专业化问题时曾指出:"即使专业化趋势可以被阐释为各种实践的自身要求忍受着其职业化之累,但取消专业化的构想未必能带来进步,因为简单地取消政治职业和教育职业还远远不能使得社会成员重新进行政治和教育思考和行动……幼稚地取消专业化无法挽回经济、教育、伦理、政治、审美、宗教思想和行动的特殊性。"②这一说法可说是非常准确地把握住了专业化背景下学术发展的两难处境。简单地认同专业化,其结果可能是不得不承担"职业化之累",从而使学术研究自身发展受到诸多禁锢;而"幼稚地取消专业化",且不说在当前境况下不可能,即便可能,也未必是消解问题的有效途径,草率为之,甚至可能因此而制造出更多的新问题。具体到教育学中,这一两歧性处境更为明显。在所谓的"体制化困境"中,当代中国教育学(者)几乎同时面临着"入围"与"突围"的双重使命。

事实上,在学术专业化日渐深入的同时,先觉的思想家对它的反思也日渐深入。早在19世纪末,堪称学术专业化最激进反抗者的尼采(Friedrich Nietzsche)就用自己特制的"锤子"愤怒地"敲击"了日渐僵化的学术体制。在他看来,这种专业化的学术体制铸造出的是"只会'啃'书本的学者",他们"丧失了独立思考的能力。一旦不啃书本,他就不会思考了"。他近乎刻薄地宣称:"学者——就是颓废派。"③与尼采的激进和张

---

① 关于"入围"与"突围"的相关论述,笔者曾在专著《教育学者介入实践:探究与论证》中有比较详细的论述。这里,为保持结构和逻辑的完整性,撮要概述,不再展开。参阅孙元涛著. 教育学者介入实践:探究与论证[M]. 重庆:重庆大学出版社,2009.

② [德]底特利希·本纳著,彭正梅、徐小青,张可创译. 普通教育学——教育思想和行动基本结构的系统的和问题史的引论[M]. 上海:华东师范大学出版社,2006:36.

③ [德]弗里德里希·尼采著,张念东,凌素心译. 权力意志——重估一切价值的尝试[M]. 北京:商务印书馆,1998:36.

扬相比,杜威给世人的印象显然要理性和温和得多。但即便如此,杜威抨击专业化的"火力"却丝毫不亚于尼采。他尖锐地指出,专业化的学术研究"在最坏的时候,成了一种搬弄命辞的把戏、琐细的论理和广博周详的论证的徒具外表的各种形式的玩弄。在最好的时候,也不过是为体系而体系的一种爱著,以及对于正确性的一种自许"。① 20世纪极富原创思想的哲学家海德格尔在洞悉了理性化和技术化造成人类精神萎缩这一时代征候之后,干脆宣称,科学的"制度化、事业化和机构化特征的扩展与巩固"造成的直接后果是,"学者消失了"。② 有20世纪西方思想界"斯芬克司"之称的福柯,尽管在学术体制内部获得了令人惊羡的"文化资本",却一直游刃有余地穿行在"体制内"和"体制外"之间的"空旷地带"上,且毫无生涩之感。他在短暂的一生中为世人贡献出了诸多艰涩的"理论",但他却因为"理论"是"我们所拒绝的体制的一部分"而从根本上反对理论,甚至拒绝以"新理论"来替代"旧理论",以防重新落入体制和"权力组织"的窠臼。于是,他让灵魂携带自己的身体走向了原始的"体验",并赋予"体验"以替代"理论"的位置。福柯并不满足于在理论层面上谈论"极限体验",而是身体力行地去体味这种"极限体验",以"尼采式的探求",追求哲学的生活化和生活的哲学化。③ ……这个单子还可以继续列下去,但就所引人物及其思想之代表性而言,目前的引述已足以让我们得出如下结论:尽管不同学者在专业体制中的处境不同,他们对于学术专业化潜在危险和现实困境的把握却有着诸多的相通处。

对于中国教育学者而言,专业化最为直接的后果是造成了教育学者的"学院化"生存方式。④ 这一生存方式的潜在危险在于,倘若教育学者仅仅依循于专业化的逻辑,缺乏深刻的反省和冷静的自持,缺乏一种精神突围的意向和行动突围的尝试,则很容易使教育研究成为偏居学术圈隅中的自在吟咏。如果我们不乏自我反省的勇气和真诚的学术自识,则不难看出,近些年来,中国教育学者在理论话语中所透露出来的,更多的是"说教育"的热情,而不是"做研究"的意向和相应的力行实践。这至少表明,中

---

① [美]杜威著,许崇清译.哲学的改造[M].北京:商务印书馆,1958:11.

② [德]海德格尔著,郜元宝译.人,诗意地安居[M].桂林:广西师范大学出版社,2000:35.

③ 从这一点可以看出,福柯可以说是20世纪思想史上与尼采精神气质最为相投的哲学家。但遗憾的是,如同哲学让尼采走向疯狂一样,福柯最终也在自己的"极限体验"中陨落,被"魔鬼"摄去了灵魂。参阅[美]布莱恩·雷诺著,韩泰伦编译.福柯十讲[M].北京:大众文艺出版社,2004:7—23.

④ 尽管这或许并非专业化所带来的必然后果,因为个人其实有权选择一种非"学院化"的生存方式,无论是像福柯那样的暧昧,还是干脆就置身体制之外。但对于学术人而言,与"学院化"生存所可能带来的危险相比,完全地拒绝专业化和体制化可能意味着更大的风险。因此,对于绝大多数的学者而言,面对专业化与学院化的诱惑,你可以选择,但很多情况下却别无选择——除非你干脆不做学者。

国的教育学研究并没有因其"后发外生性"而逃脱体制化和专业化的困境。因此,警惕专业化陷阱,对于今天的中国教育学者已经不再是"未雨绸缪",而是"亡羊补牢"。一种特定体制的维系,除了一系列必要的复杂建制之外,很大程度上依赖于体制中人的有意识遵从或无意识的精神习惯。但是,人毕竟不是体制的不折不扣的"应声虫"。一个具有主观能动性的学者,不仅应该,而且能够在体制所提供的空间内积极行动,并谋创造条件实现精神与行动的"双重突围",从而以自己的学术实践改变体制内部的"小生态",成为体制的参与性构造者。

所谓精神突围,是指教育学者身在"事"(教育实践)外,却意在"事"中,虽然并未直接进入教育实践,但却始终对自己的"学院化生存"有着清醒的自识与自觉;对于专业化的潜在危险保持着一份必要的警醒;对于另一个"场域"中开展着的教育实践怀抱一份牵挂与关切。精神突围之重要意义,主要并不在于它是行动突围的思想准备。在笔者这里,甘心坐冷板凳,以自觉的实践关切之意向从事"理论"研究,哪怕是身居书斋,也未尝不是一种值得期待的"突围"方式。这也意味着,笔者所谓的"突围"并不能被庸俗化地理解为丢弃自己的学术立场,完全以实践者的身份面世。事实上,倘若缺少一番必要的书斋化"修炼",草率地、甚至是自以为是地介入实践,则不仅无助于中国教育研究空间的拓展,反而很有可能因自己的介入"失利"产生后续连锁效应,从根本上堵塞理论通向实践的道路,造成中国教育学更严重的空间紧张。但是,这一立场不能被想当然地无限延伸。若刻意以"没有与教育实践绝对无关或完全无关的教育研究(成果)"为借口,无限泛化"精神突围"的指称范围,则多少会有狡辩甚至取巧之嫌。事实上,在体制化和专业化的压力下,玩弄文字游戏,甚至以"克隆"、拼接、贴标签等方式炮制教育理论的行为并不鲜见,应谨防"精神突围"异化成使这些所谓"研究"合理化的借口。

所谓行动突围,是指教育学者在研究实践中突破研究主体与实践主体之间的制度边界与生存边界,走进真实发生着的日常教育实践,实现一种真正的介入。对于个体的教育学者而言,精神突围本身就是可贵的,但是对于教育学科整体发展而言,出于学科自身结构完整性的需要,仅有精神层面的"突围"是远远不够的。必须有一些教育学者敢于并甘愿在个人的研究实践中尝试实现行动突围。这意味着他们需要走出封闭的学术殿堂,以开放的心态走进真实发生着的教育生活,在其中观察、体验、感受、欣赏;这同时也意味着他们应当以参与性行动者的角色和真诚合作者的姿态面对教育实践者,在共同构成的教育研究—实践共同体中促进教育实践变革,在实践变革中实现理论生成路径的变革以及变革的教育理论。在一个真实的教育世界里，在不同行为主体共同构成的合作共同体中，教育学者能够与教育实践者实现有效沟通，借以增强教育学者以理论思考来影响实践的自觉意识和责任意识，并因此而成为教育生活的参与者、批判者乃至创造者。

笔者认为，精神突围与行动突围是克服教育研究专业化困境的必要策略。但关切实践或者参与实践既不是简单地认同现有的实践逻辑，对实践采取一种迎合的态度，也不能带着自己定型化的理论预设，将理论与实践的关系理解为"图纸"与按图操作的机械劳作之间的关系。突围，尤其是行动突围，不仅需要勇气，更需要智慧和人格的魅力，此其一。其二，不能将"突围"剥离掉具体情境，简单地理解为干预实践的意向或行动，以为走出学术场域，到实践中"采风"或"指导"一番就是突围，这是对本文语境下"突围"的误解。突围的前提首先在于身在"围"中。教育学者如果不能很好地入"围"，则突围很有可能异化成为草率的"僭妄"，或者干脆成为一个"无从谈起"的虚假命题。在这个意义上，今天的中国教育学者在自觉地意识到双重突围的学术使命时，尚须对自己的学养、对中国教育学的"专业性"做出清醒的判断。若依这个思路深究下去，则在谋求精神和行动"突围"的同时，还必须同时意识到学养"入围"的紧迫感。

一个学科实现体制化、专业化的过程，与学科先驱者学科意识的觉醒紧密相关。而知识结构分化、社会整体结构的理性化和体制化进程，则无疑是不同学科先后走向专业化的制度保证。但制度层面的专业化还仅仅是专业化的一个维度。学科进入到专业化的学术框架中，对于其专业化进程而言并不意味着"尘埃落定"。它能否在这个专业化的学术框架中生存下去，以及以怎样的形象生存于其中，一个重要的决定因素就是其"专业性"的强弱。若依此来审视当前中国教育学的发展现状，则教育学者不得不面临一个新的发展课题，即"专业性"的再培育问题。如果说，"突围"是为了突破专业化藩篱，让教育学者把眼光放出去的话，那么专业性的再培育则要求教育学者向内着力，增强自身内在力量，在教育研究的具体实践中让教育学的专业属性得到进一步的培植。或者说，让教育学能够在与其他学科平等对话的基础上有尊严地"活着"。而达到这一点的前提，教育学者必须拥有足够的学科责任感和学科认同感。

多年来，有几个现象常常使中国教育学者"耿耿于怀"：教育学者在面对其他学者时，往往对其他学科领域的问题"敬而远之"，有时甚至是"噤若寒蝉"，但是其他学科的学者在面对教育学者时，并不惮于表达自己对教育、教育研究和教育学科的判断、评论甚至批判；许多教育学之外的学者对教育问题发表的见解，往往被教育学者看重，且容易对大众的耳朵产生更大的刺激,无形中抢走了教育学者的很多"风头";近年来,跨专业报考教育学博士生、硕士生的学生越来越多①,如果我们不是过于理想化的话,我们不会认为这种"热"真的是源于教育学的内在吸引力……造成这些现象的原因当然是复杂的,有些甚至是需要教育学者加以澄清和辩护的②。但是,由这些现象,我们不得不承认,当前教育学之"专业性"是相对屡弱的。惟其如此,在谋求精神突围和行动突围的时候,教育学者无论如何都不能遗忘对学科自身"专业性"的建设。而这一学科建设工作,不妨从自我学养的培育开始。在本文中,"学养"是一个综合性的概念,它是一个包含了学者所应当具有的学术道德、学术品位、学术智慧和学术知识的整体性结构。只有具备完备的学养,才有可能在体制化的规约和压力下保持冷静的头脑和理性的学术研究姿态。学养的欠缺很容易诱发学术研究中的浮躁之风。在体制化的压力之下,一个没有充分的学养积累的头脑极易在眼前利益的驱动下陷入误区,产生学术失范现象。在中国,教育学是一门晚熟的学问,与其他相对成熟的学科相比,教育学因其特殊性,其理论传统带有较为浓厚的实用性特征,而学科体系的完备性、逻辑自恰性等则暂时相对逊色于其他学科。在这种情况下,教育学者倘若缺乏冷静的意识和足够的学养,很容易在与其他学科的"对话"中丧失自己的立场。

从表面上看,突围与专业性自育的努力,带有明显的"两歧性"。但实际上,二者之间是相辅相成的。倘若没有专业性的自育,所谓的精神突围与行动突围很有可能发生异化,造成教育理论与实践之间更深的紧张关系。其结果,不是发展空间的拓展,倒反而可能危及现有的发展空间。同样,倘若没有精神与行动的"双重突围",陷于专业化陷阱的中国教育学者很难寻到思想的"源头活水",只能走一条思想"嫁接"的道路,要么是搬来西方的教育理论进行改造,要么是从其他学科的理论成果中推演出教育学的结论。如此这般,也就遑论专业性了。因此,专业性的自育决不只是闭门造车式的苦思冥想,它更需要回归"中国"大地,让思想之根扎在教育实践的泥土中。

---

① 据笔者统计,某师范大学教育学原理专业 2006、2007、2008 年三届招收的硕士研究生中,具有教育学本科或专科学历的学生比例低于 20%。某省属师范大学教育学的部分专业,报考的考生中没有一个系统地学过教育学。笔者接触过的一个著名的考研辅导机构,在 2007 年元旦举办的"教育学"辅导专场中,42 个应届毕业生学员中没有一个是教育学专业的。某大学教育学专业硕士研究生考试复试现场,许多跨学科报考教育学专业的学生,在谈及跨专业报理由时,或明或暗、或多或少,均表达出教育学比较容易考,没有什么专业障碍的意向。这种种现象,真的需要每一个教育学研究者深思。
② 何小忠.教育学的学科形象及其根源[J].当代教育科学,2005(7).

第二节　"破界"与"立界"

学术分科在实践中的实现,及其制度化和专业化程度的加深,有一个非常重要的表现方式,那就是学科边界的确立。而确立边界的最直接、最有效的方式,可能就是对不同学科间差异的寻找与确证。正如华勒斯坦等人所说:"学科的制度化进程的一个基本方面就是,每一个学科都试图对它与其他学科之间的差异进行界定,尤其是要说明它与那些在社会现实研究方面内容最相近的学科之间究竟有何分别。"①寻找和确证学科之间的差异体现着对各学科专属研究对象之独特性的尊重和认可,以及建立在对这些独特性认识基础上所采取的研究方法、思维方式等方面的有意识的区分,但这远不是问题的全部。除此之外,至少还有一个问题不容忽视,即寻找和确证学科之间的差异是学科的专门从业者论证自己所从事的学术实践之合理性的一种重要方式。从这个意义上说,学科间的所谓"差异",很多并不是自然形成的,而是人为"制造"出来并加以论证突出的。故而不同学科之间之所以能够形成被学科成员所广泛认同的所谓"边界",很大程度上是受到了"学科文化"的影响。华勒斯坦注意到,在社会科学者协会的年会上,来自不同学科的学者所提交的论文题目居然"惊人地相似",所不同者不过是不同学科的学者在标题的名词性短语后面加上"的人类学"、"的社会学"、"的历史学"等后缀而已。来自不同学科领域的论文,在内容方面的差异远不像想象或声称的那样大。② 由此可以设想,构成不同学科之间,尤其是某一特定学科与其相邻的学科之间的所谓学科边界,并不像有些学者所想象或论证的那样,存在着那么多无法逾越的"硬边界";边界中的相当一部分,其实是凭借学者内心所持存的学科立场,以及学科共同体在学科传承发展过程中所形成的学科文化而构成的"软边界"。从理论上讲,学者个体要想克服学术偏见,突破学科边界的禁锢,并非不可能。只是,在当前的学术体制中,跨越边界的努力常常受到既存的构成学科存在之硬框架的组织机构及其相应的学科文化的限制。在特定的情况下,鲁莽地跨界不仅容易遭到学科内部从业者的非议,甚至有可能因此而付出代价。正是借助这种学科"自我保护机制",才使得一个学科的存在和研究,以及它与各种邻近学科之间的分界表现得相对稳定和清晰。从这个

---

① [美]华勒斯坦等著,刘锋译. 开放社会科学[M].北京:三联书店,1997:32.
② [美]沃勒斯坦著,王昺等译. 知识的不确定性[M].济南:山东大学出版社,2006:107.

意义上说,学科边界的存在合理性很大程度上是靠学者个体内心持存的学科立场,以及学科共同体长期以来形成的基本约定所维系的。因此,正如倡导跨越学科边界、走向"反学科"、"后学科"研究的诸多学者所宣称的那样,学科边界作为一种人为建构的,隐含着权力、利益关系的现实存在,在促进学术专业化、精深化发展,间接保护学科与知识的"尊严"的同时,也存在着禁锢学术创造性、滋生学科偏见、肢解现实问题并因此而可能造成对问题理解的歪曲或片面化等危险。正因如此,当学科边界变得越来越森严,并因此而引发学科内部学者的自我警醒时,"破界"遂成为"非专业化"理论设计中一项重要的议题。

若从学科边界的自我建构以及学者的边界意识等维度来分析教育学科的现实境遇,则不难发现,当代中国教育学面临着一种极为独特的悖论性处境:一方面,教育实践作为一种"特殊的,与人类行动的其他形式相联系"的实践类型固然有其独特内涵,但由于各种不同实践构成了"人类共同生存的本体",因而任何一种实践类型都"无法要求一种封闭的独立性",亦无法要求一种"凌驾于其他实践的优先地位"。不同的实践类型之间由于"多方面相互依赖性而构成了人类赖以保持和推进其自身存在的基础"。① 正是不同实践类型之间这种既拥有自我存在之独特性根据,又彼此开放、相互依赖的关系状态,使得专门的教育学研究成为必要,亦使得教育学研究需要一种开放的视野和综合的眼光,以便于在分析教育问题时能够突破"教育"的限制,"跳"到教育之外看教育;能够以一种"生态"的眼光来审视和思考教育问题。因为,随着不同实践类型之间相互依赖性的增强,很多教育问题的解决往往并不能单纯依靠教育的力量,而是需要一种综合性的社会服务和治理。例如,素质教育的深度推进便不单纯是一个教育问题,而是一个整体的社会生态改造问题。如何立足于一种生态学视野,以综合、系统、复杂的眼光来思考教育问题,往往是接受了长期、系统教育学学科训练的教育学者较为欠缺的。依此而言,教育学研究应当具有一种跨学科的思路,这对于深化对教育问题的理解,寻找更有效、更科学的解题路径,无疑是非常重要的。但是,教育学的所谓跨学科问题远非如此简单,它还存在着另一种面相:在当前学术体制的影响下,学院化、书斋化几乎成了教育学者主要的专业生存方式。在远离教育实践的场域中从事"教育学研究",则研究成果的生产和表达不得不较多地依靠"思辨—类推"或"考据"等

---

① [德]底特利希·本纳著,彭正梅、徐小青、张可创译. 普通教育学——教育思想和行动基本结构的系统的和问题史的引论[M]. 上海:华东师范大学出版社,2006:9—33.

方式。而在越来越大的体制压力之下①,许多学者所选择的(包括教育学者)"制造"学术成果简单有效且不跌破当前学术体制之伦理规范底线的方式②,便是采用另一种类似"跨学科"的方式。③ 例如,将哲学、社会学、人类学、政治学等学科中的话语方式、研究思路等借鉴、移植或套用过来,改造成教育学话语,以此来生产教育学知识和成果。这种所谓"跨学科"方式,其有价值者,可能是借助他学科的研究视角、思路和方法来思考教育学问题,从而创生出教育学理论。至于以简单演绎的方式将他学科的话语作简单改造,粘附到教育学问题上,以此来生产理论的思路,则可视为单纯增加理论产出而不体现知识创新的一种理论生产方式。这样的理论生产方式,虽然有助于加快理论产出,增加教育理论的总体产量,但在提升教育学的学术品质和学术声誉,扩大教育学在学术共同体和教育实践中的影响力等方面,其真实力量与理论的总体产量之间往往难成正比。将这种状况完全归咎于学术偏见,或以其他学科的学者不了解教育学科为由来聊以自慰,这种心态难免让人想起阿Q的"精神胜利法"。对于教育学者而言,若不满足于将教育学研究和写作仅仅作为谋生手段,不满足于将符合体制要求、缓解体制压力作为唯一的研究动力,而是在此之外尚怀抱对学术研究自身的敬畏,怀抱对研究现实教育问题的责任感,怀抱对学术人生的深深认同,则在学术研究中,除了需要保持一种跨越学科边界的意识之外,更需要培育一种"返回自身"的理性自觉。进而言之,在当前的学术体制中,当众多的学者致力于反思森严的学科边界对学术研究所产生的负面影响时,其实当代中国教育学者不得不同时思考自身所面临的另一重问题:对当今中国教育学发展构成更大威胁的,可能不是森严的学科边界对教育学者思维的禁锢,倒反而是众多"无边界"的言说和写作对教育学学科自我的遮蔽和消解。因此,在学科边界问题上,当今中国的教育学者除了要像其他学科的学者一样警惕过度学科分化所可能造成的诸多负面效应之外,还同时肩负着为自己专属的学科"园地"筑好"篱笆",以保护其健康发展的学术使命。那么,面临"立界"任务的当代中国教育学,何以"立界","立"什么"界"? 笔者认为,在当前的学术体制中,当今中国的教育学研究至少应该明晰和突出双重边界:学术边界与学科边界。

---

① 近年来,几乎每一个生活于体制内,且无法超脱于体制压力的学者都明显地感受到,体制对学者的控制正在收紧,压力不断累加。体制实现这种控制的方式之一,便是不断提高学术研究的数量和质量指标。

② 之所以加上这一特别的说明,是为了将那些以体制压力为借口,以违背学术伦理规范的方式来获取学术成果的所谓"研究"方式剔除出来。

③ 很多时候,这种所谓"跨学科"的方式,更多地表现为一种"跨学科"的写作方式或表达方式。

一、学术边界

确立和突出教育学的学术边界,其要义是合理地区分教育的常识理解与教育的学术研究之间的边界,以更好地凸显自己作为"学"的价值和尊严。对于很多学科而言,常识理解与学术研究之间的边界几乎是自明的,并不需要做出特别的说明、阐释和论证。例如,自然科学或高新技术,由于其研究对象的非日常化特点,其知识的专门化程度较高,其理论与技术对大多数非专业人员而言是陌生甚至神秘的,因而其与常识之间的界限是明朗的;这一明朗的界限又几乎是自明的,无需学者再费心加以廓清和特别论证。再如,对于哲学而言,其理论传统中的"高贵"倾向和特殊表达方式所显示出的"玄奥"色彩,亦足以让它与人们所熟知的诸多常识泾渭分明。但是,教育学理论(知识)与人们的常识理解之间的关系,却远不是这样泾渭分明。教育学,由于其研究对象的普遍性、平实性,使得其即便在普通大众的心目中亦有一种"亲近感"。普通大众几乎都有一定的受教育或教育他人的经历、体验和感悟,因而也有自己初步的、素朴的教育观和"教育理论",具备一种"缄默的"教育知识或常识性的教育理解。在很多人那里,虽没当过老师,但做过学生;没教过学生,但却教过儿女;没专门研究过教育,但却常常置身教育中,甚至时时处处感悟着教育。因此,教育学之于公众而言,是身边的学术,既不陌生,也不遥远。这种亲切感的另一面,是陌生感、专业权威感的弱化。[1] 例如,人们会非常自然、乐意地相信医生的诊断,接受医生的建议或治疗,但对于教师的建议,则并非每个家长都会从内心里产生认同感。无论是其他学科的学者,还是普通的社会大众,由于自身所感受到的与教育的切近性,几乎都敢于、也善于对教育做出种种的评论、判断,甚至也不惮于对各种自己所觉察到的诸多问题给出意见乃至处方。在面对教育问题时,似乎人人都是天生的教育学家。这种状况的存在,一定程度上影响了人们对教育学作为一门学术的专业性的认可。

理性地讲,越是研究对象较为日常化、平实化的学科,就越容易受到常识、习俗等力量的影响。这些影响有其积极的方面[2],但是,其中所掺杂的偏见则很容易影响人们对教育问题的正确理解,亦有可能阻碍人们对正确的教育理论的接受。正因如此,比起其他许多学科,教育学更需要做深入的研究,以便增强其成果和结论的说服力。但从总体上说,与教育学者所自我承诺的学科价值相比,教育学在超越常识见解、提出

---

[1] 何小忠. 教育学的学科形象及其解读[J]. 湖南师范大学教育科学学报,2005(2).
[2] 例如,许多常识性的教育理解,可能成为教育理论传播的支持力量;再如,民众对教育问题的参与兴趣,一定程度上有助于拓展对教育问题的理解,专业化的教育研究亦可以从中汲取积极的力量。

富有专业性的理论和见解方面,表现并不理想。对于当今中国教育学的研究现状,陈桂生曾非常尖锐地指出:我国教育界介绍、解释国外研究的"成果"远多于对本国教育应有的研究。多数的教育科研成果恐怕连"思辨性"研究也算不上,顶多是些"思考",其中不少还是教育专业人员的非专业思考。① 此说虽显刺耳,甚至可能因此而"打击"、"伤害"众多教育学者的感情,但也的确是触及了问题的核心。在当前这种只要"孩子",不要"分娩过程";只问"产出",不追究研究过程的学术评价方式下,思考、写作与学术研究之间的边界几乎被抹平。学者的文笔、写作能力几乎成为评价其学术水平的最重要的指标,而真正反映学术水平的学术原创力、创新力,则因其不便操作,几乎实质性地退出了学术评价领域。在强大的体制压力之下,真正标识学术水平的诸多指标,若没有真正转化为体制性力量,往往难以得到体制内学者的普遍性认同。近年来,尽管学术原创力、创新力屡弱越来越引起各学科学者的普遍关注,但由于对学术原创力、创新力的评价往往很难转化成数字化、表格化指标,而与当前盛行的体制化精神相悖逆,所以迄今为止并没有真正转化成为实质性的学术评价指标,也就自然没有真正转化成为大部分学者从事学术研究的内在价值尺度。在更多地考虑符合体制的要求,却相对忽略学术自身的内在逻辑的情况下所生产出的学术成果,其更多地呈现出"思考"的特点而不是"研究"的力量,因而其专业性尺度是难以得到根本性保障的。

近一个世纪前,社会学家、教育学家潘光旦敏锐地把握到了学术研究中的弊病,指出:"近年来习见之文字,所论议者大率不出哲学、教育、社会学数种范围。岂中国学者于此三种学问之兴会独深,或中国社会所仰望于此三种学问者独大耶? 殆未必然。兹三种学问者,范围至大,包罗至无限,精究之固难,而欲于中撷拾一知半解以为作稿之资料则绝易也。此在读稿者或未必知,而在集稿或编稿者必大有以实我说。一稿之标题,曰绪论,曰概要,曰原理,曰大纲,曰要义,曰述略,至于层出不穷。"②时间流转,世事变幻,近一个世纪前潘光旦的判断与今日之哲学、社会学研究是否仍能相合,笔者不敢妄断。但审视当今中国教育学的发展境况,却不能不说,虽时过境迁,然潘光旦对当时教育学发展境况的判断和批评,在今天不仅没有过时,甚至还"鲜活"得很。教育学者如何能够通过自己的学术研究,捧出大量超越常识水平,为其他学科的学者和普通民众所认可乃至"敬畏"的学术成果,这依然是当今中国教育学者不得不深入思考的

---

① 陈桂生. 也谈"十字路口的现代教育"[J]. 教育参考,2002(10).

② 潘光旦. 近年来之知识介绍[A]//潘光旦著,潘乃穆等编. 潘光旦文集(第2卷)[M]. 北京:北京大学出版社,1994:8.

问题。

客观上说,教育学对教育问题的关注并不具有垄断性。由于教育问题的公共性质,教育学(者)既无法、更无权阻止其他学科和普通民众对教育问题感兴趣,亦不能阻止他人在这个问题上表达个人见解。他人对教育问题的思想或理论介入,对于教育学者或许不乏思想启迪的功效,但教育学者更应该从中感受到一种专业紧张感:在自己专属的研究领域中,如果不能提出更精致入微的见解,倒反而是被所谓"外行"的意见所左右甚至被舆论或常识"牵着走",则很难设想教育学能够在学术共同体中获得普遍的尊重。

那么,教育学如何才有可能确立起自身的学术边界? 这一宏大的课题,可能需要综合考虑若干的因素和资源,但笔者认为,教育学者至少在以下几方面可以做出努力和尝试。

第一,从丰富思想、理论和实践资源中汲取智慧和力量。教育学者对教育问题的理解和判断,不能单纯建立在个体理解基础上。对于大多数非专业人员来说,他们用以做出常识性判断的素材,主要"局限于自身所处的生活世界",而很少"努力超越日常关系的事情"。由于每一种"基于个人生活世界的经验必然带有局限性和片面性",因此,只有"将源于多方面生活世界的经验相互结合、相互比较,才能弥补这种局限和片面"。① 作为专业的研究者,教育学者在从事学术研究的过程中可以将中外教育学术史上传承至今的教育思想,历史上教育改革与发展的经验和教训,国外当代教育改革与实践的经验教训等进行有机整合,以扩展视角,加深理解。这对于提升教育学者的理解力、判断力,无疑具有重要的价值。教育学者应该能够洞穿历史,在对超越时空的教育资源进行整合建构的基础上获得对教育问题的更好的理解。形象地说,教育学者是"站在大地上思考的人"。而这里的大地,就是历史与既有经验。历史将为教育学者提供养料和智慧。对于专事教育学研究的学者而言,这些思想、理论和实践资源往往是学科外的学者或普通民众所不具备的,这是教育学者可能转化为自身学术优势的专业性资源,对这些资源的重视、积极开发和合理利用,将有助于提升教育学研究的专业水平。

第二,从对现实教育实践的深入解读中探索教育的内在事理。就其性质而言,教育研究是一种事理研究,意在揭示教育这一"人为之事"的内在事理。它首先需要判断

_____

① [英]齐尔格特·鲍曼著,高华等译. 通过社会学去思考[M]. 北京:社会科学文献出版社,2004:绪言 13.

127

事态,即事情发生发展的基本势态;由事态中,可以进一步探究事由,即之所以要如此做事情、事情之所以要如此这般发展的因由;而后,在对事态、事由整体把握基础上,结合对纵向历史线索和横向相关因素的综合分析,从中解析出"事"中之"理"。与"实体"不同,"事理"之"理"属于"虚体"。言其"虚",是说它并无具体可见的外形,且不受空间因素的阻滞。但它又并非虚无和空幻,而是一种可把握的"体"。它蕴含在事中,蕴含在做事的人对"成事"的谋划、审度和价值考量中。因此,它无法像实体那样被直接看到、触摸到,而只能凭借行动者的反思、主体间的"理解",凭借人类自身的理性能力从交织着各种主客观因素的"事情"中清理出头绪来。① 这样一番思想的"跋涉",仅仅凭借站在"事情"之外的旁观是不够的。在很多时候,教育学者可能需要进入到事情当中去,对事情做一番介入式的理解和体悟。这虽不是教育研究唯一可取的方式,但却是教育学者获得对教育问题的深入认识的一种重要方式,也是可能更好地突出教育学之专业性的一种可资选择的方式。这种研究方式,与非专业人员站在教育之外来思考和评判教育的姿态是不同的。如果能够善用这种研究方式,将有可能突破常识的理解,获得对教育问题的更为深入的认识。

第三,以学术研究特有的"陌生人眼光",寻求突破常识的力量。在英国社会学家鲍曼(Zygmunt Bauman)看来,"常识影响我们理解世界和自我的方式的力量",依赖于常识的"显而易见不证自明的特征",依赖于"渗透于常识中同时又被常识所渗透的日常生活的常规化和单调性"。常识的理解,由于"接受了那些充斥于我们日常事务中的常规的习惯性动议",往往会放弃"自我审察和自我分析"。"熟悉是好奇和批评的最强硬的敌人——因此也是创新和敢于变革的最大敌人。"②学术研究,尤其是人文社会科学领域的研究(包括教育学研究),既不能、也不应完全地离开日常生活,阻断学术与生活之间的血肉联系。但是,学术研究在亲近日常生活的同时,亦不能简单认同和接受日常生活的逻辑。学术研究审视日常生活,突破常识规限的一个重要策略,就是其陌生化的眼光。即在意识和思维中,将熟悉的事物和常识理解陌生化,以研究的姿态、批判的精神和审察的眼光重新走进对象世界,从中发现被常识所简化、遮蔽或歪曲的事物的另一种面相。教育学研究如果不能在这方面表现出其卓越的品质,则其合理性必然会遭到一定程度的质疑。

---

① 徐长福著. 理论思维与工程思维:两种思维方式的僭越与划界[M]. 上海:上海人民出版社,2002:41.
② [英]齐尔格特·鲍曼著,高华等译. 通过社会学去思考[M]. 北京:社会科学文献出版社,2004:绪言15.

第四，遵守基本的学术伦理和严谨的学术规范。与其他相对"松散"，"更缺乏自我控制的知识"相比较，学术研究所提供的信息、知识和理论，应当是严谨的、规范的、负责任的。这样的知识形态，需要一种恰当的理论姿态来保证。无论是在学术研究中还是在日常生活中，人们均可以基于自己的理解，从自身立场出发来表达一种意见或阐明一种立场，但是学术研究不同于日常表达的一个重要特征，是必须为自己所表达或提供的意见、立场作出真诚、严谨的论证。真诚是一种理论姿态，更是一种基于学术伦理考虑的自我约束；而严谨与否则可能需要交付学术共同体来审议。对于教育学者而言，由于不同的研究专长，不同的选题，不同的学术兴趣等等，学术研究可能采用不同的方法，因而构成论证的理据可能是不同的。但无论是采取哪一种研究思路和方法，教育学者均需负责任地给出合理地论证，而不能利用自己所拥有的理论话语权，恣意表达个人意见，甚至以"理论"的方式来表达常识的理解。

二、学科边界

明确和凸显教育学的学科边界，其要义是合理地区分教育学与其他学科之间的界线，以更好地凸显教育学作为"教育"之学的独特性和存在合理性。由于学科不仅是一种知识建构，同时也是一种社会建制，因此评判教育学的学科边界可以大致从"硬边界"与"软边界"两个维度上展开。就前者而言，当代中国教育学经过百余年的发展，已经在许多大学里具有了独立设置的学院、系科以及学科专属的相应职称；有了学科专属的学术刊物；具备了日渐复杂的学科后续人才培养体制；发展起了个体规模日渐扩展、群体数量逐渐增多的学术组织……从组织及其相应制度的角度上，教育学区别于其他学科的边界问题似乎已经"尘埃落定"，其学科独立性问题似乎已经成为一个假问题。如果说在硬边界的问题上还需要进一步深究的话，那么我们更应该关注的或许是其存在形态问题。具体而言，在学科对话、沟通日趋频繁和深入的今天，学科的组织形态将有可能发生怎样的变化？哪些变化是应当努力促成的，哪些变化是学科的从业者需要警惕并加以提防的？等等。但这些显然已经逐渐逸出了单纯学科边界问题的讨论。对于当今中国的教育学而言，真正困扰学科发展的所谓学科边界问题是教育学的"软边界"问题。进一步讲，是由于教育学者对教育学之学科独特性问题缺乏自觉意识而产生的学科认同感薄弱，学科立场不鲜明等问题。因此，在当下境遇中，对教育学学科边界的探问，最核心的是对教育学区别于其他学科之独特性的探索。再进一步讲，是通过教育学者学科立场的自觉、学科认同感的自我培育而促进教育学的内向式发展,从而凸显其学科独特性及存在合理性的问题。那么,究竟如何来理解教育学的学科独特性,在当前学科分化与整合双向共进的,极为特殊的学术演进路线中,教育学应该如何确立自己的学科边界? 关于这一问题,从不同的角度出发,可能提出不同的理论设计。但笔者认为,所谓"本立而道生",教育学作为一个学科,并非自然演化的结果,而是人为建构的产物。凡人为之事,影响最大者,便是人之心态和立场。因此,教育学学科边界的确立,学科"软边界"的寻找和确立,最核心的问题是教育学者学科自我意识的觉醒,更具体说,是教育学者学科立场的自觉和学科认同感的强化。

第一,教育学学科认同的心理建构与实践建构。所谓"认同"(identity),也可译为"统合"、"身份"、"同一性"等,原属心理学术语,出自美国心理学家埃里克森(Erik H. Erikson)。其原意是指个体对自己的本质、信仰及一生趋向的一种相当一致和比较完满的意识。它代表人格成熟的一种状态,指个体综合当前自我、个性特征、社会期待、以往经验、现实环境和未来期望六个方面,将其统合为一个整体的人格结构,使个体对"我是谁?""我将走向何方?"等问题不再有彷徨迷失的感觉。由此出发,所谓学科认同,也就是学者对于自己所专事之学科的独立性、完整性、连续性的自我意识,进而对于自己作为该学科从业人员的学科使命、学科立场的自识与自觉。[①] 具体到教育学与教育学者而言,学科认同就是教育学者对于自己教育学者身份的"自我觉察(self-awareness)、自我意象(self-image)、自我观念(self-concept)、自我展现(self-expression)、自我理想、自我评价和自我控制",同时也是对他人关于教育学科之评价的反思性意识。[②] 正是借助于这种清醒的自我意识,教育学者才能够在学术理解内部保持对"教育学理解"[③]与基于其他学科立场的理解相区分的意识。

笔者之所以主张进行学科认同的心理建构,是因为在笔者看来,这是维系学科独立性、凸显学科"软边界"的第一位的,也是最内在的,并且是自我可控的要素。如果教育学者不经过一番"诚意正心"的功夫,仅仅满足于被制度与体制裹挟着前行,或者寄希望于制度或体制有所改变之后自身再做改变,则无疑会进一步加剧制度与体制对学术文化的宰制。例如,近年来,几乎每一个体制中的学者(包括教育学者)都会感受到,在体制中维系现状或谋求更好发展的标准和要求正变得越来越高,越来越苛刻。但这种情况的出现,无疑是学者参与性建构的结果。在"不能在质量上取胜,就从数量上突

① 项贤明著.比较教育学的文化逻辑[M].哈尔滨:黑龙江教育出版社,2000:16—17.

② 同上,2000:22.

③ 李政涛.论"教育学理解"的特质[J].华东师范大学学报(教育科学版),2004(1).

破"心态的影响下,追求数量成了竞争的砝码。但水涨船高,为了使评价标准具有区分作用,只能越来越多地提高要求,于是学者共同体所面临的压力也就越来越大,质量问题也就越来越变得无关紧要。这显然是一个恶性循环。问题在于,比赛可以不断升级,但从生命到心理的承受力却毕竟有限,当到达极限,人们将疯狂而死。近年来不断曝光的知识分子早衰、早亡便是一个危险的信号。所以,赵汀阳警告说:"比赛是现代社会的原罪"。①更何况,借口学术生态不理想而放弃做艰苦努力,无论如何都是缺乏学术责任的表现。试想,赫尔巴特建构"普通教育学"时,他所面临的学术生态显然不会比我们更好,却凭借着自己强烈的学科自我意识,在有限的学术积累的情况下,宣言了"教育学"作为一个学科的诞生。尽管赫尔巴特意义上的学科、教育学与今天有别,但其中的理与情却无疑值得反思与借鉴。

"从文化的立场看,认同必须经过自觉的奋斗才能实现"。②笔者认为,学科认同的心理建构,至少包含三层意义:(1)确认教育学作为一门"学科"在建制意义上的独立这一事实。这是"教育学者"这一特定学术身份的立身根基。(2)平和、澄明地对待来自外界和学科内部的批评与赞美。这意味着,教育学者不必因为霍斯金(Keith W. Hoskin)宣称教育学是"次等学科"③而懊恼;不必因为奥康纳(D. J. O'Connor)视"'理论'一词在教育方面的使用一般是一个尊称"④而沮丧;与此同时,当然也不要因为李泽厚宣称"教育学——研究人的全面生长和发展、形成和塑造的科学,可能成为未来社会的最主要的中心学科"⑤而欣喜若狂,忘记了该如何面对教育学发展问题重重的现实。对于教育学者而言,关键的是要有一种对于本学科发展历史、现状与未来的"文化自觉",知道其何所来,何所去,以及如何走。(3)在自我与教育学的学科形象、学术声誉之间建立起意向性关联,意识到自身作为教育学研究的专业从业者在教育学学科发

---

① 赵汀阳著. 观念图志[M]. 桂林:广西师范大学出版社,2004:90.
② 杜维明著,岳华编. 儒家传统的现代转化[M]. 北京:中国广播电视出版社,1992:50.
③ 不满于学科发展现状可以理解,但是因为这种不满就放弃了使学科合理化的艰苦努力,则至少是一种逃避学术责任的表现。事实上,任何一个学科在发展过程中都可能面临这种挑战或不满。例如,社会学曾一度被视为"伪科学",但是经过几代人的艰苦努力,它业已走出了低谷。经济学曾一度依附于政治学,并被认为没有独立之必要,但它现在已经发展成为一门远较教育学强势的学科。
④ [英]奥康纳. 教育理论是什么[A]//载瞿葆奎主编,瞿葆奎,沈剑平选编. 教育学文集·教育与教育学[M]. 北京:人民教育出版社,1993:484. 通读奥康纳的论述不难看出,他之所以作出这般判断,实在是因为他对"理论"一词的狭隘理解所致。如果忘记了这一点,在我们关于"理论"的理解中来使用奥康纳的判断,无疑是对他的观点的歪曲。更何况,奥康纳的所谓"理论观"早已被超越。
⑤ 李泽厚. 哲学探寻录[A]//李泽厚著. 世纪新梦[M]. 合肥:安徽文艺出版社,1998:17.

展问题上理应承担的学术使命。如果没有一种建基于学科认同基础上的学术使命感，所谓教育学的发展只是徒托空言而已。在很多时候，将自我从教育学的学科发展问题中抽离出来，以旁观者的姿态对教育学发展中的种种问题"指手画脚"，可能并非难事。但是，作为一个教育学者，在自我与学科发展之间，应该建立起一种更紧密、更内在的关联，应该有一种将自我植入教育学发展的过程中，在诸多教育学学科发展问题中追究自我责任的意识和勇气。倘若大多数的教育学者，都还只是将"教育"（学）作为谋生的手段或言说的借口，则教育学的学科处境，是很难真正有所改观的。

"作为学科群体的一员，就其本质来说，是身份认同和个体责任感，是'生存在这个世界里的一种方式'，也事关'定义一个人生命中大部分事情的文化框架'。"①一个对自己所从事的学科缺乏内在心理认同的研究主体，其思考和言说也就很难提升到学科框架内的自觉和自为水平。但个体对学科的认同，仅仅依靠心理建构还不完备。教育学者还必须在这种心理认同感的驱动之下走向自觉实践。因为，凭借心理建构而确立的学科认同，倘若没有化入具体的研究实践，其"属己性"是相当脆弱的，并且是容易被跨越的。例如，哲学、社会学、经济学领域的学者，都可以在形势需要或个人心血来潮时，换一副"眼镜"，站到教育学的立场上来发言，表达对现实生活中诸多教育问题的看法。并且，在许多教育学者看来，这些发言不仅在义理上不逊色于许多教育学者，而且对于民众似乎更有煽动力。这种现象的存在似乎意味着对教育学之专业性和独立性的挑战，但事实上，这样的挑战是每一种人文社会科学都需要面对的。这也就是说，教育学者未尝不可以换一副"精神眼镜"，对其他学科领域中的问题进行思考和表达。只是，这样的思考和表达，不应当仅仅是为了"做出"一种姿态，或者怀抱"反击"甚或"报复"的心态，以此来回应其他学科对教育学的"侵入"，否则只能暴露出自己的浅薄和偏私。事实上，教育问题原本就是一个公共性问题，因而也就自然地成为公共讨论的话题资源。因此，其他学科的学者关注教育问题，表达个人观点并不是什么了不起的"僭越"。对于教育学者而言，他真正应当思考的不是如何阻止他人对教育问题的关注和研究——任何一个学科都无权剥夺他人关注、思考该学科问题的权利——而是"我"的思考如何超越常识层面，深入到"专业"思考的层次和深度。这意味着，对于学科认同的建构，决不应仅仅停留于思想层面，也不单单是理论言说中立场持守的问题——尽

---

① ［英］托尼·比彻，［英］保罗·特罗勒尔著，唐跃勤等译. 学术部落及其领地：知识探索与学科文化［M］. 北京：北京大学出版社，2008：50.

管这些都必要且重要——更重要的是，它还应当从单纯寻求学术基础进入到对生活实践基础的回归。惟有如此，才能够标示出教育学作为一个"有专业性"的学科之独特性与独立性。很显然，这样的学术追求，除了借助各种理论资源来提升学者自我的判断力、想象力和阐释力之外，在很多时候还需要学者能够进入到研究对象的内部，借助于介入式的研究来把握教育实践的内在逻辑，尤其是探寻理论与实践交互生成的内在"机理"。倘若教育学者无法通过自己的理论言述来体现与常识的教育理解的实质性差异，不能在对问题的分析中体现出与其他学科的学者身居"事外"所提供的教育见解的不同，那么，教育学的学科认同问题、进而教育学的学科独立性问题便终究是个得不到有效解决的"问题"。

在学科发展史上，学科划界的依据一直以来都是个见仁见智的问题。许多学者倾向于将研究对象与研究方法视为学科划界的主要标准。① 那么，从研究对象的角度，是否能够清晰地界定教育学与其他学科的边界？笔者认为，真正具有学科划界意义的，不是对象本身，而是学者在面对特定研究对象时的姿态与立场。

从组织机构及其各自配置的制度规范的角度讲，教育学与其他学科的边界似乎是清晰的，明确的。不同学科的学者在体制中各自归属于不同的院系、学会或其他组织形式。但是，教育与其他人类实践之间既相对独立又相互依赖的特性决定了，不同学科的学者与其所专属的研究领域、研究对象的关系远不像组织机构的划分这样泾渭分明。例如，就教育学研究而言，一方面，现实生活中的教育问题很多情况下并不仅仅是"教育"的问题，它可能错综复杂地纠缠着诸多政治、经济、文化等因素，因而所谓专业化的教育学研究常常需要跳出教育来思考教育、研究教育；另一方面，教育问题的公共性和对社会民生的广泛影响力，使得其他学科的学者或者基于深化和补充本学科研究的需要，或者基于所谓的"公共关怀"，不时地跳出本学科领域的限制，介入到对教育问题的思考和阐释中。这种跨界关注或所谓交叉研究的存在，意味着任何学科都不可能完全地占有对某一特定研究对象的垄断权。但是，一个学科经过长时间的自觉"经营"

---

① 例如，瞿葆奎与唐莹对学科的根本特征与成熟标准问题作过专门论述，提出："不管人们从各自角度提出了多少标准，只要是一门学科，其最根本的特征主要体现在两个方面：对象与方法。如果说有第三个方面，则是在此基础上形成的理论体系。学科的命名也概略地出现这样的分布：或以对象命名，或以方法命名。"在一般性地论述了学科分界标准的基础上，他们进一步指出："评判一门教育科学分支学科是否成熟，其指标可从两方面看：一是属于'理论'方面的——对象、方法（即理论体系）；一是属于'实践'方面的——是否有代表人物、著作、学术组织、学术刊物等。"瞿葆奎，唐莹. 教育科学分类：问题与框架——《教育科学分支学科丛书》代序[A]//杨小微，张天宝著. 教学论[M]. 北京：人民教育出版社，2007：总序.

和自我培育，往往会形成富有学科特点的研究视角、思维方式，而这些内在的学科文化方面的维度，对于学科的区分和划界，往往发挥着实质性的影响力。例如，吴康宁就曾提出，真正标定一个学科是否独立的首要条件，是"学科之眼"。他认为，学科之眼本身是自足的，是不依附于其他的学科之眼的，它们相互之间具有不可比性。用这些不同的学科之眼所"看到的空间范围"——亦即所形成的"学科视野"——也就具有了不可比性。政治学使用的是"权力"之眼，经济学使用的是"利润"之眼。权力之眼看到的是与权力的形成及运作有关的一切现象，如此而构成政治学的学科视野；利润之眼看到的则是与利润的产生及分配有关的一切现象，如此便形成经济学的学科视野。哲学的学科之眼是"人类幸福"。用这种学科之眼来审视，哲学所看到的是整个人类意义上的、"大写的人"，是这种意义上的人的生活幸福问题。如此而形成的哲学视野中，自然也就包括了以人类幸福为核心的一系列范畴诸如人的天性、人的意义、人的理想、人的潜能、人的价值等等。社会学的学科之眼是"社会平等"。用这种学科之眼来审视，社会学所看到的是具有相同的社会或文化特征的各种人群之间的平等问题。如此而形成的社会学视野中，便包括了以社会平等为核心的一系列范畴，诸如社会结构、社会分层、社会流动、社会建构、社会变迁等等。[1]

由此看来，不同的学科，完全可以针对同一种事实上存在的对象进行研究。但是，在不同的学科视野内，对于同一种对象往往有着不同的理解。并且由于学科立场、学科视野的过滤和思维加工，不同学科的学者在同一实际存在的对象中汲取到的信息和资源也可能存在差异，由此形成"属己"的研究对象。在这个意义上，有必要区分问题的两种情形：一方面，先于学科而存在的对象是实存的，但是这个意义上的对象往往并非某学科专有，而是可以共享的；另一方面，如果一个学科有属己的特殊研究对象，那是因为先有了学科立场、学科视野的支撑，而后再通过学科从业者个体自觉的心理建构与共同体内部的交流或论辩，才形成关于本学科独特研究对象的基本认识。[2] 在这个意义上，"学科"是先于自己的"属己性"研究对象而获得其明确规定的。吴康宁曾经指出，学科之所以被列入所谓的"学科目录"，被视为独立学科，首先是"基于国家对整

---

① 吴康宁. 社会学视野中的教育[J]. 教育研究与实验，2006(4).
② 即便在学科共同体内部，关于本学科研究对象的判定，也往往很难达成统一共识。例如，关于教育学的研究对象，在教育学者中并未形成普遍共识。有的学者认为，教育学的研究对象是"教育现象"；有的则提出教育学以"教育问题"为研究对象；有的学者提出教育学以"教育实践"为研究对象；也有的学者将"教育存在"作为教育学的专有研究对象。

个学术研究队伍进行制度管理的需要,基于向在这种制度管理的作用下被激发、被放大的专职研究人员配置研究资源的需要"。① 这在进一步确证学科内含着权力、利益和制度等因素之外,亦同时透露出,学科的确立本身,虽然是以相应研究对象或领域的事实性存在为基本前提的,但是真正促成其创生的,却并不仅仅是学科内的因素。笔者甚至认为,对特定研究对象的寻找,是教育学学科创建之后,为了更好地凸显学科合理性,或者更进一步巩固学科"软边界"而采用的一种"补充叙事"策略。问题的根本之处倒不在于是否存在独特的研究对象,而在于作为一门学科,究竟怎样来把握它的研究对象。② 倘若教育学没有一种区别于经济学、政治学、社会学的独特的把握对象的方式,则教育学的独立性问题受到责难也就并不是一件值得惊奇的事情了。而如何把握对象的问题,已经不再仅仅是一个研究对象本身的问题了。从高处讲,它涉及的是学科的研究方法论;具体而言,则与该学科的从业者在审视自己专门的研究对象时,是否具有不同于其他学科的学科立场、学科视野等有关。与组织形态的学科中所蕴含的因素相比,这些显然属于"软"要素。它往往不具备实体的"形",但却无时无刻不渗透在教育学者的学术研究中。在一定意义上,教育学界对于学科独立性问题的讨论更多的是聚焦于这方面,只不过我们常常忽略了作为"软"性要素的学科立场、学科视野等在认识学科研究对象方面的特殊意义。

特定研究方法的出现和科学化水平的提高在学科独立过程中曾发挥过非常重要的作用。例如,1879 年,德国心理学家冯特(Wilhelm Wundt)在德国莱比锡大学创建世界上第一个心理学实验室,标志着心理学作为一门现代意义上的学科的开始。在这里,正是因为实验方法的引入,使得心理学逐渐走出了单纯思辨、臆测的框架,逐渐向实证化方向迈进。这表明,研究方法的确立与恰当使用是一个学科之称之为学科的重要标识,也一度成为一门学科区别于其他学科的标识。但是,这里尚有两个值得澄清的问题:一是实验法并非心理学的原创研究方法,在心理学诞生之前,实验法已经在自然科学研究中广泛运用。因此,断言实验法为心理学特有,且以此作为学科独立标志,尚待进一步辨析论证。二是受到心理学的启发,教育学者也曾尝试以实验法来研究教育,甚至寄望于实验法能够革命性地改变教育学之面貌,以使因实验法而建构起来的教育学能够成为"全球通用的教育学","全世界的教育学"。③ 此种尝试虽不能说失

---

① 吴康宁.社会学视野中的教育[J].教育研究与实验,2006(4).
② 陈桂生著.教育学辨:"元教育学"的探索[M].福州:福建教育出版社,1998:94.
③ [德]W·A·拉伊著,沈剑平,瞿葆奎译.实验教育学[M].北京:人民教育出版社,1996.

败,但至少并未真正如愿。

事实上,在学科发展壮大的过程中,一门学科固定使用一种方法既不可行,亦不可能。学科发展需要综合采用多种研究方法,因此各门学科开始致力于积极借鉴其他学科的研究方法,或者尝试创生新的研究方法。同样,一种方法也未必只适用于一门特定的学科。不仅如调查法、实验法等方法被不同学科竞相使用,许多富有学科特色的方法也失去了其专属性。例如,随着人类学自身发展壮大以及与其他学科对话与沟通的深化,人类学家也逐渐放弃了他们赖以自守的人种学研究,不再以它作为界定自己身份的依据。① 而许多其他学科(包括教育学)也曾或多或少地从人类学的人种学(或人种志)研究方法中获得灵感与启示,促进了自身理论的发展。由此,将研究方法作为衡量学科独立地位的尺度也开始遭到怀疑。从这个意义上讲,以教育学缺乏富有自己特色的、垄断性使用的研究方法为据来质疑教育学之学科独立性未必精当。但是,这样说决不意味着研究方法对于教育学之学科独立性无足轻重。事实上,研究方法的选择是否得当、使用是否准确等,不仅影响着教育研究成果的性质和呈现形态,而且直接关系到教育学的学科声誉,进而波及到对教育学学科独立性问题的自我认同与外界认可。从这个意义上说,中国教育学如果希望以研究方法为突破口,改变"软学科"之独立性屡遭诟病的状况,首先必须对研究方法与特定对象的适切性及适切范围、程度做出明智的判断;在此基础上,还要保证恰切、严格地使用该方法展开研究。只有将适切的研究方法转入具体的学术研究实践,才能逐渐完成对"软学科"意义上的学科独立性的心理建构与实践建构。在今天,当人们屡屡质疑教育学之独立性时,实际上倒并非真的会威胁学科建制意义上的教育学的独立存在。反而是众多的质疑和批评意见对教育学学科声誉的影响,以及由此造成的教育学者的内在焦虑和学科认同危机才是更为关键的问题。因此,研究方法的选择是否适切,使用是否得当,依然是影响中国教育学学科声誉、学科地位的大问题。②

综上所述,由于教育学的"硬边界"基本奠定并获得普遍认可,因此对教育学的学科形象和学科发展构成较大影响的,是其"软边界"的确立和巩固。而构成其"软边界"之核心的,并不是研究对象和研究方法的特殊性,而是教育学者运用研究方法的水平;是教育学者把握其属己的研究对象的方式,以及思考问题时所持守的学科

---

① [美]华勒斯坦等著,刘锋译. 开放社会科学[M]. 北京:三联书店,1997:42.
② 陈桂生著. 教育学辨:"元教育学"的探索[M]. 福州:福建教育出版社,1998:93—94.

立场。

从最直接的意义上讲,教育学是唯一一门专门研究教育的学科①,这似乎是构成其学科边界的最有力论据。但是,倘若教育学者不能在这一专属的研究领域上表现出卓越的专业化水平,甚至常常在其他学科的学者对教育问题的论述面前表现得胆怯"猥琐",则上述构成教育学学科边界的"最有力论据"反而会构成质疑教育学学科边界以及教育学者学术水平的"最有力论据"。因此,教育学者对学术研究的"诚意正心"式的自我反思与立场重建,对教育学的学科立场的自觉、学科认同感的建立,以及向自身学术实践的积极转化等等,对于巩固教育学的学科边界,提升教育学研究的专业化水平,进而提升教育学在学术共同体中的学科形象和学术声誉,无疑是非常重要的。只有借助这种不断返回自身的努力,才有可能向外转化为知识可靠性的增强,进而理论解释力、影响力的提升。而这些是构成学科学术影响力的核心。②

第三节　"专业人"与"公共知识分子"

在"走向公共"、"成为公共知识分子"的鼓噪声中,身处体制内的教育学者,是继续寄身于体制做专业性的研究者,还是迎合所谓"公共知识分子"的鼓噪,走向公共? 这似乎是一个两难的选择。但深究起来,这个表面上看似两难的问题,其实是一个"真实的假问题"。说其真实,是因为在"专业"和"公共"之间的确存在着一定的紧张关系。长期浸淫于专业研究不仅可能损害公共视野,更重要的可能是降低公共意识和公共兴趣。称其为"假问题",则是因为在"专业"与"公共"之间并不存在着必然的冲突和对立。换言之,在专业化研究中表现出卓越素养的学者,并不必然丧失公共关怀和公共兴趣;同样,在公共问题上表现较为活跃的、且具有真正的公共知识分子情怀的学者,未必是专业方面表现薄弱的人。"公共"与"专业"之间,或许远非许多倡言"公共"的人

---

① 其他学科虽然也关注教育问题,但并不以此为专门的研究对象;而教育学虽然也关注教育问题之外的其他问题,但其他问题并不是教育学专门的研究领域。

② 英国学者比彻和特罗勒尔认为,一门学科是否得到国际上的认可,是一个重要的标准,即"学术可靠性"、"知识的主旨"和"内容的恰当性"等一套概念。参阅[英]托尼·比彻,[英]保罗·特罗勒尔著,唐跃勤等译. 学术部落及其领地:知识探索与学科文化[M]. 北京:北京大学出版社,2008:43. 澳大利亚学者沃特斯(Malcolm Waters)认为,判断学科的标准有两方面:一是它具有一个被广泛公认的理论传统,二是它在方法论上有一种严肃的态度,即以精密的方法论来指导研究。但他又进一步指出,真正确定学科之为学科的是理论。参阅[澳]马尔科姆·沃特斯著,杨善华等译. 现代社会学理论[M]. 北京:华夏出版社,2000:1.

所批判的那样,是水火不容的关系。例如,《南方人物周刊》曾高调刊出"公共知识分子50人"名单,其自我宣称的评选标准中的第一条,赫然便是:具有学术背景和专业素质的知识者。① 由此可见,在一个日益"理知化"、专业化的时代中,缺乏专业性基础的所谓"公共",是难以真正得到公共认同的。一个学者的专业素养,及其在所属专业领域中的地位和认同度,即便在公共平台上依然是不容忽视的"文化资本"。里昂·芬克(Leon Fink)曾经指出:"即便是目的最为明确、敏感程度最高的知识分子,倘若他离开了本人遮风挡雨的栖身之处,而与普通公民的世界发生坦诚的联系,不论这种联系是否有效,对他而言都会是一件疲于应对的麻烦事。"② 这一警告,对于专业性研究不足,却热衷于靠所谓"公共性言说"来赢得"出镜率"、赚取"眼球",甚至是换取"银子"的学者来说,无疑具有振聋发聩的作用。

如果从教育问题的公共性来说,则教育学者似乎具有成为"公共知识分子"的先天优势。罗岗在评判"文化研究"的学院化走向时曾谈到,"教育"可能成为把"文化研究"和"社会现实"联系起来的"契合点"。因为,"目前中国大陆的中小学直至大学教育危机重重,从农村教育的困境到大学生的就业僵局,从高考制度的弊病到教育产业化的后患,从教育支出已经成为国民生活支出量最占分量的一部分到越来越多的孩子因为贫困而不能接受最基本的教育……'教育'问题已经成为今天中国社会最重要同时也是最引人关注的问题领域"。在罗岗看来,从事"文化研究"的学者,如果能够紧紧抓住"教育"问题,不仅可以在"理论"上扩大"文化研究"的视野,而且具有更突出的"实践"意义。③ 罗岗的观点,是服务于扩张"文化研究"的视野,从而更好地凸显其公共性的需要的。若对此观点做简单化的延伸,则可能得出这样的结论:教育问题既然成为当今中国社会"最重要同时也是最引人关注的问题领域",教育学者既然拥有专门对教育

---

① 影响中国公共知识分子五十人名单[J/OL]. 搜狐财经—南方人物周刊, http://business. sohu. com/s2004/zhishifenzi50. shtml, 2004 - 09 - 09. 需要申明,笔者在这里引述其评选标准,是为了从一个角度论证专业与公共之间的关系。但这并不意味着笔者完全认同该刊所确定的所谓"公共知识分子50人名单"。笔者认为,研究"公共知识分子"问题的人,自己并不一定是一个公共知识分子,甚至也未必认同公共知识分子;在很多时候,他可能只是把"公共知识分子"作为自己专业研究中的一个议题而已。不断地借助媒体来表达公共知识分子立场,或者在言述中"表现得"像公共知识分子的学者,也未必是真正的公共知识分子。一句话,公共知识分子,是具备较高智识、"实践"公共关怀的人,而不是"说""公共关怀"的人。

② [美]理查德·A·波斯纳著,徐昕译. 公共知识分子:衰落之研究[M]. 北京:中国政法大学出版社,2002:71.

③ 罗岗. "文化研究"何为? ——"教育"问题与"知识"的"实践性"[A]//邓正来主编. 中国书评(第二辑)[M]. 桂林:广西师范大学出版社,2005:127.

问题进行学术研究的制度性保障,那么教育学者无疑将有更多的机会走向"公共"、以所谓"公共知识分子"的形象行世。但是,问题的关键并不在于是否"可能",而在于教育学者如何来看待和面对这种可能的"先天优势"。在"走向公共"的鼓噪声中,教育学者或许首先需要辨明一个前提性的问题:作为专事教育学研究的"教育学者",自己是否真的能提供超越常识水平的,能够体现专业性的对教育问题的思考和理解?如果暂时不具有这样的能力,那么,所谓的"走向公共"其实是一个假问题。因为在很多情况下,教育学者的所谓专业理解,或许从来就没有真正超越和远离过公众。在这种情况下草率地鼓动成为"公共知识分子",甚至贸然介入公共,以"公共知识分子"的姿态来言说和写作,则可能带来双重危险:一是并未真正提供与"专家"身份相符合的知识和智慧,却可能因为自己的"学者"或"专家"身份而误导公众;二是"耕了别人的田,却荒了自己的地",即由于过多地迎合公共,影响了对自己专业领域的研究投入,最终连自身的立身之基也逐渐失去。

在很多时候,一个专业研究者,跨出自己的专业领域,在公共问题上并无多少超越他人的知识与智慧。在缺乏对公共问题的深入研究的情况下贸然地走向公共,除了其"学者"的特殊身份外,其作为公共问题之"门外汉"的真实身份,与普通民众其实并无实质性的区别。在仅有"气壮"而缺乏"理直"的情况下勉力发言,最好的结果可能是利用了自己特殊身份的影响力,促进了常识的普及;次之是在诸多的观点中,加入了一己之见;最坏的结果则是将限于一己眼界的谬误传达给社会。

对于任何一个学者而言,关注公共、对公共问题表达个人见解其实并不是什么"僭越",这是一种公民权利。关键的问题在于,学者将以何种心态关注公共,以何种姿态表达见解。是平和地表达见解,还是意图以"公共知识分子"的姿态来扩大其见解的影响力?在跨出专业领域时是将自己作为一个普通公民,还是以一种优势心态和立法者姿态来言说和写作?……这些问题,是值得每一个介入公共问题的学者首先需要反省的。在一个知识爆炸、专业致胜的时代,一个学者要想提供真正的洞见,必须首先在一个或几个专业领域内下一番苦功夫。进一步讲,如果学者希望在公共问题上表达出超越常人的洞见,其前提是他必须首先对自己所关注的公共问题做深入研究。仅仅依靠日常积累起来的常识,是不能增进公共智慧的。

对于今天的教育学者而言,无论是基于学术体制的要求,还是出于真正达到对教育问题的深度理解的需要,教育学者都必须首先积累足够的教育学知识,在对前人的教育思想、教育智慧、教育学说进行深入研读、批判继承的基础上建构自己的教育学思想。同时,作为教育学者,他还必须敏锐关注、深入研究现实发生着的教育实践活动,以此深化自己对教育问题的理解。只有这样,他才能够在教育问题上具有充分的发言权。基于此,我们认为,在今天的专业化时代,教育学者首先应当谋求成为"专业知识分子"。称之"谋求"实则意在强调:成为"专业知识分子"是一种价值选择,而非一个既成的事实。因为学者、职业专家并不必然都是知识分子,知识分子具有自己特殊的精神气质。作为"专业知识分子"的教育学者,应当为追求教育理想而生活,同时以教育真理为信仰;他不仅是现有教育现象的观察者和阐释者,而且是批判者,即对不符合教育规律的诸多现象进行批判;他还应当怀抱一种改变人类教育生活的愿望,并以此为动力介入教育实践。① 现实世界中并不是所有的教育学者均表现出这样的精神气质。因此,"专业知识分子"并不是对教育学者角色身份的一种事实描述,而是一种鼓动性的呼吁。提出这种吁求意在指出,教育学者不仅应当致力于教育学知识的生产与传播,更应具有一种"道义"上的职责,以改进教育实践、影响人类生活为己任。当教育学者在教育这一公共问题上表现出卓越的专业素养,并能够在诸多涉及教育问题的公共讨论中贡献专业性的独特智慧时,他其实已经"水到渠成地"表现出了公共知识分子的特质。这再一次证明:公共与专业之间并不存在难以逾越的鸿沟;"公共知识分子"并不是"说"出来的,也不是靠刻意迎合"公众"和"媒体"而"表现"出来的,而是在具体的学术实践中"做"出来的。它或许是基于"自我志趣"的,②但绝不是单纯依靠"志趣"便能成就的。

专业领域从来都是在公共领域的背景下得以延存的,倘若教育学者将自己的视野完全限定在教育学的专业领域内,必将导致学术创造力的枯竭。同时,作为社会公民,教育学者也不应以专业研究为借口,逃避自己本该承担的公共责任。那么,教育学者应当如何在从事专业研究的同时关注公共问题?他应当以什么样的立场参与公共文化讨论呢?在现有的思考基础上,笔者拟提出以下双重立场。

第一,教育学者的公共关怀。教育问题关乎国计民生,涉及每一个人、每一个家庭的利益,而社会公共领域中的问题又往往与教育有着千丝万缕的联系。因此,教育学

---

① 李政涛著.教育科学与相关学科的"对话":从知识、科学、信仰和人的角度[M].上海:上海教育出版社,2001:199—232.

② 事实上,从现实可能性上讲,学术的专业化和"理知化",并不真的就是一个无法穿越的"铁笼"。个人既有选择不入"笼"的自由,亦保有走出"铁笼"的可能性。它不可能完全阻断学者与公共生活之间的关联。即便身在学术界体制中,个人亦有选择自己生活方式的权利和能力。而选择如何做出,与价值取向以及个人的学术"志趣"密切相关。

者在从事专业研究的同时,对现实社会的重大问题、价值观念,必须给予深切的关注。这不仅是为了更好地体现自己的知识分子意识和姿态,同时也是更深刻地理解教育问题的需要。教育学作为一门理应对时代脉搏有着敏感自觉的学科,不能将自我封闭起来,亦不应远离社会现实和时代潮流从事"闭门造车"式的研究。对时代精神的把握,对社会现实的深度关注,能够为更准确、更深切把握教育问题提供重要的参照。与此同时,当教育问题成为被民众瞩目的重要的公共问题时,教育学者理应有勇气、自觉地以学科专业人员的身份参与公共讨论,以富有说服力的论证来提供富有专业水准的见解,展现教育学的独特视角和独特魅力。这是改善教育学的学科形象、提升学术影响力的必要途径。杜威曾担忧,教育学者之间越来越倾向于使用"教育的套话"来进行交流,阻断了与教育实践和大学里其他领域学者之间的交流,由此可能导致教育学成为一门"纸上谈兵的科学"。① 杜威80年前所表达的担忧,今天看来亦存在现实意义。因此,如何更好地借助自己的专业研究,产生公共影响力,这的确是当代中国教育学者不得不思考的问题。此前,义务教育、高等教育扩招、高等教育收费、大学体制改革等问题都曾成为社会公共文化领域中的焦点问题,但是当其他学科领域中的学者纷纷发表见解时,我们却很少听到教育学者的声音。这种缺席理应引起教育学者的警觉与反思。在很多时候,由于学者过度地关注专业领域内偏狭的学科问题,往往会忽略对公共领域内不断变动的热点议题的把握。由此造成的思想和话语空隙,常常被记者、官员或其他人的言述和评论所占领。相对于学者的专门研究而言,这些人的观点更多地服务于某一特定的具体目标,因此在注重制造轰动效应的同时,往往忽略观点的"教育立场"、理论深度和专业眼光,甚至无视"轰动效应"可能引发的对社会文化或青少年心灵的负面影响。塞德曼曾提出:"有活力的民主大众文化需要由人文科学精工细作的批判性社会图景来滋养。"②对于教育学者而言,保持公共关怀,对涉及教育问题的公共议题保持一定的敏感,并且在必要的时候借助自己的专业研究,参与相关的公共讨论,不仅有助于提升教育学的专业影响力,更重要的还在于,立足于专业研究的公共表达较之处于特定目的的言说,可能会更有助于社会理性文化的培育。当然,在这个过程中,教育学者应当恪守学术伦理,将对公共问题的关注与言说置于道德责任感的监

---

① [美]埃伦·康德利夫·拉格曼著,花海燕等译. 一门捉摸不定的科学:困扰不断的教育研究的历史[M]. 北京:教育科学出版社,2006:231—232.

② [美]史蒂文·塞德曼著,刘北成等译. 有争议的知识——后现代时代的社会理论[M]. 北京:中国人民大学出版社,2002:导言 1—2.

护之下,以确保言说的合理化与合法化。

第二,教育学者的学科专业立场。介入公共领域、参与公共文化讨论的不仅有教育学者,而且还有其他学科领域的知识分子以及一般的社会公众。那么,教育学者与其他人参与公共文化讨论的方式有何不同呢?笔者认为,教育学者应当立足于自己的专业,并且秉持教育学的专业立场。尤其应当清醒地意识到所谓"专家"身份的特定边界。在超出边界的其他领域的公共问题中,教育学者应当谨慎发言,至少不应当自我包装为"专家",或者对"被包装"欣然接受或默认。对于维系公共文化讨论的合理性来说,各学科领域的学者坚守其专业立场是非常必要的。因为现代公共问题不仅错综复杂,牵涉甚广,而且往往与各自所关联的专业研究领域之间有着紧密的关联。单纯依靠日常生活中积累起来的常识,往往很难给出恰切的解释和解决方案。更何况,"常识并不是永远可靠的,现实生活的复杂性,已经不是过去生活智慧之积累——常识所能回答得了的。常识只能在一个发展缓慢的社会中发挥合法性功能……当今世界变化之快,很多问题已远远超出了常识的解释半径。即使是常识管用的地方,由于各人所经历的经验不一样,他们所拥有的常识经验也不同。……知识分子不能仅仅凭常识发言,公众的交往理性是比个人的常识更可靠的东西"。公共生活依然需要一定的专业权威,以此来促使社会公众更好地了解问题的性质、专业的资讯,从而最终作出自己的理性选择。① 也正因如此,笔者认为,今天的教育学者应首先成为在学科专业领域内有深刻洞见的"专业人"。这是他介入公共领域、参与公共文化讨论的基础。如果缺乏专业立场和深厚的专业素养,盲目地参与公共文化讨论,则有可能导致因追求公共性而损害学术的严肃性,甚至迷惑公众,破坏了公共文化讨论的基本规则。近年来,网络上将"教授"曲解为"叫兽",将"专家""魔鬼辞典式地"解释为"专门骗大家",在一定程度上恰恰反映了对许多所谓专家在涉及公共问题时所持立场和所表达观点的质疑。这一现象,对于一味强调要走向公共,成为公共知识分子的学者而言,应该成为一剂清醒剂。若以此立场来重新审读既有的关于教育学者应当成为公共知识分子的相关言说不难看出,这些言说其实还只是停留于一般性的呼吁上。这种呼吁,或许真的是对"体制化困境"的一种自觉,但也不排除有受到其他学科的"蛊惑"而盲目跟从之嫌疑。

对于当今中国教育学的学科发展而言,与是否介入"公共"密切相关,且往往被有

---

① 许纪霖. 从特殊走向普遍——专业化时代的公共知识分子如何可能[A]//许纪霖主编. 公共性与公共知识分子[M]. 南京:江苏人民出版社,2003:28—67.

意遮蔽或无意忽略的问题是：今天的中国教育学，"专业化"不仅不是太多和"过度"，相反，还远远不足。因此，即便呼吁关注公共问题，也不能将公共化与专业化相对立，而是应当在推进教育学专业建设的前提下倡导教育学者的公共关怀。须知，"用公共性写作来回避专业工作的艰苦工夫，与用专业化工作消解社会关怀或公共参与，对人文社会学者而言，同样是要加以警省的"。①

---

① 陈来.儒家思想传统与公共知识分子——兼论现代中国知识分子的公共性与专业性［A］//许纪霖主编.公共性与公共知识分子［M］.南京：江苏人民出版社，2003：26—27.

第五章　当事人与行动者:"教育理论—实践"关系的实践论解答

　　在中国这样一个看重"人情与面子"①,且已经将其内化到文化"血液"中的独特的社会文化背景中,促进体制的规范化建设,倡导体制权威,无疑是具有现实合理性的。就学术体制而言,以学术评价制度为核心的一系列规范性制度的建立,不仅影响了学者的学术生产方式,而且进一步影响到了学者的生存方式。在一定程度上说,体制化围墙确实有钝化学者感受现实生活之敏感性的负面效应,但体制围墙是虚中有实,实中有虚的。言其实,是表明,无论你是否承认,它的确在那里,而且的确对学术和学者产生着或强或弱、或积极或消极、或明或暗的影响;言其虚,则是表明,它并不像大学围墙那般,以实体的形式横亘在人的面前无法穿越。学者作为学术研究的当事人,有多种可能的立场、可能的方式穿越体制的藩篱,在学术研究与现实生活之间建构起另外一种关系。教育学作为一门独特的"事理研究"的学问,理应是在对"事"的研究与思考中解析其内在之"理"。有学者提出,教育学者面对和思考"事"(在这里即教育实践)的方式可能有三种②:(1)遥远的惦念与冀望,即教育学者对实践中的问题有特殊的敏感。他们虽然在大学里教学、研究,但是并未曾真正地远离教育实践。他们关注现实,思考实践;虽身在事"外",却心在事"内";虽不介入实践,但却通过自己的言说和写作,或价值引领、或方法论启迪、或道义支持,从而以另一种方式体现着理论与实践、学者与现实生活之间的关联。(2)贴近的观察或守望,即以实践中的问题为研究指向的各种评论、调研、咨询。很多情况下,为了更好地研究实践,明晰事理,教育学者必须走近实践,甚至走进实践,在观察与体认中更好地透析"事理"。(3)置身式的介入与互动。这不仅意味着教育学者穿越了制度藩篱,由学术场域进入到了实践场域之中,同时也意味着实践

---

① 黄光国著.人情与面子:中国人的权力游戏[M].北京:中国人民大学出版社,2010.
② 杨小微.教育理论工作者的实践立场及其表现[J].教育研究与实验,2006(4).

场域实现了"结构开放"，引入了另一种眼光，另一种协同参与的实践力量。介入带来的不仅是丰富的"异质信息"，由介入所产生的互动改变了实践的结构及其生成路径，使教育实践成为一种协同建构的实践，而不是一种等待研究者来"观看"、"研究"的实践。在这里，不仅教育学者的学术研究方式发生了转变，由这种"介入"的立场，这种"当事人"和"行动者"的立场出发，教育理论与实践的关系形态也将可能发生根本的转变。

教育理论与实践的关系是一个"多年煮不烂的老问题"①。这一问题之所以纠缠不清，很大程度上是因为问题本身所具有的"二重性"：当教育研究者审视教育理论与实践关系时，他似乎是抽身而出，作为问题的"局外人"进行理性的思考和辨识的。但实际的情况却是，研究者之于教育理论始终是"自我相关"的。一方面，既有的教育理论是教育研究者的思想资源；而另一方面，教育研究者本来就是理论的持有者和创生者。这意味着，教育理论与实践的关系不仅取决于我们如何"看"，更取决于我们如何"做"。换言之，与"认识论"的眼光不同，在实践论的视野中，教育理论与实践之间的关系并不仅仅是预先给定、静候研究者去认识的，而常常是在研究者与实践者的交往互动中不断生成着的。于是，两类不同的主体各自选择什么样的生存方式和交往方式，将直接影响理论的品质和样态，影响实践的路向和状态，从而呈现出教育理论与实践不同的关系样态。诚然，"做"并不妨碍"看"，且不能替代"看"；但倘若在认识过程中抽空了二者关系中的"行动"因素，将教育理论与实践看成各自完成的实体，而后再在二者之间寻求沟通或融合，这种探求思路本身就存在问题，因此而得的教育理论与实践关系的解答也必不健全。对于理论与实践关系的分析，除了要进行"产品"分析外，还必须进行必要的"生成分析"。因为，理论也好，实践也罢，在本源的意义上，它们都不是以彼此外在于对方的方式"自在"生成的，而是彼此渗透进对方的生成演变过程中。正是在这个意义上，我们才不难理解一生致力于探寻行、知关系的大哲学家杜威在年届70时所表达的观点："理论与实践的关系不只是一个理论问题；它是一个理论问题，但也是人生中最实际的问题。因为这个问题要考察智慧是怎样指导行动的而行动又怎样可以由于不断洞察意义而获得的后果；所谓洞察意义就是清晰地了解有价值的价值和在经验对象中保证获得价值的手段。"②因此，我们在把握教育理论与实践之间的关系问题时，不能不把握这种互动生成的复杂关系。当我们以这样一种动态发展的眼

① 叶澜. 思维在断裂处穿行——教育理论与实践关系的再寻找[J]. 中国教育学刊,2001(4).

② [美]约翰·杜威著,傅统先译. 确定性的寻求:关于知行关系的研究[M]. 上海:上海人民出版社,2004:284.

光来从事双方的"生成分析"时,将获得另一种关系图景。

第一节　回顾:观点纷呈的关系图景

如果说,教育学领域中理论与实践的关系问题有着悠远的学术史根源,部分地属于古老哲学传统中理论与实践关系在教育学领域中的投射,这应当不会招致过多非议。但倘若因此判定,对教育理论与实践关系问题的探讨是一个"劳而无功的虚假性命题"①,则未免失之草率。因为教育学领域中关于教育理论与实践关系的讨论虽然部分地源自哲学的感召,但更重要的却是由于生活实践领域中教育理论与实践的关系"成了问题"。这使得原本不属于教育学私己问题的理论与实践之关系问题,转化成了教育研究者必须面对,且必须有教育研究者参与解答的"属己"问题。如果以往的"解答"出现了问题,并没有超越哲学研究所划定的圈限,或者干脆用哲学领域关于理论与实践关系的研究结论来套解教育理论与实践之关系,这只能说是探索的思路上存在值得反思的地方,却不能否定问题本身存在的合理性,因而也就无权也无法终止教育研究者继续对该问题继续索解的努力。而继续索解的前提是对教育学领域中的既有进行探索必要的回顾与反思。为此,回顾与综述以往的教育学研究中对该问题的代表性观点是十分必要的。②

---

① 高伟.一个"劳而无功"的虚假性命题——评"教育理论与实践关系"之争[J].北京大学教育评论,2005(2).

② 在国内教育学界,教育理论与实践的关系问题曾经一度会聚成为教育研究中的焦点问题。1991年,《教育研究》杂志曾开辟专栏,在6期杂志上刊登了21篇专论文章。参与者既有专职的教育研究者,也有教育行政工作者,还有一批知名教师。在这次大讨论中形成的主要观点是:(1)教育理论与实践之间存在着脱离现象。(2)"脱离现象"的存在,部分地是因为理论陈旧、抽象、缺乏操作性,理论研究者缺乏深入实践的兴趣、意愿和基本功。(3)实践者缺乏研究意识与研究能力、不学习、不研读理论也是导致"脱离现象"的重要原因。参阅叶澜著:《教育研究方法论初探》,上海:上海教育出版社1999年版,第159页。在研读这些文献的过程中,笔者注意到,不同身份的作者在理论脱离实践这一问题上的判断是基本一致的,但是基于不同的身份和相应的立场,归因的路径以及给出的策略却有不同。此后一段时间,关于教育理论与实践问题的讨论热度降低,专论文章相对分散和减少,但并不意味着"脱离"这一现实问题已得到了解决。近年来,随着教育研究队伍的扩大,国外教育理论的大规模进入,其他学科领域理论的渗透,以及教育学界对一些基本问题和相关问题认识的深化,关于教育理论与实践问题的讨论又开始升温。笔者通过"中国期刊全文数据库"检索到,仅2000年以来,直接或间接论及该问题的文章不下50篇,散见于国内诸多教育学领域的核心刊物上,如《教育研究》、《高等教育研究》、《华东师范大学学报》(教育科学版)、《教育理论与实践》、《教育研究与实验》、《北京大学教育评论》等等。这里无法对这些文章一一综述,只能对观点相近的文章进行聚类分析,提炼出有代表性的观点,同时借助于网络和国外期刊,对能够查询到的国外相关研究成果也进行一定数量的综述。

一、中介论

这一观点建立在一个基本的理论前提上：即教育理论结构中有不同的理论层级和性质成分，教育实践也有不同的层面和类型，不同层级或性质的教育理论与不同层面或类型的教育实践之间的关系必然互不相同。因此，有必要通过建立或激活教育理论与实践之间的中介，使二者由隔离走向贯通。出于这一考虑，有学者对理论通向实践的中介以及相应的模式作了专门的研究。① 例如，有学者基于中介论的主张，从物质技术、精神、制度、理论四个层面着手，设计出了四种教育理论通向实践（教育理论现实化）的路径：②

（1）教育理论→教育技术、方法→教育实践

（2）教育理论→教育理念→教育实践

（3）教育理论→教育政策→教育实践

（4）教育理论（基础理论或元理论）→教育理论（应用理论）→教育实践

需要注意的是，作者在论述理论与实践沟通的中介时，仅仅关注到了问题的一个方向，即寻找从理论通向实践的中介，而忽略了实践通向理论的桥梁的找寻。这也是国内许多学者在研究教育理论与实践关系问题时的一个共同的缺陷。这一缺失事实上透露出一个重要的信号：即理论与实践的脱离，主要的"罪责"在理论，只要找到理论通向实践的中介问题就能解决。事实上如果辩证地思考这个问题，我们尚需关注：如何使实践者有欲望、有能力、有意识地学习理论、接近理论？倘若不考虑实践主体在沟通问题上应当付出的自觉努力，片面强调理论向实践的靠拢，有可能导致理论的矮化，或者使理论在变动不居的实践面前无所适从。在这个问题上，重温马克思的告诫或许是必要的："光是思想力求成为现实是不够的，现实本身应当力求趋向思想。"③

与上述将"人"隐身于中介背后的主张不同，有学者直接以人作为沟通理论与实践的中介。例如金斯伯格（M. B. Ginsburg）与格罗斯蒂加（J. M. Gorostiaga）认为：既然理

---

① 中介论是一种聚合性的概括。实际上，在中介是什么，由谁（什么）来承担中介角色等问题上，中介论内部存在着很大的分歧。有人认为中介是区别于基础理论的应用理论，有人主张以教育实践优化模式来充当中介，也有人提出了中介思维、中介理论、中介机构三种不同的中介形式。限于篇幅，在这里不对中介论者的每一种观点做具体展开，而是择较有代表性的观点进行述评。对以下各观点也取此策略。

② 何小忠. 论教育理论现实化的路径[J]. 教育理论与实践，2002(6). 值得关注的是，依照作者的构想，每一种承担沟通职责的"中介"背后，都隐含着"人"这一沟通的真正实践者。

③ ［德］马克思，［德］恩格斯著，中共中央马克思恩格斯列宁斯大林著作编译局译编. 马克思恩格斯选集（第1卷）[M]. 北京：人民出版社，1995：11.

论与实践是在两种不同的文化中发展起来的，理论研究者与实践工作者(决策者)之间的联系就需要必要的中介。这种中介通常可称为"知识经纪人"、"联络者"、"翻译者"等。经由这些中介(人)，我们可以建立起理论与实践、研究者与实践者之间沟通的各种途径，从而促成二者的有效联系。当然，联系的方式可以采用单向方式，即把理论从理论者传递给决策者或实践者；也可以采用双向方式，不仅把理论传递给实践者，而且也把实践状况发回给理论者以进行必要的反馈，促进后续的研究。① 不难看出，作者主张的中介是承担转化的行动主体——人。但是不同主体在传递转化过程中，是否尚需借助其他中介，则未有涉及。不过，在这里，我们看到了从理论到实践、从实践到理论两个方向上着力的主张。

对于沟通教育理论与实践而言，中介论无疑体现着一种务实的取向，且观点中不乏合理之处。但是尚需进一步思考的是，中介除了有"类"的分别外，是否还有层次上的差异？换言之，理论与实践之间的转化或沟通，是一次完成还是需要经由多重转化？人在其中究竟起着怎样的作用？进而，教育理论与实践的关系，是否仅仅表现为彼此相互脱离这一种状况？

二、对话论

与中介论不同，对话论并不认为理论与实践之沟通需要借助于中介。在它看来，真正的沟通必须通过直接的对话才能达成。在这里，对话显然主要指教育学研究者和教育实践者作为两种不同活动主体之间的"对话"，这种对话一定意义上需要彼此突破各自的生存边界，在彼此的开放、理解和沟通中达成一种"视界融合"，或者实现对差异的谅解。对话论的提出有一个重要前提：无论是理论到实践，还是实践到理论，转化过程必须要由人来承担；而要想在研究与实践这两种不同形态的实践之间实现沟通，就不能不借助于必要的主体对话。"行动研究"曾被作为一种非常有价值的研究路径为国内学者所推重。由于实现了边界跨越和彼此的行动介入，行动研究确实在沟通理论与实践方面具有值得期待的作用。但是，早期的教育行动研究在经过了短暂的喧嚣之后，有过一段沉寂与反省期。其主要问题是：在很多情形下，行动研究变成了由研究者所操控的研究，导致实践者的所谓行动变成了对研究者的呼应、参与、配合。行动研究

---

① M. B. Ginsburg & J. M. Gorostiaga. Relationships between Theorists/Researchers and Policy Makers/Practitioners: Rethinking the Two-Cultures Thesis and the Possibility of Dialogue[J]. *Comparative Education Review*, 2001, Vol. 45(2).

因此演变为由教育研究者单方发动的教育实验,成为对学校日常教育实践的"侵入"和"剥夺",从而遭到教育实践者的冷遇甚至拒绝。之后,在批判理论的激发下,第三代行动研究的重要代表人物韦尔弗雷德·卡尔(Wilfred Carr)和史蒂芬·凯米斯(Stephen Kemmis)提出了"批判行动研究"的理论,重构了行动研究理念。在批判行动研究看来,行动研究是理论过程与行动过程的统一;是理论发现与理论检验过程的统一体;是教师实践性语言转化为共同的诠释范畴,并借此构造理论的过程;也是由个体经验上升到理论的过程。① 在以这种理念培塑起来的行动研究中,"理论与实践是相互构成的,而且是辩证相关的。这种转化不是从理论到实践或者从实践到理论,而是从不合理性到合理性,从无知和习惯到理解和反省的转化"。② 卡尔等人对行动研究的重构,为其注入了新的生机与活力,一定意义上促成了行动研究的复兴。但是,过度鲜明的意识形态特征、重批判轻建设、只批判不辩护的理论特质,使得批判行动研究的应用范围及深入发展的空间受到了一定的影响。

作为行动研究的变种,也有学者倡导一种集体研究与实践研究的取向。这一取向提出要扩展理论研究者与实践者(决策者)之间的传统角色,模糊二者的界限,使两个角色共同实践,共同产生理论。不同主体之间致力于对话、联合反思和行动,使得理论研究者的实践能力和实践意识得到强化,而实践工作者的能力也得到了极大的尊重。③

行动研究一度在我国教育学研究中受到关注。这不仅表现在介绍、评述和研究行动研究的文章与书籍数量可观,以实际行动去"做"行动研究的教育学者也不在少数。但是有学者指出,行动研究在局部的尝试之后暴露出了诸多意料之外的问题,结果并未真正担当起沟通理论与实践的使命。④ 问题的浮现,究竟是因为操作失当还是行动研究的本性使然,或许尚待深入研究。

三、理论分层(类)论

持该观点的学者一般倾向于将理论划分为几种不同的层次或类别,而后分别审视

---

① 唐莹著. 元教育学:西方教育学认识论剪影[M]. 北京:人民教育出版社,2002:378—380.

② [英]卡尔著,郭元祥,沈剑平译. 教育理论与实践的原理[A]//瞿葆奎主编,瞿葆奎,沈剑平选编. 教育学文集·教育与教育学[M]. 北京:人民教育出版社,1993:569.

③ J. Wagner. The Unavoidable Intervention of Educational Research:A Framework for Reconsidering Researcher-Practitioner Cooperation [J]. *Educational Researcher*,1997,Vol. 26(7).

④ 牛瑞雪. 行动研究为什么搁浅了——大学与中小学合作研究的困境与出路[J]. 课程·教材·教法,2006(2).

不同层次、类别的教育理论与实践之间的关系。这一思路可谓由来已久。例如,早在约一个世纪之前,法国著名社会学家、教育学家爱弥尔·涂尔干(Émile Durkheim)就将教育学划分为两部分:教育学(实为"实践教育理论")和教育科学;德国著名元教育学研究者沃尔夫冈·布列钦卡(Wolfgang Brezinka)将教育理论划分为三类:教育科学、教育哲学、实践教育学;而国内学者陈桂生则主张四分法:教育科学理论、教育价值理论、教育技术理论、教育规范理论。① 凯瑟尔斯(Jos Kessels)和科泰根(Fred Korthagen)在思考教育理论与实践关系时,主张回到古典时代去寻找智慧。他们借用源自柏拉图和亚里士多德对 Episteme 和 Phronesis 的区分,提出了两种不同的教育知识:作为 Episteme 的知识和作为 Phronesis 的知识。在他们看来,前者是抽象、客观、命题性的知识,是对若干情境进行综合抽象的结果;而后者是情境化、感性化的知识,建立在对具体情境的观察和体悟上。对于教师而言,日常教学中更有用的是实践智慧,因此在教师教育过程中应致力于使缄默知识显性化,促进理论知识(纯粹科学知识)向实践智慧的转化。②

在理论分层(类)的情况下,不同层次、不同类别的教育理论面对实践的姿态与方式是不同的,因而也就有着不同的理论—实践观。在这里,我们看到了一种多元化的关系图景。即认为教育理论之类别不同,层次各异,因而一般性、总括性地谈及教育理论与实践的关系或许是缺乏针对性的,应当承认存在着不同形态的关系图景。相比而言,这样一种讨论思路,更倾向于"客观"地"呈现"出教育理论与实践的关系,并没有表现出努力促成两者沟通、转化的意向。或者说,持这一观点的学者,其研究的侧重点在于分析和揭示,而不是寻找促使二者沟通与转化的策略与行动指针。这意味着,教育理论与实践之间的关系,可能远比"联系"、"脱离"这样的概括复杂和丰富。

四、合理(适度)脱离论

持该观点的学者一般认为,教育理论与实践理应保持一种必要的距离。没有距

---

① 限于篇幅,此处不作展开。三位学者的理论论述具体见于[法]爱弥尔·涂尔干著,陈光金,沈杰,朱谐汉译. 道德教育[M]. 上海:上海人民出版社,2006:7. Wolfgang Brezinka. *Philosophy of Educational Knowledge:An Introduction to the Foundations of Science of Education*, *Philosophy of Education and Practical Pedagogics* [M]. Dordrecht/Boston/London:Kluwer Academic Publishers, 1992. 陈桂生著. 教育学辨:"元教育学"的探索[M]. 福州:福建教育出版社,1998:49—50.

② Jos Kessels & Fred Korthagen. The Relation Between Theory and Practice:Back to the Classics [J]. *Educational Researcher*, 1996:25(3). Fred Korthagen, et al. *Linking Practice and Theory:The Pedagogy of Realistic Teacher Education* [M]. Mahwah, NJ:LEA, 2001.

离,也就失去了思想的空间与张力。但是距离又不同于隔离,保持适度距离,正是为了更好的联系。可以看出,持该观点的学者反对的是理论与实践无原则地趋近和彼此迎合,对理论联系实践、指导实践可能导致的理论品性的失落心存警惕。在这一观点看来,理论与实践之间应当是一种"合法的脱离"。这种脱离是教育理论与实践的品性所决定的,也是必需的。教育理论联系实践,不仅服务于实践,而且也批判实践、超越实践。只有这样,教育理论才能保留自己在任何一种实践之外进行反思的权力,保持自己超越盲目和偏见的能力,避免彻底的思想病态和可能带来的灾难。因此,曹永国撰文指出,教育理论与实践应当保持一种适度的距离,即既脱离又联系。脱离是为了坠入到非反省性实践的合理的防御之中,联系则是为了防止陷入与教育实践毫无关联的经院式研究中去。①

教育理论与实践保持适度脱离,不割断联系,这一观点无疑具有合理性。但是,这还只是一种立场或姿态的宣示,还未进入到对具体问题的探讨。例如,这里的"度"以何为标准?"联系"是什么意义上的联系,脱离又是什么意义上的脱离?不同形态、层次、类别的教育理论在面对实践时是否保持同样的姿态?更重要的是,曹文所针对的"企图克服、否定、抛弃教育理论与实践之间的'脱离'"这一问题,在学术领域中并无与之对应的观点,现实领域中也未出现类似势态或趋势。

五、本然统一说

持此观点的学者从源自亚里士多德的"实践哲学"传统中衍生出教育理论与教育实践的本然统一观。因为亚里士多德强调,实践是一种自身即是目的的政治、伦理活动。实践之过程即蕴含着"实践之知"与"真实的践行",二者并非割裂的关系。由此学者李长伟得出:从实践哲学的角度观照,教育理论与实践是本然统一的。② 还有学者从伽达默尔诠释学的实践哲学转向中读出了实践哲学的要义,并由此致力于论证教育理论与实践的本然统一。他们呼吁教育理论"必须出自实践本身,并且用一切具有典型意义的概括唤起清晰的意识,然后,再回到实践中去"。③ 从学理上辨析出"本然统一",对于厘清一些相关的根本性问题不无启示。不过,尚需进一步关注的是,对于当

---

① 曹永国."教育理论与实践紧张性"辩解[J].湖南师范大学教育科学学报,2004(2).
② 李长伟.论教育理论与实践的本然统一——从实践哲学的角度观照[J].教育理论与实践,2003(4).李长伟.再论教育理论与实践的本然统一[J].湖南师范大学教育科学学报,2003(5).
③ 宁虹,胡萨.教育理论与实践的本然统一[J].教育研究,2006(5).

代教育研究和教育实践而言,重要的恐怕不是原本的"合",而是现实的"分"。由此产生的问题是:在"分"中何以"合"? 哪些可以"合"? 哪些无法"合"? 哪些无需"合"? 这些问题在上述研究中并没有论及。而且,如何让一个哲学已经做过较为清晰考述的问题,在运用于解决教育学问题时,真正体现出教育学的眼光和立场,真正指向教育(学)领域中的现实问题,防止"教育"成为一个粘附在既有哲学理论上的标签,可能还需要做更为深入的转化。

六、"不可通约"说

持该说的学者认为,教育学领域讨论教育理论与实践之间的关系是转借了一个"他者"的问题,是一件"劳而无功"的事。理论与实践有着各自的使命:理论研究的目的是把问题"说"得"清楚",实践活动的目的是把事情"做"得"完美",二者本不可通约。硬把理论"强加"到实践之上,或者硬把实践"强加"到理论上,均可能导致一种相互的"迎合",使理论不像理论,实践不像实践,彼此不伦不类。因此,理论只需为自己理论成果的真实性和价值性负责,却无法为理论在实践中的应用性负责。进言之,理论与实践的统一是理论研究者力所不及的事;理论研究者只能在充分意义上完成一个理论研究工作者的使命,除此之外,不能决定他根本没有能力决定的事情。[①] 无疑,在当前专业分化相对清晰的现实背景下,厘清教育研究者和教育实践者各自的使命和责任非常必要。警醒教育研究者恪守学术边界,不随意僭越也颇为中肯。但是尚需进一步思考的问题是,教育理论与实践之沟通,是否果真属于教育研究者根本不能决定之事? 如果我们承认,现实世界中教育理论与实践之关系问题取决于教育研究者与实践者的具体行动和价值选择,那么关系状态的改变如何能够在研究者缺席的情况下实现? 研究者是否可以对这一问题完全免责?

第二节　反思:教育理论与实践关系研究中的问题

教育实践者在谈及这一问题时,表达出的往往是对"教育理论脱离实践"的不满。[②] 他们其实并不真正关心二者之间的学理问题,因而他们对于教育理论与实践关

---

① 高伟.一个"劳而无功"的虚假性命题——评"教育理论与实践关系"之争[J].北京大学教育评论,2005(2).
② 教育理论脱离实践,是一个非常粗糙的概括。究竟在什么意义上脱离? 脱离是否有其合理性? 这些问题都需要进一步的辨析。

系的判断较多地基于某种经验。真正从学理上关心教育理论与实践关系问题的,往往是教育研究者。而教育研究者基于惯常的研究思路,大多习惯于以演绎的逻辑,从理论与实践关系的论证中直接推演出教育理论与实践的关系;或者以纯粹的"旁观者"的眼光来思考理论与实践的关系。这样的研究思路虽然可能使问题的呈现过程显得清晰明畅,但却常常在对问题的简单化处理中导致对问题实质的遮蔽。

一、简单演绎路线

教育理论与实践之间的紧张关系既非当代特有,也非中国独具,甚至并不纯然是一个"教育学"问题。实际上,哲学思想史关于理论与实践关系的考辨至少延续了两千多年。在中国,古代思想家关于"知行关系"的辩难可以看作是今天理论与实践之争的思想始基;在西方,亚里士多德关于理论、实践、技艺的三分开启了理论与实践彼此割裂的端绪。[①] 而其实践哲学思想中关于实践与"实践之知"内在统一的思想,则为当代理论与实践关系的重构提供了另一种可能的思想路径。[②] 对于今天的学者来说,进入理论与实践关系的讨论不仅需要把中外思想史中的讨论作为思想资源,而且必须将思维触角延展到理论与实践的概念演变与关系演变历程中,从中透析出理论与实践关系的生成演化逻辑。这些构成了思考教育理论与实践关系的思想基础。但思想基础毕竟还只是思想基础,不能替代教育学领域中对于理论与实践关系问题的独特思考。在这个问题上,沿循简单的演绎路线,力图从理论与实践关系的认识直接得出教育理论与实践关系的认识是不恰切的。

第一,简单演绎的路线不能产生新知识。目前,很多关于教育理论与实践关系的讨论是将一个哲学"本体性问题"转借为教育学的"知识性问题"。"它只是利用哲学表达方式和致思成果,'迁移'性地'制造'教育领域的理论与实践的关系。由于几乎完全

---

① 关于这个问题,在当前的哲学研究中存在很大争议。张汝伦认为,亚里士多德的实践哲学体现着理论与实践的"本然统一";而丁立群则认为,亚里士多德的实践哲学是造成理论与实践彼此割裂的思想源头。关于这个问题之所以会产生如此大的分歧,不仅涉及到对亚里士多德思想的理解差异,更重要的则是对概念演变史的把握上的分歧。笔者将在文章中进行必要的辨析。

② 伽达默尔后期力求实现解释学的实践哲学转向,在很大程度上就是要复兴亚里士多德的实践哲学传统。伽达默尔在亚里士多德实践哲学的"实践智慧"中解读出了所谓"理论与实践的本然统一"。他力图以此来消弭科学时代实践的技术化倾向以及由此带来的理论与实践的割裂。这一观点对于我国的部分教育学研究者具有非常大的吸引力。近年来颇受关注的教育理论与实践"本然统一说"就是循着亚里士多德实践哲学的传统,且自觉地融入了伽达默尔的阐释而得出结论的。但是,这一结论由于是沿循简单演绎路线得出的,因而存在着许多难以解释的理论困难。本文在后续论证中将以此作为例证进行分析。

不理解理论与实践关系探索的实质,教育学因而只能重复性地谈哲学,而不能创造性地谈教育。"①在这里,"教育"虽然一直附着在"理论"与"实践"前面,作为重要的限定词,但事实上却一直处于实质上的"缺位"状态。"教育"成了标签,而研究者借"教育"这一标签说出的其实是理论与实践的关系。所以,在这里,问题是转借了哲学的,答案是嫁接了哲学的,教育研究者并没有为问题的解答增加任何新知识,也没有突破哲学研究中的认识框架。因而,简单演绎式的研究路线其实并不可取。

第二,简单演绎路线的弊端更体现为对特殊性的简单抹杀。在教育理论与实践的关系问题上,倘若以为揭示出理论与实践的关系就解决了教育理论与实践关系的问题,首先表现出的就是对教育学之独特性缺乏必要的认识。这种认识上的缺乏其实是一种"普遍性的暴力",即认为普遍性中已经必然地含涉了特殊性,因而可以替代特殊性来做出回答。从表面形式看,普遍性的确有超乎特殊性的概括力和抽象性。但是,越是概括力强、抽象程度高的理论,随着其普遍性提高、适应性增强,对于独特性和丰富性的舍弃也就越多。因此,从理论与实践关系研究直接演绎出教育理论与实践关系的结论,这是一种有缺陷的研究思路。在今天,探讨教育理论与实践的关系除了要考述学术源流,还必须明辨现实的境遇。当学术源流会聚于当下,与特殊的时代环境、学术制度相"遇合",并铺展于特殊的教育场景中时,其所生成的教育理论与实践的关系并不是单纯依靠对理论与实践关系的简单演绎迁移就能辨清的。

二、"旁观者"眼光

如前所述,当教育研究者思考教育理论与实践的关系时,往往是以"认识者"、"旁观者"的立场进入该问题的。这意味着,研究者将该问题作为置放于我们对面、与我们不发生内在纠缠的"对象"问题来对待。在这样的研究立场之下,教育研究者之于教育理论与实践的关系是一种主体与客体的关系。客体是不受主体影响、按照自在逻辑发展、演变着的,而主体的使命便是"如其所是"地呈现出二者之间相互作用的状态。应

---

① 高伟.一个"劳而无功"的虚假性命题——评"教育理论与实践关系"之争[J].北京大学教育评论,2005(2).需要说明,笔者引述该观点,并赞同作者对简单演绎路线的批判,但是笔者并不认为"教育理论与实践关系"是一个"劳而无功"的虚假性命题。一则,关于该问题的研究并不全部沿循简单演绎路线,有的研究者已经"楔入"教育领域对教育理论与实践关系问题做出了"教育学"的解答。在笔者看来,批判研究中存在的问题是必要的,但是力图用批判来"一网打尽"则可能是草率的。二则,问题探讨路径的偏差不能否定问题本身存在的合理性。我们需要做的,或许是转换思考问题的方式,而不是否定研究该问题的合理性。

当说,思维从现实世界中"抽离"出来,实现对现实世界的"对象化"与反观,这是人类思维的特质,亦是确保人获致对世界理性认识的必要前提。但是,在实现思维的"抽离"时,切不可、事实上也不可能将自我实质性地从关系中解脱出来,以一种实体性的旁观者立场来认识世界。倘若遗忘了教育研究者在理论与实践关系生成中的"卷入"效应,遗忘了教育研究者在构建理论与实践关系中所产生的影响和应当承担的使命,则可能使问题陷入固化与僵化。这样"认识"出来的理论与实践的关系是片面的,甚至是失真的。诚然,当我们这样剖析问题的时候,并不意味着我们必须放弃认识者的角色,或者放弃对理论与实践关系的反观性研究。事实上,任何的研究都必须借助于"认识者"眼光,也都不得不采用抽身而出的策略。我们需要警惕的是,当我们让思维从现实关系中抽离出来时切不可遗忘,那些被当作对象的问题中内含着我们自身的态度、行为方式与行为结果;我们本来是属于这个关系的。只有将"我"重新植入所属的关系中,看到关系中的"我"以及因"我"的存在而构筑起来的关系态,才算是把握了关系的实质。依此进路,我们不难看出,无论是教育研究者还是教育实践者,他们与理论和实践之间的关系处于一种持续不断的循环式相互建构中。一方面,行动受制于关系,两种不同主体的行动不能不受到他们之间相互关系的影响;而另一方面,关系本身并不是先在的,它恰恰是在持续不断的行动过程中建构生成的。

单纯的"旁观者"眼光,其弊端不仅表现为对问题实质的遮蔽和扭曲,更有可能演变出一种"旁观式"的生存方式。美国著名科学哲学家、"范式"理论的创立者库恩曾经指出,当一门学科日渐成熟,其从业人员就会逐渐从其赖以生活的文化环境中隔离出来,在一种专属学术共同体的话语系统中进行专业讨论。① 对于学术研究尤其是人文社会科学研究来说,如果陶醉于对专业术语的把玩,忽略了对现实问题的思考,放逐了自己在真实的社会人生问题上本该承担的责任,把握不好就有可能演变成杜威所批判的"搬弄命辞的把戏、琐细的论理和广博周详的论证的徒具外表的各种形式的玩弄"。②

三、"生成分析"的缺位
由"旁观者"到"行动者"视角的转换,有可能带来分析路径上的转变。之前,在分

---

① [美]托马斯·库恩著,范岱年,纪树立译. 必要的张力:科学的传统和变革论文选[M]. 北京:北京大学出版社,2004:119.
② [美]杜威著,许崇清译. 哲学的改造[M]. 北京:商务印书馆,1958:11.

析教育理论与实践的关系时，研究者往往是把二者作为彼此分立、各自独立的实体，以静态分析的思维方式探寻二者之间的关系。这种探求有其合理的一面，但却舍弃了对二者各自生成发展过程的"生成分析"。从教育理论一方讲，教育理论并不全然是教育研究者在实践之外的理智构想，在其内部可能已经合理地吸收了实践的因素，体现了实践的智慧；在教育实践方面，教育实践并不是在与绝对绝缘情况下的一种自在运作，其展开过程实际上内蕴着非常丰富的理论元素。也就是说，理论先行地楔入了实践的发展演变过程，影响实践的走向和表现形态；而实践也在理论的生成和演变过程中扮演着重要的角色。由此可见，几何分析式的静态分析思路可能遮蔽了教育理论与实践关系的另一个维度：彼此的渗透与交互生成和转化。或者说，"关系"、彼此的渗透与交互生成，原本就是理论与实践的重要存在方式之一。对这样一个复杂的相互生成过程的理解与分析，不能凭借线性思维，必须借助"网络思维"；不能停留于简单逻辑，必须走向复杂思维；不能抱守简约化抽象，必须在抽象的过程中借助于"总体的综合思维"。①

第三节　溯源："关系问题"背后的"问题"

对于一个"多年煮不烂的老问题"，教育学界之所以热情不减，除去理性探究的欲望之外，在其背后有着更为复杂的原因。同时，一个看似简单的问题，之所以聚讼不已，争论不休，实因问题背后潜藏着更为复杂的"问题"。尝试揭示"关系问题"背后的"问题"，不仅有利于加深对关系的认识，而且更为重要的是有助于对关系问题的性质做出明晰的判别。

一、概念演变中的分歧

当我们在当前的学术境遇中讨论教育理论与实践的关系时，除了要关注二者在现实生活中实际展现出的关系状态外，很重要的一个方面是进入"理论"与"实践"的概念演变史，从中清理出二者关系发展的主要脉络。②

---

① 杜维明. 全球化与本土化[A]//杜维明著. 对话与创新[M]. 桂林：广西师范大学出版社，2005：35—36.
② 需要说明，循概念史详细考述理论与实践的关系并非本文立意所在，且中外学术界对此已有颇多研究。笔者在此想要凸显的是"理论"与"实践"关系演变过程中所发生的关键性的转折。笔者认为，无视转折点，仅仅立足理论与实践关系的原初状态来推演理论与实践的关系并迁移到教育理论与实践的关系，这种思路是导致诸多理论误解的深层原因。

在中国的文化传统中,理论与实践的关系问题在未产生学科专业化之前,是以"知行关系"问题表达出来的。但与今天关于理论与实践关系的争论不同的是,知与行之间的紧张更多地表现在同一主体身上。无论是"知先行后"、"行先知后"、"知易行难"、"知难行易",还是"知行合一",其更多关注的是个体身上所发生的知行矛盾或统一关系。而且,这一关系最初发生于道德实践领域,后来才演变为一个认识论问题。因此,虽然可以说理论与实践的关系在中国文化传统中早已有之,却不能简单将此关系等同于"知行关系"。

在西方传统中,理论与实践原本是两种不同的生活方式。就称谓所表达的意义而言,西方传统中的"理论"与"实践"与我国传统中的"知"与"行"是截然不同的。据考证,"理论"一词来自希腊语的"旁观者"(theatai,一说来自"旁观"),其基本意涵是"沉思",即从外面、从参与演出和完成演出的那些人背后来观察。"作为旁观者,你能理解演出所包含的'真理',不过,你必须付出的代价是不参与演出。"①与此相应,作为一种生活方式的理论生活,是对一些永恒性问题的"沉思冥想",其要旨不在于改变它们,而在于通过冥想永恒,"神入"属神的世界,以此来分享神性。而"实践"作为一种生活方式,主要指古希腊人参与城邦事务的政治伦理生活,其核心要义是"自身即是目的"。也就是说,实践作为一种生活方式,其目的并不外求,相反就蕴含在其自身的展开中。在这里我们能够看出,在古希腊,"理论"与"实践"的区别是两种不同生活方式的区别,或者说是人生存在两个不同方面的区别。这种区别并不是截然对立的,并且由于有第三种活动——"创制"(或技艺)的参与,"理论"与"实践"甚至不是一对可以对举的概念。倒是肇始于亚里士多德的实践哲学中关于"实践智慧"的论述,颇值得深究。"实践智慧"并非"实践"之外的附属物,而是在"实践"过程中生成并积聚起来的特殊智慧。离开实践,它无由诞生,也无所依附。因其兼具"知行"二重性,因而与我国古代关于"知行"问题的讨论有相通的命意。

西方哲学在实现了认识论转向之后,"理论"与"实践"的基本意涵开始发生移易。尤其是伴随着自然科学的勃兴,理论更多地与自然科学之研究成果相勾连,而实践更多地秉承了亚里士多德的"创制"(技艺)意涵。至此,理论与实践的关系在认识论意义上演变为科学理论与其技术开发和应用之间的关系。于是,理论与实践的关系发生了重要的转折,二者便不只是具有相应的、彼此分立的两种不同生活方式,而且还具有了

---

① [美]汉娜·阿伦特著,姜志辉译. 精神生活·思维[M]. 南京:江苏教育出版社,2006:102.

彼此相互转化的可能性。至此,现代意义上所谓理论与实践的关系之紧张状态才真正呈现出来。由此我们可以看出,目前我国教育学界颇受人关注的所谓教育理论与实践的"本然统一说",实际上是受到了伽达默尔所言及的诠释学的实践哲学转向的影响,力图在亚里士多德的实践哲学传统中找寻到理论与实践的原初关系。在一定意义上,在概念的演变史中"考掘出""本然统一"关系,对于我们更为深入地理解理论与实践之关系的复杂演变过程有着非常重要的意义,对于重新定位二者之间的关系也不乏启示。但是,在找寻过程中切不可忽略不同时代、不同文化传统中的概念移易所导致的概念理解上的分歧。所谓理论与实践的"本然统一",必须严格限定在实践哲学的论域中才有意义。另外,还不能忘记的是,当我们在实践哲学框架内来理解理论与实践的本然统一时,是用今天的"理论"与"实践"去对接了亚里士多德"实践智慧"中的"知"与"行"。其实,亚里士多德的"实践哲学"本就与"理论"(以及"理论之知")有着层次差异甚至尊卑差异,说实践哲学是理论与实践的本然统一是违背亚氏之理论原旨的。事实上,恰恰是自亚里士多德开始,在理论、实践、创制(技艺)的三分格局下,理论与实践走上了两条不同的道路。值得关注的倒是亚里士多德实践哲学思想框架中的"实践智慧",其或可为现实境遇中处于分裂状态的理论与实践之沟通提供必要的思想资源。而伽达默尔之所以要回归实践哲学,恢复"实践智慧"的重要地位,很大程度上正是看到了这一概念中所蕴含着的值得期待的思想空间和张力,以及它对于治疗我们的"时代病"所可能发挥的重要作用。①

二、制度化分工导致的"内外"冲突

无论是中国古代的"知行"关系,还是亚里士多德所谈及的"实践智慧",都是相对于同一主体而言的。因此,"知行"关系中的"知"并不等同于今天我们所谓的"知识",更不是我们在讨论理论与实践关系时所涉及的"理论";这里的知,毋宁是个体的一种理解与认识。而"实践智慧"的所谓"智慧"本身就是内在于个体的,它是对变动着的情境进行理性判断和做出行动策划的能力,因而它也不能等同于"理论"。更何况,随着社会理性化程度的提高,职业分工的固定化与专业化,教育领域内开始出现了理论主体与实践主体的分离。因此,在今天,当我们谈论理论与实践的关系时,虽然内在地含

---

① 伽达默尔关于该问题的有关论述可参阅[德]伽达默尔著,夏镇平译. 赞美理论——伽达默尔选集[M].上海:上海三联书店,1988. [德]伽达默尔著,薛华等译. 科学时代的理性[M]. 北京:国际文化出版公司,1988.

涉了个体自身层面上的"知"与"行"之关系,但却又增加了"内"与"外"、或曰他人理论(以及公共理论)与自身实践之间的关系。而当我们一再深陷理论与实践之紧张关系的争论中时,其实主要是在后一层意义上思考问题的。

从制度化分工的角度讲,教育研究者和教育实践者之间的职业分工发生于 19 世纪。此前,社会分工中并没有一个专门的团体,专事教育学理论的研究与生产。人类最初的教育思想与其所由产生的教育实践并没有被制度隔离并固定下来。但是随着社会理性化程度的加强,大学的大规模扩张,以及相应的学科制度化发展的需要,在大学中开始出现了教育学科,相应地建立起了教育系,诞生了各种教育学研究者团体和理论刊物,构筑了后续人才培养机制……这些都是教育学完成其学科建制的重要标志。此后,教育研究者开始成为学术体制中的一个特定的专业群体。在一个专业化的时代中,不仅分工越来越精细,对于不同专业的评价也越来越细致和严格。在这种背景下,教育理论的创生与教育实践的展开开始由不同主体分别承担;而这种由制度化分工造成的区隔,是教育理论与实践分离的深刻的社会学动因。虽然我们不能将教育理论与实践的隔离完全归咎于制度化分工——因为理论与实践的彼此分立有其漫长而深刻的学术传统——但教育理论主体与实践主体的制度化分工,以及围绕学科建制构筑起来的一套理性化、专业化的体制,无疑确认、巩固并加深了教育理论与实践之间的隔离。

因此,在今天的专业化背景下思考教育理论与实践的关系必须首先确认的事实基础是,教育理论与实践确实存在着彼此的隔离。要缓解这种紧张状况有两种路径可供参考:一是主体之间的对话与沟通,借此可实现两种主体之间的理解和互谅,让割裂的理论与实践彼此靠近,借助于中介桥梁实现融通,或者在对话中实现相互的转化;二是使理论的产生过程重新楔入实践动态发展过程中,从发生学的意义上,实现二者的双向建构与互动生成。这里涉及的是一种立场的转变,而这种转变带来的将会是一种新的关系图景。

第四节 重构:新立场,新关系

理论也好,实践也罢,都内含主体有意识的创造性实践。因此,在究问二者关系时,我们时刻不能忘记,它们之中一直隐匿着一个看似模糊、实则非常明确和清晰的主体的"身影"。作为研究者的我们,在思考二者关系时固然可以实现一种思维的超越,将自己的形象从中抽离出来，但这种抽离是为了认识需要的一种思维抽离，并非真正的"抽身离去"。关系是由彼此双方"共谋性"地建构出来的。即便是彼此疏离的关系，也不是一个与"人"无关的问题，而是由主体的行动意向和具体实践所造成的。因此，在探讨教育理论与实践之关系时，有必要从"旁观认识论"的单一思维框架中走出来，以"双重行动者"的立场和姿态，重构教育理论与实践的关系。这种重构，不仅是一种思维上的重构，更是一种实践中的重构。

所谓"双重行动者"，首先意指教育研究者在面对教育实践时，并不把自己视为一个单纯的旁观者和局外人。无论是就实践的变革与改进，还是就教育研究自身发展需要而言，教育研究者都需要一种行动者立场。但是，教育研究者作为行动者又区别于教育实践者，他们在实践问题上彼此持守的立场不同，承担的任务不同，因此审视问题的视角可能会有着很大的差异。我们可以将教育研究者的这种行动者立场称之为"参与性行动者"。其次，"双重行动者"的另一方面是指教育研究者在面对中国教育学学科建设，面对教育理论的构建时，并不是一个冷眼旁观者，而是一个学科发展的"当事人"，因而必须承担起行动者所应承担的职责。这意味着，对于教育研究者而言，教育理论与实践的关系问题，并不是一个先于其角色选择的预设问题，而是一个由其实际作为决定着的生成中的问题。

如果不避"机械"之嫌，我们可以从"行动者"立场出发，对教育理论与实践的关系问题作如下两方面的分析①。

第一，业已生成的教育理论与当前教育实践之关系②。这又可以分为两个更细微的维度：一是历史上延续下来的教育理论与当前教育实践的关系；二是当前教育理论主体创生出的教育理论与实践之间的关系。当然，这二者之间又有着非常多的纠缠。这种纠缠来自于理论的传承性，即在教育研究者的理论结构内部，可能已经部分地实

---

① 笔者不得不承认，任何分析实际上都是一次构设韦伯所说的"理念型"的过程，因此也就不得不冒着牺牲完整性、对问题人为肢解的风险。而且规避这一问题的根本途径，不在外部，而是要回到"人"本身，即由教育研究者的自我反思意识作为最后的屏障。就这一点而言，笔者认为，所谓的教育学理论的"客观性"问题，本身就不是一个自足的问题。因为维护"客观性"的最终依据内在于人，内在于"主观性"的自我告诫和自我反思。对于这个问题，笔者会另文论述，此不赘述。

② 我们讨论理论与实践关系时，往往讨论的是这一维度的关系。需要指出的是，尽管笔者认同这一讨论维度的合理性，但仍须注意到，业已生成的教育理论其实也有其具体而真实的生成过程。而这一过程本身与其所产生或关联的实践是有非常复杂的关系的。这种关系可以参照笔者对下一维度的论证。由于理论产生之后可以借助各种媒介保存传承，因而理论对于实践的价值就不仅仅表现为"即时"价值，因此，笔者在这一维度中探讨的是其与"当前实践"之间的关系。

现了既存教育理论与自我教育理论的交融。

在这一维度之下涉及的问题是教育理论如何转化为实践(即是使理论产生实践效应),教育实践如何检验理论、滋养理论、丰富理论的问题。一方面,教育实践主体要借助理论来改变自己的参照系,提升实践智慧,就有可能产生自觉的理论需求,他们对于理论就会经历一种理解、选择、尝试运用、怀疑(信服)、调适内化的过程。在这个过程中,理论不仅经受着检验,还有可能获得实践的滋养,从而产生丰富、提升的可能性。这一可能性的实现可以是实践者(或局部实现。此时,实践者就具有了研究者的"质素"),也有可能通过各种渠道返回到当前的理论主体那里,成为理论主体新的研究资源。另一方面,理论主体要想检验理论的真确性和适切性,或者使理论产生实践效应,就必须承担理论的进一步阐释、宣传、推介、转化等责任。这样做的目的,一是促进理论被实践者更好地理解,二是为了搭建由理论走向实践的桥梁与中介。值得关注的是,教育研究主体在进行理论阐释及其实践转化的过程中不仅有可能扩展自己的认识,甚至有可能彻底颠覆自己原有的观点和信念——在这里,孕育着新理论创生的"胚芽"。由此可见,只要双方主体采取积极对话、自觉选择与主动转化等姿态,教育理论与实践之间可以构筑起一种相互滋养,互利互惠的关系。从这个意义上讲,教育实践之于教育理论决不仅仅是一方"试验田",更可能成为新思想的"培养基"。由此看来,将教育理论与实践的关系简单概括为"理论指导实践、实践检验理论",至少是一种过于简单化的处理方式。至于当前有的学者提出"教育理论不能指导实践",或者"教育理论不承担指导实践之责"等观点,则是把现存的隔离当成了必然的逻辑,而没有在隔离中看到融通的可能性与现实性。①

第二,生成中的教育理论与实践之关系。之所以在"关系探索"中增加这一维度,是因为我们越来越发现,教育理论与实践之间的关系,并不仅仅含涉着作为"成品"的教育理论与实践之间的关系,而且还内在地包含着生成中的教育理论与实践之间的关系这一常常被忽略的维度。正是在这一维度中,我们发现了教育理论与实践关系的另一种形态。

当教育研究者以"强介入"的方式进入教育实践时,教育实践的原生形态为之发生

---

① 我们必须承认,确实有些理论经由历史的选择和过滤慢慢淡出了人们的视线,成为无人问津的"史料"。这些"史料"有可能还有重新获得重新阐释和发现的机会,但是至少在其被人重新发现,重新阐释之前基本不会与当前实践发生关系。在当前,对于这样的理论,讨论其与实践的关系并无意义,因此不在本文论证逻辑之内。

改变,而研究也因为一种介入效应发生了自我改变。在这里,研究与实践依然是两类不同的活动,但它们却以一种"双螺旋"①的结构紧紧缠绕在一起,共生共长。在这里,两种不同的活动——研究与实践——在各自保持自身特质的同时,融入了一个特殊的"研究—实践共同体"。理论从中获得创生,而创生中的理论不断地汇入生成着的实践;实践在理论的渗入中又不断调整。在理论的参与中,实践的动力性因素处在不间断地累积与调适中,这些动力因素有的作为促动力量汇入到了实践之"流"中,并转化进实践的作品中;有的则反作用于实践主体,引起主体力量的增强和意识的敏感化;还有的则返归于研究者,对理论的创生产生新的挑战或需求,进而又促进了理论的不断丰富与更新,而后再返回实践……由此,展现出教育理论与实践之间持续不断地循环互动、相互建构、互动生成的关系图景。

教育实践并不是沿理论划定的路线僵直行走的,毋宁说,任何的教育实践都带有"即席创作"的成分。这些成分固然属于实践主体的创造,但未尝不可以从中发现理论的身影。当教育研究者与实践者打破横亘于其间的制度壁垒与身份边界,在一种"研究—实践共同体"中展开协同创造时,实践将因其理论介入而不断地获得灵感,最终收获的必然是实践主体内在力量的增强。同时,理论也将因其实践依托性而成为有根基、有底气的理论,这样的理论是双向的,而不是单向的;是民主的,而不是霸道的;是生成的,而不是赋予的;是开放的,而不是封闭的。

需要说明,本文所说的"强介入",并非"强硬介入",而是指介入的广度、深度与强度。它具体指研究者怀抱改进实践的意向,直接介入到教育实践过程中,与教育实践者共同创造一种新的实践形态。之所以要选择且能够践行"强介入"的研究立场,很大程度上来自于教育研究者对"学校转型性变革"这一特殊的教育实践生态的判断,以及在这种判断基础上对自己在实践变革和中国教育学发展中所应承担之责任的自觉。并不是所有的教育研究者,不是在任何时候都可以选择"强介入"的研究立场。与"强介入"相应,既有"非介入"姿态,亦有"弱介入"姿态。所谓"非介入"②,指研究者将研究作为了解实践的工具;研究所构筑的理论仅仅是为了如实呈现研究对象的特征或某些特定方面。研究者不希望介入实践,或者不希望由自己完成对实践的指导或影响。

---

① 叶澜教授基于复杂方法论,多次强调"双螺旋"结构。此处笔者的使用即受益于叶澜教授的启发。

② 严格说来,所有的教育研究都不可能是纯然的"非介入"式的。但是,作为一种立场选择,研究者却有可能以此作为自己的基本规范。正如价值中立对于人文社会科学不可能实现,但却值得警醒和有限度地追求一样。

目前,国内教育学界质的研究范式的凸显可视为该研究立场的典型代表。质的研究并不反对教育研究对教育实践的价值,但它认为这种价值仅仅表现在研究成果为决策者采用,或者被实践主体选择等等。它要求研究过程尽量不扰动教育实践,且研究者不承担改进实践之责。可以看出,"非介入"立场力图将教育理论的创生过程与教育实践过程分开来讨论和认识。因此在这种姿态下创生出的教育理论与实践的关系,亦可归入上述所谓"业已生成的教育理论与当前教育实践之关系"。一般而言,当教育研究者身处教育实践之外,力图以"观察者"身份去接触一种相对陌生的"实践文化"时,较为适合的策略就是"非介入"。此时,教育学者应当恪守谦逊的理性,尽量深入、透彻地解析教育实践的"逻辑"与"结构"。所谓"弱介入",在本文中是指研究者进入实践现场,且表现出了干预实践的意向和行动,但这种干预并非基于"扎根"式的研究,并不直接参与实践的变革,而是提供一定的建议,做一些相应的"指导"等。这种介入姿态一般可分为两种情况:一是研究者受行政部门委托进入学校教育实践进行"指导";二是研究者受实践之邀以专家身份进入实践,在了解实践状态后进行"指导"。一般而言,在教育实践处于平稳、有序发展时期,相对温和的"弱介入"容易被教育实践所接受。当然,即便是温和的"弱介入",也需建立在对教育实践深入理解和准确把握基础上。

从理论上讲,"强介入"或许还要面对多重诘难。例如,"强介入"的合理性问题,"介入"过程中的角色定位问题以及"介入"过程中的研究伦理问题等等,这些问题确实需要我们从理论上加以必要的清理。但是,理论的清理并不是单靠纯粹的思辩就能解决的,最终,理论的思考还必须回归到实践中,在实践的探索尝试、会聚提炼中获得灵感。理论研究者"介入"实践,并不是很快就会得到理解与接纳的,两种不同主体的交流,以及工作方式上的冲突与彼此的调适,都会面临很多非常现实的挑战。但这些冲突、阻抗、调适过程,可能、或许也只能通过彼此之间的试探、理解、互助得到最终解决。在我国,由"新基础教育"探索出的"研究性变革实践"之路已经为"强介入"的合理性与可能性做出了实践层面上的解答和理论层面上的论证[①],而且也正在为进一步推广做着谨慎的尝试。这里不仅体现着教育研究和学校转型性变革的新探索,还可能蕴藏着中国教育学创生的新路径。

---

① 叶澜主编."新基础教育"发展性研究报告集[M].北京:中国轻工业出版社,2004.

第六章　学术、体制、学者关系的再认识

1929 年,年届 70 的杜威写了一本简短的教育学著作《教育科学的资源》(*The Sources of Science of Education*)。在书中,杜威指出,教育学是一门新科学,刚刚开始"从经验到科学"的转变。他确信,牢记这一点十分重要,因为人们不应该对教育学术期望过多,也不应该放弃寻找改进教育学术的途径的努力。[①] 80 余年过去了,尽管无论是社会生活还是学术发展都已时过境迁,但杜威关于教育学作为"新科学",刚刚"从经验到科学"转变的判断,似乎并未失去其现实性。然而,对于当今的教育学者而言,在诸多内外部压力的逼迫之下,杜威"不应该放弃寻找改进教育学术的途径的努力"的忠告不知是否还能长存于心? 与基于闲暇和较纯粹地出于个人志趣的自由学术研究相比,学术体制的存在及其强大的影响力,无疑构成了体制内学者从事学术研究的重要推动(或驱动)力量。那么,在体制越收越紧、对学术研究的影响越来越广泛和深入的情况下,学者应当如何来认识学术、体制与学者自我之间的关系? 身处体制框架内,是否意味着只能简单认同和遵从体制的逻辑? 在现有学术体制的框架中,学者应当以怎样的心态和姿态开展研究? 是否可能为学术研究拓展新的发展空间?

第一节　走出"体制决定论"

所谓"体制决定论",在此仅就学术体制而言,它是一种认为学术发展完全由其所属的学术体制来决定的观点。在当前学术界,其实迄今并未真正发现明确声称坚持

---

① [美]埃伦·康德利夫·拉格曼著,花海燕等译. 一门捉摸不定的科学:困扰不断的教育研究的历史[M].
北京:教育科学出版社,2006:232.

"体制决定论"的学者。于是对"体制决定论"的检讨便似乎成了掘地爬坡,即自己虚构一个问题,而后再自己去寻求解决之道。但当学术研讨对"体制化困境"进行归因分析、寻求解决之道时,实际上处处可见"体制决定论"的影子。其主要表现形式就是视体制为诸多学术问题的最重要甚至是唯一源头,从而展开对学术体制存在合理性的质疑与批判。尤其值得深切关注的是,当前学术讨论中透射出的"体制决定论"倾向,其实更多表现出的是一种"防御"姿态。即在学术研究遭遇批判,或自我觉察到学术研究中的问题时,将"体制"推向前台承当问题制造者的角色。在这个意义上说,"体制决定论"在系统反思体制对学术研究之潜在或现实的负面影响的同时,可能忽略了体制在促进学术发展方面的积极力量;更重要的是,"体制决定论"在追究体制弊病的同时,往往有意回避或者无意忽略了学者个体或共同体对问题应当承担的责任。其中,无意忽略,可能是受思维模式中惯常采用的外向式归因的影响,或者是因特定时段内过度关注了造成问题的某一种或几种影响因素而难以兼及其他。因此,它尽管有考虑不周详之弊,却未必源于不真诚。而有意回避则或者是基于精细的利益考虑,或者是一种隐蔽的自我辩护方式,其特点是通过对问题的外向归因,将自我理应承当的责任消解掉。这种"防御"或"自我保护"心态,透露出的却是在面对问题时的一种逃避心理,至少是一种不真诚的姿态。单就这一点而言,"体制决定论"的观点及其内含的思维方式将体制置于唯一需被问责的位置,这显然是存在问题的。从这种立场或思维方式可能演绎出人与体制的截然对立,从而将学者通过激发主体精神而创造学术成果,或通过自我立场的转换和积极的行动而改造学术研究路向的可能性,置于抽象化的位置。学者在逃避了责任的同时,亦可能"理论性地"失去对自身学术实践的操控能力,至少在精神世界和意识领域成为了自身创造性活动之产品的附庸。体制决定论的这一"逻辑后承"潜藏着重大的理论危险,甚至可能演变为实践中的危险。正因如此,走出"体制决定论",重构学术、体制与学者之间的关系,是走出单纯的"防御"和"自我辩护",寻求释解"体制化困境"可能路径的一种积极的、勇于担当的学术姿态。汤因比曾热切地呼吁:"行动起来是最重要的。不采取行动或错过采取行动的最佳时机,不仅对于实践活动,而且对于智力活动,都是一种不幸;在智力领域里,因疏于行动而犯错误的危险更加隐秘,因为其恶果通常不是很快地显现出来。"①那么,对于体制中的学者而言,如何走出"体制决定论",重构学术、自我与体制的关系?

---

① [英]阿诺德·汤因比著,刘北成,郭小凌译. 历史研究[M]. 上海:上海人民出版社,2005:430.

首先,学者是学术体制的参与性建构者。学者与学术体制之间的关系,既不是简单的"决定—被决定"格局,也不是截然对立的状态。体制维系生存和有效运作的动力源,系在人的身上;体制功能的发挥,惟有通过人的活动才能实现。"通过人的活动",一方面可以直接理解为体制的有效运作需要特定的人来维护、管理和施行;另一方面也意味着体制功能发挥的前提是体制所针对的人,至少部分地认同并愿意遵从体制的逻辑。只有借助上述这种人的双重介入,体制才能得到真正的激活。因此,可以设想,人与人的对话和沟通,可能构成人与体制关系的重要中介。由此可进一步演绎出:人(无论是个体还是共同体)与体制之间,存在着可以双向通达的道路。正如刘铁芳在讨论人与体制的关系时曾指出的:"当我们与不同形式的团体、组织、机构、制度发生联系时,我们与之打交道的,并不仅仅是无人格的物,而且同时是赋予体制以生命的人。……由此,我们不难注意到体制化存在的两重品格,'它既是一种超然于人的形式化结构,又与人的作用过程息息相关',无人的参与则无生命。这意味着个人与体制之间存在着和谐共通的可能性。"①从这个意义上说,学术体制的创生过程,或者可能有学者的直接参与,或者有学者意志参与其中。即便在创生时没有学者的参与和影响,体制影响力的发挥至少也是学者力量参与性建构的结果。对于学术体制中的具体学者而言,遵从体制的"逻辑"来规划和展开学术研究,或者按照学术体制所设计出的科层式道路来"行走",表面看来似乎仅仅是体制规约下的一种个体行为,但客观上却具有证明体制有效性、扩大体制影响力,从而巩固体制的作用。认同与遵从行为的累积可能会增强体制的"信心",进而在特定条件下成为体制进一步增强其影响力的"前提资本"。近年来,许多学者感觉到学术体制的控制力有加强的趋势。在笔者看来,这一趋势的出现主要不是因体制影响力削弱而引发的体制改革,而是更多地源于绝大多数学者严格遵从体制逻辑,增进体制"信心",从而引发体制产生了进一步提升自身影响力的需要所致。②

其次,学术体制可能"框架性"地规定学者的学术生活方式,但是并没有也不可能完全决定学者的具体生存方式。毋庸讳言,当代社会的体制化力量已经渗透进了社会生活的各个角落,这是事实。对每一个生存于学术体制中的学者而言,若要真正做到

---

① 刘铁芳. 体制化时代的教育和教育研究[J]. 湖南师范大学教育科学学报,2006(5).
② 笔者上文中所提到的,学者职称评审制度中出现的"水涨船高"的景象,可视为学术体制增强其影响力的典型案例。正是因为绝大多数学者均严格遵从体制要求而不断提高"产量",故体制为了激发出更大的"生产力",且保有基本的甄别选拔功能,只能不断提高条件,从而导致了竞争的加剧。

"以学术为业"，就必然要接受体制的管理，接受学科规训制度的规约，甚至不得不为此努力将自己的潜力发挥到最大限度，以求更好地适应体制，或者在体制所设计的框架中谋求更好的发展。但是，在体制的框架内学者依然拥有相当大的自主权，他拥有在诸多可能性中做出选择的权利与机会；拥有对诸多与自身价值取向、学术志趣等不相合的课题、研究方式"说不"的权利和机会；至少，他还拥有为维护价值底线而退出"体制"的权利。这意味着，韦伯通过缜密的理论设计而描绘的体制"铁笼"，并没有也不可能完全决定学者的行动方式，甚至还为学者的"出逃"预留了最后的"紧急通道"。只不过，选择从学术体制中退出，可能需要付出极大的意志努力。① 即便在体制的规约之下，学者依然拥有多重选择的可能性。自我选择的行动，其后果应当更多地由自我来负责。片面地迎合体制的逻辑，甚至为了在既存体制中获得更多的文化资本或现实利益而违背学者伦理的行为，实际上也同时违背了体制所设定的制度规范。因此，正如体制中的学者需要不断反思体制自身的合理性一样，他也同时需要审慎地"照看"自我的学术立场。当前学术体制的诸多措置的确可能会部分地决定或改变个人的价值取向、行为方式，甚至有催化出"平庸学术"、"应景式"成果的危险。但说到底，学术产品是由人"生产"出来的，而不是由体制直接制造出的。将困扰当代学术研究的众多问题，甚至将近年来不断增生的形形色色的学术失范现象，全部或主要归咎于体制，这是对体制力量的夸大，更是对学者学术伦理的放逐。汉娜·阿伦特在《黑暗时代的人们》一书中曾深沉地指出："即使是在最黑暗的时代中，我们也有权去期待一种启明（illumination），这种启明或许并不来自理论和概念，而更多地来自一种不确定的、闪烁而又经常很微弱的光亮。这光亮源于某些男人和女人，源于他们的生命和作品，它们在几乎所有情况下都点燃着，并把光散射到他们在尘世所拥有的生命所及的全部范围。"②对于体制中的学者而言，着眼于学术发展而深刻反思体制之弊是必要的，但一味夸大体制的力量，甚至因此而忽略了对自我责任的思考和担当，则可能在一定程度上将学术研究引向消极与"阴暗"。学术体制之弊，比之阿伦特所描绘的特殊的时代境

① 构成可能的阻碍的，一是体制自身的诸多"自我保护性"设计，导致学者的退出往往需要经过复杂的程序，甚至因此而付出较大的代价；二是长期置身于体制中，可能会使部分学者产生对体制的依赖，或者导致应对体制外其他生活方式的技能遭到削弱，因而跨出体制对于这些学者而言，将会面临更大的不确定性的挑战；三是对于部分学者而言，学术体制本身毕竟还保留有诸多的诱惑和吸引力，克服这种吸引力，亦需要付出意志努力；另外，在部分学者那里，可能还需要克服因对学术研究本身的浓厚兴趣而产生的退出体制的阻力，如此等等。
② [美]汉娜·阿伦特著，王凌云译.黑暗时代的人们[M].南京：江苏教育出版社，2006.

遇,其间差别近乎天壤。在那种"黑暗的时代"中尚且有一种"启明"为人们提供精神的力量,体制中的学者不是更应当以积极进取的心态,谋求以行动来重塑学术文化、实现学术体制的更新性发展吗?

最后,学者应该、也能够在可能的框架内寻求变革学术体制的力量。当前学术实践中诸多"体制化困境"的具体表现,尽管可能通过学者自我学术立场的反省和学术实践方式的重构得到部分缓解,但是由体制产生的问题,最终必须通过体制的变革才能得到真正的解决。因此,面对学术界形形色色的学术失范现象,除了要呼吁学者共同体加强学术道德建设外,还需要从体制本身寻找出路。例如,破除重数量轻质量的评价标准,采取缜密的制度设计,防止各类学术评价掺入过多的人情、面子因素,甚至受到权力和利益的干预和影响。这对于维系学术的严肃性和纯洁性,改良学术生态,无疑是非常重要的。再如,制度设计的精细化应当与体制内在空间的敞开、从而学者学术自由的扩展同频并进。这意味着,制度的设计应当增进保障,减少"算计";增进激励,减少压榨;增进"培育",减少禁锢……一种有价值的理论,不仅需要经历长时间的酝酿和生产过程,而且往往需要经过数年甚至更长的时间才能在实践中开花结果,或者在学科理论建设中展现其魅力。因此,应当建立一定的弹性机制鼓励具有长效性的学术研究。"近世第一大哲"康德积十年之力方能撰成《纯粹理性批判》。对于类似这样的宏大的研究计划,应当借助于学术评价体制的弹性化给予充分的尊重与保护。倘若学术体制不能为学术研究提供宽容的环境和开放的评价标准,则极易刺激学者过度关注眼前利益而放弃长远的研究目标和高远的学术境界。

对于学者而言,意识到自我是学术体制的参与性建构力量,至少包含两重意义:一方面是意识到自我在学术体制的维护、巩固和有效运作方面所发挥的参与性力量;另一方面则是意识到自我在学术体制的改良或变革中所可能发挥的影响力。正如比彻和特罗勒尔所指出的:"像所有其他社会活动参与者一样,学者并不是环境的牺牲品,不是完全受外部力量驱使的'社会同化者',而是至少被部分地有意识或(多数)无意识地赋权去重建文化环境。"[①]对于体制内的学者而言,"重建文化环境"看起来是一项异常艰辛的工作,但未尝不可以借助务实的努力,使目标变得不再遥不可及。现代社会,维系社会稳定性已不再主要依靠"传统权威"或韦伯所谓的"克里斯马权威",而是越来

---

① [英]托尼·比彻,[英]保罗·特罗勒尔著,唐跃勤等译.学术部落及其领地:知识探索与学科文化[M].北京:北京大学出版社,2008:26.

越依靠"结构"(即制度所确立的关系)。"'结构秩序'是一个权利分化之后的整合秩序,是多个行动单位(个体、组织等)互动的结果。"①这意味着,结构秩序的生成虽有传统的力量,但更注重当代各种权利、利益关系的综合渗透、结构秩序作用的发挥;虽具有超越个人的力量,但并不像"传统权威"和"克里斯马权威"那样完全与个人相剥离的,而是与个体有着或多或少的关联甚至相通性。这即是说,个体的学术实践以及其自觉的利益表达,尤其是不同个体之间共同利益的组织化表达,在一定程度上可能影响学术体制的走向。笔者认为,对于学者而言,以下几方面的努力或许是可以尝试的。其一,通过自己的力量,哪怕是微弱的力量,影响置身其中的学术"小生态",对于学者个体或一定规模、范围内的共同体而言,既不是什么了不起的"僭越",也并非遥不可及的梦想。事实上,无论是人文社会科学领域还是自然科学领域,学术史上都不乏以自己的苦心"经营"为同行或后来者建构良好的学术小生态的案例。其二,在合理、合法的限度内,要敢于、善于发出自己的声音。沉默在很多时候被视为、或者有时被刻意地理解为认同和拥护。而声音则可能转化成为重要的力量,至少有可能引发体制内不同层次的决策者和管理者,进一步思考学术体制的合理性问题,或者部分地考虑学者的意见和感受。在特定的时候,善于发出自己的声音,甚至可能成为促成体制变革的"触媒"。但是,许多学者往往并未意识到自己,以及与其他学者协同发出声音的价值。例如,国内某著名大学的一位教授在一次座谈会上曾指出,人文社会科学领域的学者往往对学术体制的问题更为敏感,对体制之弊往往有着深刻的认识,也善于作出各种批判。但是当有机会变革学术体制或者为体制变革贡献力量的时候,他们却大多选择了沉默。该大学管理部门召开的科研体制改革研讨会中,受邀的人文社会科学领域的学者绝大多数选择了缺席;发放给他们的调查问卷,回收率也极低。②在原本可以、也应该发出声音的时候,不敢于或善于发出自己的声音,这是学者理性、批判意识和参与意识等在学术体制面前的一种真正溃退。在很多时候,私下的议论和抱怨并不能使"世界"变得更好。只有将对学术体制之弊病的认识,转化成为鞭辟入里的透析、理性的批判、合理的建言,才有可能让声音转化成真实的力量。其三,在合理合法的范围内,亦可尝试以组织化的方式表达个体或群体的合理诉求。在今天,社会利益的分化越来越

---

① 张静著. 法团主义(修订版)[M]. 北京:中国社会科学出版社,2005:1.

② 或许在许多学者那里,"弃权"也是表达自我立场的一种姿态。但在很多时候,弃权所表达出的姿态往往会被忽略,至少是得不到应有的重视和尊重。在特定的场合,学者应该敢于并善于表达自己的立场,发出理性的声音。

深刻,国家与社会从完全的同质化逐步走向了分离和分立。在这种背景下,个体利益、诉求的组织化表达将增强"声音"的力量,从而扩大对体制的影响力。其四,即便自我的声音和行动不能有效地、即时地影响他人,学者个体对学术伦理的持守,对自我所认同的学术价值的维护,对高远境界的追求、对学术信念的积极践行,未尝不是一种值得期许的姿态。对于个体的学者而言,"学术"之概念虽显抽象,"学术界"之概念虽略显遥远,但一切又均与自我的学术实践有着内在的相通。改变自我的"世界观",改变自我的学术实践方式,同时也就是改变了自我与世界对话的方式。与有意识地向外掘进以影响他人的行动意向相比,这样的实践看似"消极"或"保守",但却因与自我学术实践的"亲近性"而成为更可靠、更务实的一种自我坚守方式。中国科学体制化的先驱者任鸿隽在发表于1914年的《建立学界论》一文中曾满怀深情地勾画了自己所期许的"学界"形象:"今试与游于世界强国之都会,于其繁颐深远不可测试之社会中,常见有一群之人焉,汶然潜伏群众之中,或乃蛰居斗室,与书册图器伍,舍其本业与同侪外,未尝与世相竞逐也。然天下有大故,或疑难非常吊诡新奇之事出,为恒人所瞠目结舌,惶惧不知所出者,则人皆就之以伺其意见焉。是人也,平日既独居深造,精研有得,临事则溯本穷源,为之辨其理之所由始,究其效之所终极,历然如陈家珍于案而数之也。其言既腾载于报章,听者遂昭然若发蒙。其事而属于政治也,将有力之舆论,由之产出,而政府之措施,因以寡过。其事而属于学问也,将普通之兴味,因以唤起,而真理之发舒,用益有期。是群也,是吾所谓学界也。"[①]经过一个世纪的发展,中国已逐渐建立起了庞大的"学界",任鸿隽的理想似已实现。而他所勾画的"学界"形象,迄今依然不失其鲜活性;他描绘"学界"形象时的内心情怀,尤其值得我们这个时代的学者倾心揣摩,用心记取。

第二节　体制变革的内向式思考

2010年,《国务院办公厅关于开展国家教育体制改革试点的通知》中提出,要"改革学科建设绩效评估方式,完善以质量和创新为导向的学术评价机制"。这一宏观政策导向可望成为引发学术体制变革的"导向仪"。近年来,我国的学术研究呈现出空前"繁荣"的景象,集中表现为论文和著作数目的急剧膨胀。但与这种数量上的膨胀形成

---

① 任鸿隽.建立学界论[A]//任鸿隽著.科学救国之梦:任鸿隽文存[M].上海:上海科技教育出版社,2002:3.

巨大反差的是,论文质量及其认可度只能说是差强人意。① 以许多人津津乐道的 SCI 论文数量为例,到 2010 年,我国的 SCI 论文数量已经跃居世界第二,而且表现出相对稳定的态势。但与此同时,被引用次数方面,平均每篇论文被引用 5.87 次,与世界平均值 10.57 次还有很大的差距;其中有 35% 的论文,被引次数为零。在 2000 年至 2010 年间发表科技论文累计超过 20 万篇的 14 个国家中,中国仅排第 12 位,在亚洲国家中低于日本、韩国。② 而据 ISI 数据库 2009 年的统计,美国拥有 4124 名高被引作者,而我国仅拥有 24 名高被引作者,其中仅 4 位来自中国大陆。2011 年,中国入选“高被引研究者”的人数仅为 28 人,且多数来自香港地区。人文社会科学领域的情况同样不乐观,缺乏思想大师、缺乏有世界影响力的学者是学术界共同的感受。③ 这种数量产出和质量水平之间的巨大反差或许有多种原因,但有一个原因是我们不能忽视的:很长时间以来,高校总是善于且似乎已经习惯于用一种简单刺激生产率的企业管理模式来驱策学者的学术研究。然而,这种过度重视眼前“效益”的管理方式,使得学者“在为得到数量上的认可以实现自我学术地位提升甚至解决自己的生计困境过程中”,离由“好奇”驱动的学术研究越来越远。④ 导致这一结果的原因固然与学者的学术价值取向有关,但学术制度设计中简单的“经济人”假设,以及围绕此建构起来的一系列评价指标体系,不能不说是难辞其咎的。

  20 世纪 70 年代,美国学术界曾因一系列曝光的学术不端事件引发了一场关于“烂苹果”还是“烂桶”的争鸣。在争鸣中,有的学者认为,学术不端的个案如同学界的几个“烂苹果”,不会影响学术的整体发展;但另有学者认为,学术不端现象的高频度密集“发作”,不能仅仅归咎于个别苹果质量不佳,更应该追问装苹果的“桶”。⑤ 换言之,在后者看来,“烂桶”问题可能比“烂苹果”问题更值得警惕。40 年后的今天,当我们思考体制、学术与学者之间相互纠缠的关系时,美国学术史上的这一“公案”或许不乏启

① 事实上,截至目前,国际上尚无具有较强说服力和可信度的评价学术论文质量水平的通行标准。在自然科学领域中,我国学者往往倾向于以 SCI 论文数量来评价个体、群体乃至一个国家的科研整体实力,相应地,以论文引用率和期刊的影响因子来评价 SCI 文章的质量。这虽不准确、全面,却也可以从一个侧面反映出国家、组织和个人的学术实力。

② 李大庆. 中国 SCI 论文篇均被引次数列世界第 12 位[EB/OL]. 高教改革与发展研究网, http://gj. ybu. edu. cn/news. php? id=3994, 2010-12-3.

③ 陈洪捷, 沈文钦. 学术评价:超越量化模式[N]. 光明日报, 2012-12-18(15).

④ 阎光才著. 精神的放牧与规训:学术活动的制度化与学术人的生态[M]. 北京:教育科学出版社, 2011:232.

⑤ 唐红丽. 完善机制遏制学界“烂苹果”现象[N]. 中国社会科学报, 2013-5-24(1).

示意义。事实上，按照所谓的"烂苹果原理"，"烂桶"和"烂苹果"原本是高度相关的。在一个"烂桶"里，苹果很难保全自己；而一个或几个"烂苹果"如果不能及时清理，则无疑会累及其他苹果，直至腐蚀到"桶"。在这个意义上说，提升学术品质、品位的努力，无疑是一个复杂的系统工程。然而，所谓学术的"体制化困境"，以及学者所感受到的所谓"体制压力"，固然是诸多复杂因素协同作用的结果，但其核心，也是体制变革首先需要着力的，无疑是学术评价制度的变革。

近年来，我国学者关于学术评价标准的讨论，很集中的一个议题是如何超越单纯的量化评价模式。目前，在我国各种类型、各种层次和办学水平的高校，量化模式几乎是一种通行的评价模式。之所以采用量化模式，笔者认为，主要原因不外乎两个：其一，大学在对学者个体或团队进行评价的同时，其自身也处于一个更大的学术评价体系中。为了争取在大学排行榜竞争谋得一个合理的"席位"，相当多的大学选择了以"效率"作为对学者学术评价的一个很重要的指标。在一定意义上说，学者所面临的所谓体制压力，其实是大学自身所面临的体制压力的一种转嫁与下移。其二，量化指标在包括学术评价领域在内的各个领域中通行性强，认同度高，"往往被看作是一种更为精确、客观、透明、公平的标准，能够减少人为的主观评价，做到数字面前人人平等，而且便于操作和管理，因此尤其受到重视"①。考虑到中国社会"人情"因素和各种"潜规则"的潜在威胁，选择一种便于操作、"一刀切"的评价尺度，或许是比较务实、经多重考量之后做出的策略性选择。

但是，学术研究自身的复杂性决定了学术评价的复杂性。量化模式所标榜的所谓"公平"，在一定程度上说，只能算是一种低水平的表面公平。它可能将学术研究的许多复杂因素遮蔽于简单的数字之后，从而伤害到学术研究本身。正如有学者已经指出的，学术评价的量化模式一定程度上违背了学术研究作为一种探索性活动所固有的不确定性、不可预计性特质。很多情况下，当学术研究启动乃至展开时，没有人能够完全准确地预言，该研究是否能够得到预期的结果，什么时候才能得出研究结果，以及研究结果可能是什么。但是目前相当多的高校已经很难保持对这种不确定性、不可预计性的耐心了，它们往往要求一年一考评，要求每年都必须有一定的科研产出。这一无论如何都难称合理的要求，轻则可能迫使学者追求"短平快"的研究，甚至放弃具有很好的发展前景、但需较长研究周期的课题，"转而从事低层次的、容易获得高产出的研究

---

① 陈洪捷，沈文钦.学术评价：超越量化模式[N].光明日报，2012-12-18(15).

领域和研究问题"①;重则容易催生各种各样的学术失范、学术腐败行为,从而背离学术的本质。

正是因为认识到了量化模式的固有缺陷,越来越多的学者开始呼吁"超越量化模式",更多地将"质量"纳入学术评价标准。相应地,部分高校也开始在制度设计上部分地体现"质量"倾向。例如,有的高校开始试行"代表作制",有的高校开始提出要综合考虑"知名度"、"活跃度"、"认同度"等,综合评价一个学者的学术影响力等等。笔者认为,凸显质量要求无疑是正确的,但这里的关键不是简单地由数量为重转向质量为重,而是需要进一步明确,我们需要确立怎样的质量观?事实上,即便是所谓的"量化模式",本身也并未完全剔除对质量的要求。这表现为,除了在年度考核和职务晋升等方面对学术成果数量有明确的要求之外,很多大学对学术著作出版机构的层次、对刊发论文的刊物水平和"档次"均有明确规定。例如,某教育部直属大学规定,晋升正教授的底线标准为近 5 年时间里在本学科 CSSCI 期刊发表论文 7 篇以上。而某省属高校则要求,晋升正教授需要在本学科一级以上刊物发表论文 5 篇,其中至少一篇发表于权威期刊;必须在国家一级出版社出版专著一部;必须主持一个省部级以上课题,等等。在笔者看来,要求学者在一个特定时间段内有一定数量的科研产出不失为一种合理的评价尺度,关键的问题是,这个数量如何确定,"特定时间段"如何划分。同样,要求学者产出高质量的科研成果亦是一种合理的评价尺度,但关键是谁来评价质量,以及如何评价质量。很明显,在当前中国学术刊物的管理体制以及出版社的出版经营模式之下,单纯以发表文章的刊物层次和出版著作的出版社来衡量学术成果的质量,是一种简单化的,甚至有失专业性的评价尺度。笔者认为,作为一项专业性很强的工作,学术评价权以及相应的标准的设定,应当操持在这个专业共同体所普遍认可的"学术精英"群体中。"所谓精英,必须兼具两种特质,即不仅在学术界有深孚众望的学术成就,而且还具有良好的道德风范,既有强烈的道德自律意识。"②学术共同体对精英群体的认可,一方面可以提升精英群体的可信度,而另一方面则会相应地迫使他们承担起维系学科健康发展的责任感和使命感。由学科内学术共同体认同度高的精英群体来确定本学科的学术评价质量尺度,相对于简单以刊物和出版社来评判学术成果质量,虽程序上可能更复杂,却无疑是值得尝试的一种

---

① 陈洪捷,沈文钦. 学术评价:超越量化模式[N]. 光明日报,2012 - 12 - 18(15).
② 阎光才著. 精神的放牧与规训:学术活动的制度化与学术人的生态[M]. 北京:教育科学出版社,2011:
  230.

制度设计思路。

诚然,在这一基本框架之下还会涉及相当多的具体问题。例如,不同层次、不同性质的高校,对评价标准自然有不同的需求;在同一个学科内部,各个子学科因其学科特性的不同,在评价上亦应有所差异等等。这些具体的问题,对于学科的健康发展而言,没有一个不重要。但是,相对于究竟由谁,以及如何来确定学术标准这一问题而言,这些具体问题是后续的次生性问题。我们当然不可能天真地认为核心问题解决之后,这些次生性的问题就会自然化解。但是,当学术评价的标准和尺度真正交付给各学科的专业共同体之后,很多具体问题都可望在专业框架内逐渐探索出解决方案。这里的关键问题在于,学科内部的学术共同体及其精英团队应该逐渐通过自己的影响力和有意识的努力,逐渐建构起相对成熟的学科文化、专业伦理及相应的制度规范。

刚性几乎是制度与生俱来的品质。缺乏刚性的制度从根本上难以获得很强的执行力。制度的刚性特征主要表现为制度的规范性、权威性、公平性,甚至划一性等方面。所谓"法善而不循,法亦虚器耳",缺乏刚性和执行力的制度,容易沦为"摆设",最终可能会丧失制度的权威和信誉。正因如此,学术评价的标准一旦确立,就必须以刚性的制度加以巩固和维护。另外,突出制度的刚性特征,很大程度上也是为了防止"潜规则"对学术体制的腐蚀,尽量减少权力、人情关系等因素对学术评价之公平性的冲击。以目前比较盛行的"同行评价"为例,为了防止"外行评内行"的弊端,目前很多高校在施行学术评价时,都采取了同行评价的方式,各级政府或学术组织在学术奖励、课题评审、刊物审稿等工作中也强调采用同行评价的制度。"同行评价"制度,是学术界目前能够想出的可信度相对较高、合理性相对较强的学术评价制度,但是就其本质而言,它也的确存在着走向"熟人圈子"的潜势。针对这一问题,不能仅仅停留在呼吁学者学术良知、加强学风建设等方面——尽管这是非常重要的,还可以尝试借鉴国外的经验,以优化评价程序、扩大评审专家人数的方式,尽可能地防止人性缺陷的放大。以职称晋升制度为例,据笔者对3所教育部直属高校的了解,涉及职称晋升的同行评审,一般会送2—3位同行专家,有的高校还特别强调同行专家中必须有海外专家。而据2012—2013年哈佛文理学院的《招聘与晋升手册》,在晋升正教授时,候选人所在的学系需联系12—15位同行对其进行评价。特别值得注意的是,哈佛大学在考察候选人的学术影响力时,引用率、期刊级别等量化指标仅作为参考,最重要的标准是"候选人是否在设定该领域的研究议程",也就是说,候选人在自己学科专业领域内是否设定了一个新的问题域,是否在一定程度上引领了该领域的学科发展。① 质言之,任何的学术评价都应该以是否客观真实地反映了学者的学术贡献、学术水平为核心标准,为此,即便程序相对复杂繁琐,亦应遵照标准执行。那种为了追求表面公平,甚至为了简化管理工作环节,追求所谓简单化、程序化管理的评价方式,存在着损及学术本质的潜在危险。

尚需指出的是,由于学术研究的复杂性、不可预期性、不确定性等特征,学术评价制度的设定,在有些方面需要同时考虑弹性。这里的弹性,并不是对刚性的破坏,而是对刚性的补充。例如,对于那些对科学或者社会事业有重大贡献的学术研究成果,在评价时可以不受数量的限制;对于那些有较大发展潜能的长期研究项目,也可以根据研究者的申请和合理的评估,适当延长考核周期……这些弹性空间的保留和敞开,是为了更好地培育一批具有重大贡献的理论、创造发明或者社会决策。当然,为了使弹性空间的设定真正服务于学术事业的发展而不至于被利用,弹性自身亦需被置于刚性的监控与管制之下。例如,对于某研究者是否可以申请年度考核的豁免权,或者是否将考核周期延长以及延长为多久,或者其成果或预期成果是否具有或可能具有重大贡献等等问题的判断、审核和评价,亦应采取规范、严格的同行评价的方式来进行。这种以刚性为框架、刚柔相济的学术评价制度,有助于一方面保证学术评价的严肃性、规范性、公正性,另一方面则突出评价的激励性、发展性,从而在不损及学术本质的基础上,实现学者学术创新与高校学术发展的"双赢"。

第三节　学术立场的自我反思与学科文化的重构

被誉为"现代教育学之父"的赫尔巴特,对于促使教育学科学化,或者创建"科学"意义上的教育学,有着非常矛盾的心理。一方面,作为教育学"学科创始人"的赫尔巴特明确提出要改变教育学"像偏僻的被占领的区域一样受到外人治理"②的窘迫处境,宣称教育学不仅是一种学说,而且还应该是具有独立性、能够与其他学科取长补短、做平等交流的一门学科。为此,赫尔巴特不仅提出教育学应该有"自己的基本概念"和"独立的思想",而且明确要求以实践哲学和心理学作为教育学必要的理论基础,从而

---

① 陈洪捷,沈文钦.学术评价:超越量化模式[N].光明日报,2012-12-18(15).
② [德]赫尔巴特著,李其龙译.普通教育学·教育学讲授纲要[M].杭州:浙江教育出版社,2002:11.

使其成为"教育者自身所需要的一门科学"。① 在这里,赫尔巴特表达了非常强烈的教育学学科立场。正是因为这种清晰的、明确表达的学科立场和意识,兼之赫尔巴特对于教育学基础理论建设的重大贡献,使他足以当得"科学教育学之父"的称谓。但另一方面,在《普通教育学》之后,赫尔巴特在反思自己的这段学术历程时,却有关于教育学立场的另一种表达:"我的《普通教育学》是一部简略、部分不能让人充分理解的简编教材。若现在教育学是我公务的主要内容,则我早就对此详细宣讲我的思想了。不过,对我而言教育学从来就无非是对哲学的应用。"②在这里,我们看到赫尔巴特教育学学科立场的游移。因为作为"对哲学的应用"的教育学,与赫尔巴特所期待的独立的教育学,能够与其他学科取长补短、做平等交流的教育学,显然并非毫无冲突的。这至少意味着,在所谓"科学教育学"的奠基人这里,教育学的学科立场问题,还不能说已经达到了明晰的状态。

与赫尔巴特相似,杜威对创建一门"教育科学"也有着非常强烈的期待。他在比较天才教师与普通教师的区别时指出,天才教师的成就"是随着他们生而存在,随着他们死而消失的;受益的只是那些和这种天才教师有个人接触的学生。"杜威认为,为了防止这种"浪费","唯一的办法"是从天才教师靠直觉而进行的工作中,抽取、提炼出一般性的经验。正是在这个意义上,杜威认为诞生一门教育科学是必要的。"有了科学,能使天才的经验有共同的功效;有了科学,能使特殊能力的结果变为其他研究人员工作装备的一部分,而不致自生自灭。"③但是,与赫尔巴特以确立核心概念、选择学科基础的论证思路不同,杜威更多地强调了教育实践对于教育科学建构的重要价值。他明确提出:"教育科学的最终的现实性,不在书本上,也不在实验室中,也不在讲授教育科学的教室中,而是在那些从事指导教育活动的人们的心中。"在杜威这里,教育实践不仅是"待研究的问题的唯一资源","也是一切研究的结论的价值的最终检查"。④ 与赫尔巴特将教育学的科学性主要建基于实践哲学与心理学之上不同,杜威开始更清晰地意识到了教育过程的复杂性,认识到"要使教育过程明智地有指导地进行,很多科学必须做出贡献。"但是,与赫尔巴特思想中的内在冲突类似,杜威在关于教育科学独立性问

---

① [德]赫尔巴特著,李其龙译.普通教育学·教育学讲授纲要[M].杭州:浙江教育出版社,2002:12.
② [德]赫尔巴特.对柯尼斯堡教育学活动的回顾[A]//[德]赫尔巴特著,彭正梅,本纳选编,李其龙等译.赫尔巴特教育论著精选[M].杭州:浙江教育出版社,2011:151.
③ [美]约翰·杜威著,赵祥麟,王承绪编译.杜威教育论著选[M].上海:华东师范大学出版社,1981:278.
④ [美]约翰·杜威著,赵祥麟,王承绪编译.杜威教育论著选[M].上海:华东师范大学出版社,1981:280—281.

题上也表现出了相当的游移。一方面,他明确意识到教育科学的必要性,并表达了非常强烈的期待;但另一方面,他又声称:"我们没有一门特别独立的桥梁建筑学,同样也没有一门特别独立的教育科学。"①

如果说赫尔巴特和杜威对于教育学之独立性、独特性的认识,与教育学自身发展水平以及二者同时作为大哲学家的思维方式有关,那么被认为中国教育学奠基人的王国维在治教育之学的生命历程中的一段表白,则更值得我们深思:"以中国之大,当事及学者之多,教育之事之亟,而无一人深究教育学理及教育行政者,是可异也。以余之不知教育且不好之也,乃不得不作教育上之论文及教育上之批评,其可悲为如何矣!"②如果说王国维的所谓"不知教育"不妨理解为谦辞的话,那么其关于"不好之"的表态,恐怕就很难简单以自谦来理解了。事实上,王国维虽然被誉为中国教育学的奠基人,但是其一生的学术志趣,以及其主要的学术造诣,却并不在教育学上。因此,其"不好之"的自述,至少当有几分真意在其中。这部分地反映出,在教育学的初创和发展早期,关于教育学的独立性、独特性和学科立场的认识,依然是存在诸多分歧的;甚至在同一个思想家那里,也还是存在内在的冲突的。如果说这是学科初创时期必然存在的一种现象的话,那么,当教育学走过了200余年的发展历程,我们就不能不对这些涉及并深刻影响教育学发展的"元"问题进行寻根究底式的研究。

一个多世纪以来,中国教育学经历了从无到有、从小到大、从单薄到丰富,从单纯作为知识分类意义的"学科"的引入到社会建制意义上"学科"的创建……其进步不可谓不大。但是,学科在逐步扩张并实现繁荣发展的过程中,必然同时伴随着问题的累积、聚合和不断涌现。在发展过程中,遭遇、甚至不断制造出新的问题,其实并不可怕,怕的是面对问题,缺乏一种正确的姿态。或对问题不敏感而缺乏深入洞察,或认识到问题的存在却刻意逃避,或在问题诊断中一味寻找外部原因而忽视了对自我的省察……凡此种种,均有可能在不同程度上影响问题的及时有效缓解或解决。如同社会转型、发展一样,学科发展过程中不断遭遇和生成的新问题,往往需要交付学科发展本身去解决。在这个过程中,重要的是在学科共同体内部培植一种直面问题的勇气,在与问题的角力中逐步孕育出解决问题的智慧。作为前提,当代中国的教育学者保持"理智的清明"③;敢于直视自己的内心世界;勇于剖析自我学术立场、学科立场中的偏

① [美]约翰·杜威著,赵祥麟,王承绪编译.杜威教育论著选[M].上海:华东师范大学出版社,1981:281.
② 王国维.教育小言十二则[J].教育世界,1906(总117).
③ [德]马克斯·韦伯著,钱永祥等译.韦伯作品集I·学术与政治[M].桂林:广西师范大学出版社,2004:183.

失,或许是引领教育学走出困境,走向新生的最可控,从而也是最可靠的力量。据说,苏格拉底对艺术家为什么倾注那么大的心思和努力去雕塑木头和大理石,却让他们自己的自我保持为畸形的东西,保持为机会、盲目习惯和疏漏的偶然产物而感到困惑不解。① 这一传之久远的古老叙事,对于当代中国教育学者或许不无启示。作为教育学科发展的当事人,教育学者在为学科发展寻找新路径、拓展新空间的过程中不应忽视对自我学术立场和学科立场的省察。在清晰的学术立场和学科立场的引导和浸润之下,教育学者应当致力于深化对现实教育问题的专业研究,并在学术研究的具体实践中致力于学养的提升。因为,只有在丰富学养的浸润之下,才能产生较为强烈的自足感,才有可能在体制化的规约和压力下保持冷静的头脑和理性的学术研究姿态。学养的欠缺很容易诱发学术研究中的浮躁之风。在体制化的压力之下,没有充分的学养积累,极易在眼前利益的驱动下陷入误区,产生学术失范现象。

学术研究作为一种精神生产活动,不仅需要一定的精神力量的支撑,也需要一定的价值取向的引领。缺之这两种精神性因素的滋养,学术研究很容易在诸多现实利益面前陷入迷途。例如,在强大的外部压力下急功近利乃至丧失学术的超越性追求,或者因制度环境的相对宽松导致学术研究动力不足,"生产力"急剧降低。因此,为保证学术研究的健康发展,在学科共同体内部,需要自觉培育一种健康的学科文化。

何谓学科文化? 学术界迄今尚存在争议。陈平原将学科文化理解为同一学科内部,经由长期的发展与演变,自然而然地形成一套被从业者广泛认可的概念术语、研究方法、表达方式等。② 陈何芳和邹晓东将学科文化理解为学科在形成和发展过程中所积累的语言、价值标准、伦理规范、思维与行为方式等的总和。③④ 庞青山认为,学科文化是在学科形成发展过程中形成的学科特有的语言、学科理念、价值标准、思维方式和伦理规范等。⑤ 德国学者温道夫(P. Windolf)将学科文化理解为一种"在学科内部制度化的价值和规范体系"。"这些价值和规范体系指导着各个学科对知识进行有选择地生产、传播和获取。每个学科都有其主流的行动理性,分别体现在该学科的行为规范上。"学科文化"对内有助于学科成员的自我认同,促成本学科学术共同体的均一性,

---

① [美]理查德·舒斯特曼著,彭锋等译. 哲学实践:实用主义和哲学生活[M]. 北京:北京大学出版社,2002. 中译本序:3.
② 陈平原. 大学公信力为何下降[N]. 中国青年报,2007 - 11 - 14.
③ 陈何芳. 论大学的学科文化及其功能[J]. 教育研究与实验,2009(4).
④ 邹晓东. 研究型大学学科组织创新研究[D]. 浙江大学博士论文,2003:57.
⑤ 庞青山著. 大学学科论[M]. 广州:广东教育出版社,2006:254.

对外则是本学科特性的一种自我展示"。①

对"学科文化"理解上的分歧实际上部分地反映了"文化"概念的歧义性。在这里，笔者取狭义的文化概念，即主要从价值、精神的角度来理解文化，从而将学科文化理解为学科共同体对于学术研究的价值观，以及在学术实践中表现出来的精神风貌。以教育学为例，笔者认为，当代中国教育学在与其他学科的横向比较中之所以处于一种相对弱势的地位，除了学科自身"晚成熟"的特性之外，与学科共同体内部"学科文化"中存在的诸多问题不无关系。例如，在反思教育学问题时表达出的自我轻贱倾向；在理论表达和学术实践中表露出的学科自我践踏倾向；对公共媒体、舆论或学术商业化运作的草率迎合；作为学科发展当事人的责任感的淡漠；在面对公共性教育问题时的群体性失语等。这些问题集中反映为教育学者学科认同感的低迷和学科立场的薄弱。因此，对于教育学者(共同体)而言，在教育学"学科文化"的重构这一问题上，当前最紧迫的任务是意识到自身作为教育学学科发展当事人所应担当的学术责任，在自我与教育学学科发展之间建立起紧密的意向性关联，并且将这种意向性的关联，渗透进自己的学术实践中。

如果没有对学术的敬畏和倾情、倾力、倾心的投入，只是在外部压力的驱策和利益诱惑的牵引下勉力为之，这样的学术实践，在伤害学术的同时，亦是对自我尊严的损伤。一个真诚的教育学者，应该将自我的激情、理性、梦想、敬畏、自尊、爱与责任，注入自己的学术生命，在创造性的学术研究中体验学术生活特有的尊严与欢乐。

诚如德国著名教育家洪堡(Wilhelm von Humboldt)所说："每一种职业都可以使人高尚，使他获得一定的尊严。关键在于如何从事它。"②诚哉斯言!

---

① 孙进. 德国的学科文化研究：概念分析与现象学描述[J]. 比较教育研究，2007(12).
② 转引自[德]底特利希·本纳著，彭正梅，徐小青，张可创译. 普通教育学——教育思想和行动基本结构的系统的和问题史的引论[M]. 上海：华东师范大学出版社，2006：10.

参考文献

（一）论著类

1. Anthony Giddens（1979）. *Central Problem in Social Theory*, Berkeley: University of California Press.

2. Fred Korthagen, ct al（2001）. *Linking Practice and Theory: The Pedagogy of Realistic Teacher Education*. Mahwah, NJ: LEA.

3. Gabriel Compayré（1885）. *The History of Pedagogy*. Trans. by W. H. Payne. Boston: D. C. Heath & Co..

4. Wolfgang Brezinka（1992）. *Philosophy of Educational Knowledge: An Introduction to the Foundations of Science of Education, Philosophy of Education and Practical Pedagogics*, Dordrecht/Boston/London: Kluwer Academic Publishers.

5. ［法］奥古斯特·孔德著, 黄建华译:《论实证精神》, 北京:商务印书馆 1996 年版。

6. ［美］A·J·赫舍尔著, 隗仁莲、安希孟译:《人是谁》, 贵阳:贵州人民出版社 2009 年版。

7. ［美］阿拉斯戴尔·麦金泰尔著, 宋继杰译:《追寻美德》, 南京:译林出版社 2003 年版。

8. ［英］阿诺德·汤因比著, 刘北成、郭小凌译:《历史研究》, 上海:上海世纪出版集团 2005 年版。

9. ［美］埃伦·康德利夫·拉格曼著, 花海燕等译:《一门捉摸不定的科学:困扰不断的教育研究的历史》, 北京:教育科学出版社 2006 年版。

10. ［美］爱德华·W·萨义德著, 单德兴译:《知识分子论》, 北京:三联书店 2002 年版。

11. ［法］爱弥尔·涂尔干著, 陈光金、沈杰、朱谐汉译:《道德教育》, 上海:上海人民出版社 2006 年版。

12. ［英］安东尼·吉登斯著, 李康、李猛译:《社会的构成:结构化理论大纲》, 北京:三联书店 1998 年版。

13. ［英］安东尼·吉登斯著, 周红云等译:《为社会学辩护》, 北京:社会科学文献出版社 2003 年版。

14. ［古希腊］柏拉图著, 王晓朝译:《柏拉图全集》（第二卷）, 北京:人民出版社 2003 年版。

15. ［古希腊］柏拉图著, 朱光潜译:《文艺对话集》, 北京:人民文学出版社 1963 年版。

16. [古希腊]柏拉图著,朱光潜译:《文艺对话集》,人民文学出版社1963年版。

17. [德]鲍尔生著,滕大春、滕大生译:《德国教育史》,北京:人民教育出版社1985年版。

18. 北京大学校史研究室编:《北京大学史料·第一卷1898—1911》,北京:北京大学出版社1993年版。

19. 北京大学哲学系、外国哲学教研室编译:《6—18世纪西欧各国哲学》,北京:商务印书馆1975年版。

20. 北京师范大学校史编组编:《北京师范大学校史(1902—1982)》,北京:北京师范大学出版社1984年版。

21. [美]彼得·布劳、[美]马歇尔·梅耶著,马戎、时宪民、邱泽奇译:《现代社会中的科层制》,上海:学林出版社2001年版。

22. [法]波丢(即布迪厄)著,王作虹译:《人:学术者》,贵阳:贵州人民出版社2006年版。

23. [美]布莱恩·雷诺著,韩泰伦编译:《福柯十讲》,北京:大众文艺出版社2004年版。

24. [美]C·赖特·米尔斯著,陈强、张永强译:《社会学的想象力》,北京:三联书店2001年版。

25. 蔡英文著:《政治实践与公共空间:阿伦特政治思想》,北京:新星出版社2006年版。

26. 陈桂生著:《教育学辨:"元教育学"的探索》,福州:福建教育出版社1998年版。

27. 陈桂生著:《教育学的建构》,上海:华东师范大学出版社2009年版。

28. 陈桂生著:《历史的"教育学现象"透视——近代教育学史探索》,北京:人民教育出版社1998年版。

29. 陈洪捷著:《德国古典大学观及其对中国的影响》(修订版),北京:北京大学出版社2006年版。

30. 陈平原、郑勇编:《追忆蔡元培》,北京:中国广播电视出版社1996年版。

31. 陈平原著:《中国现代学术之建立——以章太炎、胡适之为中心》,北京:北京大学出版社2010年版。

32. 陈万雄著:《五四新文化的源流》,北京:三联书店1997年版。

33. 陈学恂主编:《中国近代教育史教学参考资料·上册》,北京:人民教育出版社1986年版。

34. 陈以爱著:《中国现代学术研究机构的兴起——以北大研究所国学门为中心的探讨》,南昌:江西教育出版社2002年版。

35. 陈志科著:《留美生与中国教育学》,天津:南开大学出版社2009年版。

36. [日]大河内一男、海后宗臣等著,曲程、迟凤年译:《教育学的理论问题》,北京:教育科学出版社1984年版。

37. [英]戴维·比瑟姆著,徐鸿宾等译:《马克斯·韦伯与现代政治理论》,杭州:浙江人民出版社1989年版。

38. [美]戴维·波普诺著,李强等译:《社会学》,北京:中国人民大学出版社1999年版。

39. [美]丹尼尔·贝尔著,赵一凡等译:《资本主义文化矛盾》,北京:三联书店,1989年版。

40. 邓正来主编:《中国书评》(第二辑),桂林:广西师范大学出版社2005年版。

41. 邓正来著:《反思与批判:体制中的体制外》,北京:法律出版社2011年版。

42. [德]底特利希·本纳著,彭正梅、徐小青、张可创译:《普通教育学——教育思想和行动基本结构的系统的和问题史的引论》,上海:华东师范大学出版社2006年版。

43. [美]杜威著,许崇清译:《哲学的改造》,北京:商务印书馆1958年版。

44. 杜维明著,岳华编:《儒家传统的现代转化》,北京:中国广播电视出版社1992年版。

45. 杜维明著:《对话与创新》,桂林:广西师范大学出版社 2005 年版。

46. [德]恩斯特·卡西尔著,关子尹译:《人文科学的逻辑》,上海:上海译文出版社 2004 年版。

47. 方东美著,黄克剑、钟小霖选编:《方东美集》,北京:群言出版社 1993 年版。

48. 方东美著:《中国哲学精神及其发展》,台北:成均出版社 1983 年版。

49. [德]费希特著,梁志学、沈真译:《论学者的使命·人的使命》,北京:商务印书馆 1984 年版。

50. 冯俊等著:《后现代主义哲学讲演录》,北京:商务印书馆 2003 年版。

51. 冯俊著:《开启理性之门:笛卡尔哲学研究》,北京:中国人民大学出版社 2005 年版。

52. [美]弗莱德·R·多尔迈著,万俊人、朱国钧、吴海针译:《主体性的黄昏》,上海:上海人民出版社 1992 年版。

53. [英]弗兰克·富里迪著,戴从容译:《知识分子都到哪里去了:对抗 21 世纪的庸人主义》,南京:江苏人民出版社 2005 年版。

54. [俄]弗兰克著,王永译:《社会的精神基础》,北京:三联书店 2003 年版。

55. [德]弗里德里希·尼采著,张念东、凌素心译:《权力意志——重估一切价值的尝试》,北京:商务印书馆 1998 年版。

56. 复旦大学历史学系、复旦大学中外现代化进程研究中心编:《中国现代学科的形成》,上海:上海古籍出版社 2007 年版。

57. [法]G·米阿拉雷著,郑军、张志远译:《教育科学导论》,北京:光明日报出版社 1989 年版。

58. [德]伽达默尔著,夏镇平译:《赞美理论——伽达默尔选集》,上海:上海三联书店 1988 年版。

59. [德]伽达默尔著,薛华等译:《科学时代的理性》,北京:国际文化出版公司 1988 年版。

60. 高瑞泉著:《中国现代精神传统》,上海:东方出版中心 1999 年版。

61. [苏联]哥兰塔、加业林著,柏嘉译:《世界教育学史》,作家书屋 1952 年版。

62. 葛信益、启功整理:《沈兼士学术论文集》北京:中华书局 1986 年版。

63. 顾长声著:《传教士与近代中国》,上海:上海人民出版社 1981 年版。

64. [德]哈贝马斯著,李黎、郭官义译:《作为意识形态的技术与科学》,上海:学林出版社 1999 年版。

65. [德]海德格尔著,郜元宝译:《人,诗意地安居》,桂林:广西师范大学出版社 2000 年版。

66. [美]汉娜·阿伦特著,姜志辉译:《精神生活·思维》,南京:江苏教育出版社 2006 年版。

67. [美]汉娜·阿伦特著,姜志辉译:《精神生活·意志》,南京:江苏教育出版社 2006 年版。

68. [美]汉娜·阿伦特著,孙传钊译:《耶路撒冷的艾希曼:伦理的现代困境》,长春:吉林人民出版社 2003 年版。

69. [美]汉娜·阿伦特著,王凌云译:《黑暗时代的人们》,南京:江苏教育出版社 2006 年版。

70. [德]赫尔巴特著,李其龙译:《普通教育学·教育学讲授纲要》,杭州:浙江教育出版社 2002 年版。

71. [德]赫尔巴特著,彭正梅、本纳选编,李其龙等译:《赫尔巴特教育论著精选》,杭州:浙江教育出版社 2011 年版。

72. [俄]赫尔岑著,李原译:《科学中华而不实的作风》,北京:商务印书馆 1997 年版。

73. [德]黑格尔著:《哲学讲演录》(第一卷),北京:三联书店 1957 年版。

74. 侯怀银著:《中国教育学发展问题研究——以 20 世纪上半叶为中心》,太原:山西教育出版社 2008 年版。

75. 胡建雄主编:《学科组织创新》,杭州:浙江大学出版社 2001 年版。

76. [德]胡塞尔著,张庆熊译:《欧洲科学的危机和超验现象学》,上海:上海译文出版社 1997 年版。

77. 胡适著:《胡适文存·二集》,合肥:黄山书社 1996 年版。

78. [美]华勒斯坦等著,刘锋译:《开放社会科学》,北京:三联书店 1997 年版。

79. [美]华勒斯坦等著,刘健芝等编译:《学科·知识·权力》,北京:三联书店 1999 年版。

80. 黄光国著:《人情与面子:中国人的权力游戏》,北京:中国人民大学出版社 2010 年版。

81. 江新华著:《学术何以失范——大学学术道德失范的制度分析》,北京:社会科学文献出版社 2005 年版。

82. 姜义华主编:《胡适学术文集·教育》,北京:中华书局 1998 年版。

83. 姜义华著:《章太炎评传》,南昌:百花洲文艺出版社 1995 年版。

84. 金林祥主编:《20 世纪中国教育学科的发展与反思》,上海:上海教育出版社 2002 年版。

85. 金以林著:《近代中国大学研究》,北京:中央文献出版社 2000 年版。

86. [德]卡尔·曼海姆著,徐彬译:《卡尔·曼海姆精粹》,南京:南京大学出版社 2002 年版。

87. [美]拉塞尔·雅各比著,洪洁译:《最后的知识分子》,南京:江苏人民出版社 2002 年版。

88. 黎锦熙著:《刘师培全集》,北京:中央党校出版社 1997 年版。

89. 李帆著:《刘师培与中西学术》,北京:北京师范大学出版社 2003 年版。

90. [英]李约瑟著,汪受琪译:《中国科学技术史》(第三卷),北京:科学出版社 1978 年版。

91. 李泽厚著:《世纪新梦》,合肥:安徽文艺出版社 1998 年版。

92. 李政涛著:《教育科学与相关学科的"对话":从知识、科学、信仰和人的角度》,上海:华东师范大学出版社 2001 年版。

93. [美]理查德·A·波斯纳著,徐昕译:《公共知识分子:衰落之研究》,北京:中国政法大学出版社 2002 年版。

94. [美]理查德·舒斯特曼著,彭锋等译:《哲学实践:实用主义和哲学生活》,北京:北京大学出版社 2002 年版。

95. 联合国教科文组织著:《学会生存》,北京:教育科学出版社 1996 年版。

96. 梁启超著:《饮冰室合集》文集之四,北京:中华书局 1989 年影印本。

97. 梁启超著:《论中国学术思想变迁之大势》,上海:上海古籍出版社 2001 年版。

98. 梁启超著:《饮冰室合集》文集之一,北京:中华书局 1989 年影印本。

99. 梁启超著:《饮冰室合集》文集之二,北京:中华书局 1989 年影印本。

100. 梁启超著:《饮冰室合集》专集之三十四,北京:中华书局 1989 年影印本。

101. 刘俐娜著:《由传统走向现代:论中国史学的转型》,北京:社会科学文献出版社 2006 年版。

102. 刘龙心著:《学术与制度:学科体制与现代中国史学的建立》,北京:新星出版社 2007 年版。

103. 刘梦溪著:《中国现代学术要略》,北京:三联书店 2008 年版。

104. 刘梦溪主编:《中国现代学术经典·梁漱溟卷》,石家庄:河北教育出版社 1996 年版。

105. 刘少杰著:《中国社会学的发端与扩展》,北京:中国人民大学出版社 2007 年版。

106. 刘师培著:《刘申叔先生遗书》,南京:江苏古籍出版社 1997 年影印本。

107. 刘小枫著:《现代性社会理论绪论》,上海:上海三联书店 1998 年版。

108. [美]刘易斯·科塞著,郭方等译:《理念人:一项社会学的考察》,北京:中央编译出版社 2004 年版。

109. 陆扬、王毅著：《文化研究导论》，上海：复旦大学出版社 2007 年版。

110. ［奥］路德维希·冯·贝塔朗菲著，吴晓江译：《生命问题——现代生物学思想评价》，北京：商务印书馆 1999 年版。

111. 罗检秋著：《近代诸子学与文化思潮》，北京：中国社会科学出版社 1998 年版。

112. 麻天祥著：《中国近代学术史》，武汉：武汉大学出版社 2007 年版。

113. ［澳］马尔科姆·沃特斯著，杨善华等译：《现代社会学理论》，北京：华夏出版社 2000 年版。

114. ［德］马克思、［德］恩格斯著，中共中央马克思恩格斯列宁斯大林著作编译局译编：《马克思恩格斯全集》（第 1 卷），北京：人民出版社 1956 年版。

115. ［德］马克思、［德］恩格斯著，中共中央马克思恩格斯列宁斯大林著作编译局译编：《马克思恩格斯全集》（第 3 卷），北京：人民出版社 1960 年版。

116. ［德］马克思、［德］恩格斯著，中共中央马克思恩格斯列宁斯大林著作编译局译编：《马克思恩格斯全集》（第 42 卷），北京：人民出版社 1979 年版。

117. ［德］马克思、［德］恩格斯著，中共中央马克思恩格斯列宁斯大林著作编译局译编：《马克思恩格斯选集》（第 1 卷），北京：人民出版社 1995 年版。

118. ［德］马克思、［德］恩格斯著，中共中央马克思恩格斯列宁斯大林著作编译局译编：《马克思恩格斯选集》（第 4 卷），北京：人民出版社 1995 年版。

119. ［德］马克思著，刘丕坤译：《1844 年经济学—哲学手稿》，北京：人民出版社 1979 年版。

120. ［德］马克斯·韦伯著，韩水法、莫茜译：《社会科学方法论》，北京：中央编译出版社 2002 年版。

121. ［德］马克斯·韦伯著，李秋零、田薇译：《社会科学方法论》，北京：中国人民大学出版社 1999 年版。

122. ［德］马克斯·韦伯著，钱永祥等译：《韦伯作品集 I：学术与政治》，桂林：广西师范大学出版社 2004 年版。

123. ［美］马文·哈里斯著，李培茱、高地译：《文化人类学》，北京：东方出版社 1988 年版。

124. ［美］米勒著，王晓路等译：《文化研究指南》，南京：南京大学出版社 2009 年版。

125. ［美］默顿著，范岱年等译：《十七世纪英国的科学、技术与社会》，北京：商务印书馆 2000 年版。

126. 牟宗三著：《生命的学问》，桂林：广西师范大学出版社 2005 年版。

127. 牟宗三著：《中西哲学会通十四讲》，台北：台湾学生书局，1996 年版。

128. 欧阳康主编：《人文社会科学哲学》，武汉：武汉大学出版社 2001 年版。

129. ［法］P·布尔迪约（即布迪厄）、［法］J－C·帕斯隆著，邢克超译：《继承人：大学生与文化》，北京：商务印书馆 2002 年版。

130. 潘光旦著，潘乃穆等编：《潘光旦文集》第 2 卷，北京：北京大学出版社 1994 年版。

131. 庞青山著：《大学学科论》，广州：广东教育出版社 2006 年版。

132. ［英］培根著：《新工具》（第一卷），主题阅读网，http://www.eywedu.org/xingongju/05.htm。

133. ［法］皮埃尔·布迪厄，［美］华康德著，李猛、李康译：《实践与反思：反思社会学引导》，北京：中央编译出版社 1998 年版。

134. 朴雪涛著：《知识制度视野中的大学发展》，北京：人民出版社 2007 年版。

135. 瞿葆奎主编，瞿葆奎、沈剑平选编：《教育学文集·教育与教育学》，北京：人民教育出版社

1993 年版。

136. 瞿葆奎主编:《元教育学研究》,杭州:浙江教育出版社 1999 年版。

137. [英]齐尔格特·鲍曼著,高华等译:《通过社会学去思考》,北京:社会科学文献出版社 2004 年版。

138. [英]齐格蒙·鲍曼著,洪涛译:《立法者与阐释者:论现代性、后现代性与知识分子》,上海:上海人民出版社 2000 年版。

139. 璩鑫圭、童富勇、张守智编:《中国近代教育史资料汇编·实业教育 师范教育》,上海:上海教育出版社 1994 年版。

140. [美]任达著,李仲贤译:《新政革命与日本:中国,1898—1912》,南京:江苏人民出版社 1998 年版。

141. 任鸿隽著:《科学救国之梦:任鸿隽文存》,上海:上海科技教育出版社 2002 年版。

142. 桑兵著:《晚清学堂学生与社会变迁》,桂林:广西师范大学出版社 2007 年版。

143. [德]施路赫特著,顾忠华译:《理性化与官僚化》,桂林:广西师范大学出版社 2004 年版。

144. 石之瑜著:《社会科学知识新论》,北京:北京大学出版社 2005 年版。

145. [美]史蒂文·塞德曼著,刘北成等译:《有争议的知识——后现代时代的社会理论》,北京:中国人民大学出版社 2002 年版。

146. 舒新城编:《中国近代教育史资料》(上册),北京:人民教育出版社 1961 年版。

147. 孙宏云著:《中国现代政治学的展开:清华政治学系的早期发展(一九二六至一九三七)》,北京:三联书店 2005 年版。

148. 孙元涛著:《教育学者介入实践:探究与论证》,重庆:重庆大学出版社 2009 年版。

149. 唐才常著,湖南省哲学社会科学研究所编:《唐才常集》,北京:中华书局 1980 年版。

150. 唐莹著:《元教育学:西方教育学认识论剪影》,北京:人民教育出版社 2002 年版。

151. 陶东风主编:《知识分子与社会转型》,开封:河南大学出版社 2004 年版。

152. 田正平主编:《中国教育史研究·近代史分卷》,上海:华东师范大学出版社 2001 年版。

153. [美]托马斯·库恩著,纪树立、范岱年、罗慧生等译:《必要的张力——科学的传统与变革论文选》,福州:福建人民出版社 1981 年版。

154. [美]托马斯·库恩著,范岱年、纪树立译:《必要的张力:科学的传统与变革论文选》,北京:北京大学出版社 2004 年版。

155. [英]托尼·比彻、[英]保罗·特罗勒尔著,唐跃勤等译:《学术部落及其领地:知识探索与学科文化》,北京:北京大学出版社 2008 年版。

156. [德]W·A·拉伊著,沈剑平、瞿葆奎译:《实验教育学》,北京:人民教育出版社 1996 年版。

157. 万力维著:《控制与分等:大学学科制度的权力逻辑》,南京:南京师范大学出版社 2005 年版。

158. 汪晖著:《现代思想的兴起》,北京:三联书店 2004 年版。

159. 王炳照、阎国华主编:《中国教育思想通史》,长沙:湖南教育出版社 1994 年版。

160. 王国维著:《王国维学术经典》,南昌:江西人民出版社 1997 年版。

161. 王坤庆著:《教育学史论纲》,武汉:湖北教育出版社 2000 年版。

162. 王德滋主编:《南京大学百年史》,南京:南京大学出版社 2002 年版。

163. [美]沃勒斯坦著,王昺等译:《知识的不确定性》,济南:山东大学出版社 2006 年版。

164. 项贤明著:《比较教育学的文化逻辑》,哈尔滨:黑龙江教育出版社 2000 年版。

165. 熊月之著:《西学东渐与晚清社会》,上海:上海人民出版社 1994 年版。

166. 徐贲著:《人以什么理由来记忆》,长春:吉林出版集团有限责任公司 2008 年版。

167. 徐长福著:《理论思维与工程思维:两种思维方式的僭越与划界》,上海:上海人民出版社 2002 年版。

168. 徐宗泽编著:《明清间耶稣会士译著提要》,北京:中华书局 1989 年版。

169. 许纪霖主编:《公共性与公共知识分子》,南京:江苏人民出版社 2003 年版。

170. 许纪霖主编:《世俗时代与超越精神》,南京:江苏人民出版社 2008 年版。

171. [加]许美德著,许洁英译:《中国大学 1895—1995:一个文化冲突的世纪》,北京:教育科学出版社 2000 年版。

172. [德]雅斯贝尔斯著,邱立波译:《大学之理念》,上海:上海世纪出版集团 2007 年版。

173. [古希腊]亚里士多德著,廖申白译:《尼各马可伦理学》,北京:商务印书馆 2003 年版。

174. 阎光才著:《精神的放牧与规训:学术活动的制度化与学术人的生态》,北京:教育科学出版社 2011 年版。

175. 阎明著:《一门学科与一个时代:社会学在中国》,北京:清华大学出版社 2004 年版。

176. [德]伊曼努尔·康德著,赵鹏,何兆武译:《论教育学》,上海:上海人民出版社 2005 年版。

177. 杨小微、张天宝著:《教学论》,北京:人民教育出版社 2007 年版。

178. 姚纯安著:《社会学在近代中国的进程(1895—1919)》,北京:三联书店 2006 年版。

179. 叶隽著:《主体的迁变:从德国传教士到留德学人群》,上海:上海外语教育出版社 2008 年版。

180. 叶澜主编:《二十世纪中国社会科学·教育学卷》,上海:上海人民出版社 2005 年版。

181. 叶澜主编:《命脉》,桂林:广西师范大学出版社 2009 年版。

182. 叶澜主编:《"新基础教育"发展性研究报告集》,北京:中国轻工业出版社 2004 年版。

183. 叶澜主编:《中国教育学科年度发展报告》(2001—2005),上海:上海教育出版社。

184. 叶澜著:《教育研究方法论初探》,上海:上海教育出版社 1999 年版。

185. 叶秀山、王树人主编:《西方哲学史》(第一卷),南京:江苏人民出版社 2004 年版。

186. [德]伊曼努尔·康德著,赵鹏、何兆武译:《论教育学》,上海:上海人民出版社 2005 年版。

187. 永瑢等著:《四库全书总目》,北京:中华书局 1965 年版。

188. [美]约翰·杜威著,傅统先译:《确定性的寻求:关于知行关系的研究》,上海:上海人民出版社 2004 年版。

189. [美]约翰·杜威著,赵祥麟、王承绪编译:《杜威教育论著选》,上海:华东师范大学出版社 1981 年版。

190. 张静著:《法团主义》(修订版),北京:中国社会科学出版社 2005 年版。

191. 张静庐辑注:《中国出版史料补编》,北京:中华书局 1957 年版。

192. 张品兴主编:《梁启超全集》(第 7 册),北京:北京出版社 1999 年版。

193. 张汝伦著:《历史与实践》,上海:上海人民出版社 1995 年版。

194. 张宪文主编:《金陵大学史》,南京:南京大学出版社 2002 年版。

195. 张旭东著:《全球化时代的文化认同:西方普遍主义话语的历史批判》,北京:北京大学出版社 2005 年版。

196. 张志扬著:《偶在论》,上海:上海三联书店 2000 年版。

197. 赵汀阳著:《观念图志》,桂林:广西师范大学出版社 2004 年版。

198. 赵汀阳著:《坏世界研究:作为第一哲学的政治哲学》,北京:中国人民大学出版社 2009 年版。

199. 郑金洲、瞿葆奎著:《中国教育学百年》,北京:教育科学出版社 2003 年版。

200. 郑匡民著:《西学的中介:清末民初的中日文化交流》,成都:四川人民出版社 2008 年版。

201. 周谷平著:《近代西方教育理论在中国的传播》,广州:广东教育出版社 1996 年版。

202. 周宪、许钧主编:《最后的知识分子》,南京:江苏人民出版社 2002 年版。

203. 朱斐主编:《东南大学史》(第一卷),南京:东南大学出版社 1991 年版。

204. 朱维铮校注:《梁启超论清学史二种》,上海:复旦大学出版社 1985 年版。

205. 朱有瓛主编:《中国近代学制史料》(第二辑·下册),上海:华东师范大学出版社 1989 年版。

206. 朱有瓛主编:《中国近代学制史料》(第三辑·下册),上海:华东师范大学出版社 1992 年版。

207. 朱有瓛主编:《中国近代学制史料》(第一辑·下册),上海:华东师范大学出版社 1986 年版。

208. 左玉河著:《从四部之学到七科之学——学术分科与近代中国知识系统之创建》,上海:上海书店出版社 2004 年版。

209. 左玉河著:《中国近代学术体制之创建》,成都:四川出版社集团四川人民出版社 2008 年版。

(二) 论文类

1. J. Wagner(1997). The Unavoidable Intervention of Educational Research: A Framework for Reconsidering Researcher-Practitioner Cooperation [J]. *Educational Researcher*, 26 (7).

2. Jos Kessels & Fred Korthagen(1996). The Relation Between Theory and Practice: Back to the Classics [J]. *Educational Researcher*, 25(3).

3. M. B. Ginsburg & J. M. Gorostiaga(2001). Relationships between Theorists/Researchers and Policy Makers/Practitioners: Rethinking the Two-Cultures Thesis and the Possibility of Dialogue [J]. *Comparative Education Review*, 45(2).

4. Thomas F. Gieryn (1983). Boundary-Work and the Demarcation of Science from Nonscience: Strains and Interests in Professional Ideologies of Scientists [J]. *American Sociological Review*, 48(6).

5. 鲍嵘:《学科制度的源起及走向初探》,《高等教育研究》2002 年第 4 期。

6. 蔡振生:《近代译介西方教育的历史考察》,《北京师范大学学报(社会科学版)》1989 年第 2 期。

7. 曹永国:《"教育理论与实践紧张性"辩解》,《湖南师范大学教育科学学报》2004 年第 2 期。

8. 陈桂生:《也谈"十字路口的现代教育"》,《教育参考》2002 年第 10 期。

9. 陈何芳:《论大学的学科文化及其功能》,《教育研究与实验》2009 年第 4 期。

10. 陈平原:《大学公信力为何下降》,《中国青年报》2007 年 11 月 14 日。

11. 陈元晖:《中国教育学七十年》,《北京师范大学学报(社会科学版)》1991 年第 2 期。

12. 程歗、谈火生:《分科设学和清末民初中国的学术转型》,《山西大学学报(哲学社会科学版)》

2002 年第 2 期。

13. 淳钧：《公共·知识分子》，《社会》2004 年第 10 期。

14. 冯向东：《张力下的动态平衡：大学中的学科发展机制》，《现代大学教育》2002 年第 2 期。

15. 高清海：《"人"的双重生命观：种生命与类生命》，《江海学刊》2001 年第 1 期。

16. 高清海：《主体呼唤的历史根据和时代内涵》，《中国社会科学》1994 年第 4 期。

17. 高伟：《一个"劳而无功"的虚假性命题——评"教育理论与实践关系"之争》，《北京大学教育评论》2005 年第 2 期。

18. 葛剑雄：《学术腐败、学术失范与学风不正：探索与思考》，《民主与科学》2010 年第 2 期。

19. 郭星华：《也谈价值中立》，《江苏社会科学》2000 年第 6 期。

20. 何齐宗：《建立"教育学史"刍议》，《教育研究》1989 年第 8 期。

21. 何小忠：《教育学的学科形象及其根源》，《当代教育科学》2005 年第 7 期。

22. 黄济：《20 世纪中国教育学科的发展》，《北京师范大学学报（社会科学版）》2000 年第 1 期。

23. 黄兴涛、胡文生：《论戊戌维新时期中国学术现代转型的整体萌发——兼谈清末民初学术转型的内涵和动力问题》，《清史研究》2005 年第 4 期。

24. 黄晏妤：《四部分类是图书分类而非学术分类》，《四川大学学报》2000 年第 2 期。

25. 黄晏妤：《四部分类与近代中国学术分科》，《社会科学研究》2000 年第 2 期。

26. 瞿葆奎：《两个第一：王国维译、编的〈教育学〉——编辑后记》，《教育学报》2008 年第 2 期。

27. 雷尧珠：《试论我国教育学的发展》，《华东师范大学学报（教育科学版）》1984 年第 2 期。

28. 李长伟：《论教育理论与实践的本然统一——从实践哲学的角度观照》，《教育理论与实践》2003 年第 4 期。

29. 李长伟：《再论教育理论与实践的本然统一》，《湖南师范大学教育科学学报》2003 年第 5 期。

30. 李政涛：《论"教育学理解"的特质》，《华东师范大学学报（教育科学版）》2004 年第 1 期。

31. 林岗：《体制化时代的学术研究》，《粤海风》1998 年第 5 期。

32. 刘荣秀、刘铁芳：《走向公共领域的教育研究》，《天津市教科院学报》2005 年第 4 期。

33. 刘铁芳：《体制化时代的教育和教育研究》，《湖南师范大学教育科学学报》2006 年第 5 期。

34. 刘旭东：《教育学的困境与生机》，《教育研究》2005 年第 11 期。

35. 刘裕权：《关于教育学研究的方法论问题的思考》，《教育理论与实践》2003 年第 8 期。

36. 卢红：《试析教育学发展的契机性条件》，《教育评论》2004 年第 4 期。

37. 罗岗：《"文化研究"何为？——"教育"问题与"知识"的"实践性"》，邓正来主编：《中国书评》（第二辑），桂林：广西师范大学出版社 2005 年版。

38. 罗志田：《西学冲击下近代中国学术分科的演变》，《社会科学研究》2003 年第 1 期。

39. 毛子水：《〈驳《新潮》《国故和科学的精神》篇〉订误》，《新潮》1919 年第 2 卷第 1 号。

40. 南帆：《学术体制：遵从与突破》，《文艺理论研究》2003 年第 5 期。

41. 宁虹、胡萨：《教育理论与实践的本然统一》，《教育研究》2006 年第 5 期。

42. 牛瑞雪：《行动研究为什么搁浅了——大学与中小学合作研究的困境与出路》，《课程·教材·教法》2006 年第 2 期。

43. 彭泽平、陆有铨：《论当代中国教育学者的使命》，《华东师范大学学报（教育科学版）》2007 年第 4 期。

44. 石中英：《论教育实践的逻辑》，《教育研究》2006 年第 1 期。

45. 孙建国：《清末民初日文中译与转贩西学问题研究》，《河南大学学报（社会科学版）》2001 年第 6 期。

46. 孙进:《德国的学科文化研究:概念分析与现象学描述》,《比较教育研究》2007 年第 12 期。

47. 王国维:《教育小言十二则》,《教育世界》1906 年总第 117 期。

48. 王岳川:《牟宗三的生命与学术之思》,《中华文化论坛》1996 年第 3 期。

49. 吴康宁:《教育研究应研究什么样的"问题"——兼谈"真"问题的判断标准》,《教育研究》2002 年第 11 期。

50. 吴康宁:《社会学视野中的教育》,《教育研究与实验》2006 年第 4 期。

51. 吴宓:《我之人生观》,《学衡》1923 年第 4 期。

52. 吴学国:《关于中国哲学的生命性》,《哲学研究》2007 年第 1 期。

53. 夏中义:《思想先知学术后觉——新潮 20 年备忘录》,《南方文坛》2002 年第 5 期。

54. 肖朗:《明清之际西方大学学科体系的传入及其影响》,《浙江大学学报(人文社会科学版)》2009 年第 1 期。

55. 肖朗:《中国近代大学学科体系的形成——从"四部之学"到"七科之学"的转型》,《高等教育研究》2001 年第 6 期。

56. 肖朗、项建英:《学术史视野中的近代中国大学教育学科》,《社会科学战线》2009 年第 9 期。

57. 宣勇、凌健:《大学学术组织化建设:价值与路径》,《教育研究》2009 年第 9 期。

58. 阎光才:《学术制度建构的合法性与合理的制度安排》,《探索与争鸣》2005 年第 9 期。

59. 阎光才:《中国学术制度建构的历史与现实境遇》,《北京师范大学学报:社会科学版》2008 年第 6 期。

60. 杨国荣:《善何以必要》,《哲学门》2000 年第 1 期。

61. 杨小微:《教育理论工作者的实践立场及其表现》,《教育研究与实验》2006 年第 4 期。

62. 叶澜:《思维在断裂处穿行——教育理论与实践关系的再寻找》,《中国教育学刊》2001 年第 4 期。

63. 叶志坚:《中国近代教育学原理的知识演进——以文本为线索》,浙江大学博士论文,2009 年。

64. 俞吾金:《马克思主体性概念的两个维度》,《复旦学报(社会科学版)》2007 年第 2 期。

65. 张汝伦:《主体的颠覆:从黑格尔到马克思》,《学术月刊》2001 年第 4 期。

66. 张西平:《中国现代学术转型的德国背景》,《读书》2009 年第 2 期。

67. 周谷平:《近代西方教育学在中国的传播及其影响》,《华东师范大学学报(教育科学版)》1991 年第 3 期。

68. 朱彦明:《尼采的道德视角主义》,《道德与文明》2011 年第 6 期。

69. 邹晓东:《研究型大学学科组织创新研究》,浙江大学博士论文,2003 年。

(三) 其他类

1. 陈洪捷、沈文钦:《学术评价:超越量化模式》,光明日报 2012 年 12 月 18 日第 15 版刊。

2. 陈平原:《大学公信力为何下降》,中国青年报 2007 年 11 月 14 日刊。

3. 辞海编辑委员会编:《辞海》(缩印本),上海:上海辞书出版社 1980 年版。

4. 黑色叶子:《中国人已患上了制度迷恋症》,网易论坛 2009 年 3 月 31 日帖。

5. 黄华新、王华平:《论跨学科研究》,光明日报 2010 年 3 月 16 日刊。

6. 教育公报[Z],1919 年第 2 期。
7. 李大庆:《中国 SCI 论文篇均被引次数列世界第 12 位》,高教改革与发展研究网 2010 年 12 月 3 日帖。
8. 李醒民:《学术创新是学术的生命》,光明日报 2005 年 11 月 1 日报道。
9. 唐红丽:《完善机制遏制学界"烂苹果"现象》,中国社会科学报 2013 年 5 月 24 日第 1 版刊。
10. 夏征农主编:《辞海》,上海:上海辞书出版社 1999 年版。
11. 《影响中国公共知识分子五十人名单》,搜狐财经—南方人物周刊 2004 年 9 月 9 日帖。

后　记

　　本书是在笔者博士后出站报告的基础上修订而成的。对我而言,写作过程是一次自我挑战的过程,也是一个不断发现自身学养"短板"的过程。在构思报告框架之初,我曾经有一个大胆的设想,希望能够借这样一个课题,尝试一种"史论结合"的写作方式。但到真正着手搜集资料和动手写作时才发现,就我目前的学养而言,轻言"结合",其实可能正反映了对"史"的无知。当我面对浩瀚的史料,尤其是那些民国时期甚至更早的文献时,自我的"渺小感"、"无知感"几乎弥漫了全部的精神世界,而早先的雄心则已在不知不觉间消散了。实事求是地讲,在有限的时间内,尽管我做出了努力,但"史"和"论"还远远谈不上结合。对中国教育学"学科"发生史的梳理,可能还只是提供了一些相关的背景而已。从这个意义上说,书稿的暂时收尾并不意味着对相关问题思考的终结,也不意味着该课题研究计划的永久搁置,"短板"的发现同时意味着一个新的发展空间的敞开。即便单从这个意义上讲,我也要感谢这段研究的历程。

　　感谢合作教授周谷平老师。几年来,周老师热情亲善、乐观豁达的性格,始终感染着我。在极为繁忙的工作中,周老师依然时时刻刻牵挂着我的学业和生活。她不仅对本报告的选题和思路的确定给出了非常中肯的意见,而且她之前的相关研究也构成了本研究重要的理论基础。

　　感谢我的博士导师叶澜教授。即便身在杭州,我也总能感觉到来自上海的关心与期待。叶老师精心建构的学术共同体,早已成为我的精神家园。办公室、西湖边、电话里的倾心长谈,语重心长的教诲,意蕴深远的告诫,都已经深深地镌刻在心上。

　　感谢田正平教授。田老师严谨治学、奖掖后进的风范,令人景仰。他对于教育学发自内心的热爱,对于学科使命的理解和担当,尤为令人感动。

　　感谢肖朗教授。他慷慨惠赠了与本研究密切相关的文献。他的谦谦君子之风,让人油然而生敬意。感谢杨明教授，他关于科层体制动力性因素的分析，给我很大的启发，有的意见已经吸收进了研究报告的文字中。感谢叶志坚博士，他将自己刚刚答辩通过的博士学位论文慷慨惠赠，不仅为笔者提供了很多有价值的文献资料线索，而且还推荐了多种查询史料的方法和渠道，为研究报告的写作提供了非常多的帮助。

感谢刘正伟教授、顾建民教授、方展画教授，他们参加了我的开题报告，不仅给了我鼓励，更针对报告框架中的问题，给出了非常详细、有价值的意见和建议。

感谢浙江大学教育学院的领导和老师，他们给予我很多悉心的帮助。不仅帮助我解决了很多现实困难，让身处他乡的我也常常感受到亲情与温暖。

本研究曾获得教育部人文社会科学青年基金项目资助（2009 年）与中国博士后基金特别资助（2010 年），并纳入叶澜教授主持的教育部人文社会科学重点基地华东师范大学基础教育改革与发展研究所"十二五"重大项目"基础教育改革与'生命·实践'教育学派创建研究"，谨致谢忱！

杭州"天堂"之名固与西湖有关，然于我而言，更重要的是包围在身边的浓浓亲情和人文意韵……我深知，人文社会科学研究不仅需要灵气，更需要积累，需要能够耐得住寂寞、甘心坐冷板凳的学术情怀。研究体制与学术、学者之间的关系，一定程度上也是对自我生存境遇和内心世界的解剖。但愿若干年后，我的灵魂能够经受得住以上文字的检验。

图书在版编目(CIP)数据

研究主体:体制化时代教育学者的学术立场与生命实践/
孙元涛著.—上海:华东师范大学出版社,2014.5
("生命·实践"教育学论著系列·"基本理论研究"丛书)
ISBN 978-7-5675-2043-1

Ⅰ.①研… Ⅱ.①孙… Ⅲ.①教育学-科学工作者-科
学研究工作-研究 Ⅳ.①G40

中国版本图书馆 CIP 数据核字(2014)第 087644 号

本书由上海文化发展基金会出版专项基金资助出版。

本书是作者主持的教育部人文社会科学青年基金项目(项目编号:
09YJC880090)的结题成果;同时感谢中国博士后科学基金的资助。

"生命·实践"教育学论著系列·"基本理论研究"丛书

研究主体
体制化时代教育学者的学术立场与生命实践

著　　者	孙元涛	
策划编辑	彭呈军	
审读编辑	王冰如	
责任校对	邱红穗	
装帧设计	高　山	

出版发行　华东师范大学出版社
社　　址　上海市中山北路 3663 号　邮编 200062
网　　址　www.ecnupress.com.cn
电　　话　021-60821666　行政传真 021-62572105
客服电话　021-62865537　门市(邮购)电话 021-62869887
地　　址　上海市中山北路 3663 号华东师范大学校内先锋路口
网　　店　http://hdsdcbs.tmall.com

印 刷 者　上海崇明裕安印刷厂
开　　本　787×1092　16 开
印　　张　12.75
字　　数　228 千字
版　　次　2015 年 1 月第 1 版
印　　次　2015 年 1 月第 1 次
书　　号　ISBN 978-7-5675-2043-1/G·7346
定　　价　28.00 元

出 版 人　王　焰

(如发现本版图书有印订质量问题,请寄回本社客服中心调换或电话 021-62865537 联系)